湖北省社科基金项目"社会主义与市场经济结合史研究"（2019085）

湖北省重点马克思主义学院建设项目

湖北省普通高等学校人文社会科学重点研究基地
——大学生发展与创新教育研究中心开放基金项目（DXS2021011）

社会主义与市场经济
结合史研究

RESEARCH ON
THE HISTORY OF THE COMBINATION OF
SOCIALISM AND MARKET ECONOMY

王晓南　著

社会科学文献出版社
SOCIAL SCIENCES ACADEMIC PRESS (CHINA)

序　言[*]

习近平总书记在庆祝改革开放 40 周年大会上的讲话中指出："40 年来，我们解放思想、实事求是，大胆地试、勇敢地改，干出了一片新天地。"① 从传统的计划经济体制到前无古人的社会主义市场经济体制再到使市场在资源配置中起决定性作用和更好发挥政府作用，实现社会主义基本制度与市场经济的结合，是中国共产党的伟大创举，对马克思主义政治经济学作出了重大理论创新，并在实践中努力破解经济学上的世界级难题。

形成理论建树　勇于实践探索

从世界经济思想史角度来看，社会主义与市场经济能否结合，是一个在国际范围内存在争议的问题。在社会主义经济思想史上，这个问题同样长期引人关注。经济体制改革是全面深化改革的重点。社会主义市场经济理论作为中国特色社会主义政治经济学的重要组成部分，是中国共产党在改革开放的伟大实践中及时回答时代之问、人民之问，廓清困扰和束缚实践发展的思想迷雾，不懈探索、勇于创新的理论建树。

回望这一探索历程，深感一些历史节点的重大意义。改革开放总设计师邓小平同志在 1979 年时指出："说市场经济只存在于资本主义社会，只有资本主义的市场经济，这肯定是不正确的。社会主义为什么不可以搞市场经济，这个不能说是资本主义。我们是计划经济为主，也结合市

---

* 本文原刊发于《经济日报》2019 年 2 月 11 日。

① 习近平：《在庆祝改革开放 40 周年大会上的讲话》，人民出版社，2018，第 9 页。

场经济，但这是社会主义的市场经济。"① 这一观点，具有重要的开创性意义。1984 年，党的十二届三中全会通过的《中共中央关于经济体制改革的决定》提出，社会主义经济是在公有制基础上的有计划的商品经济②，说出了适合于当时中国经济体制改革实际的"新话"。随着这一时期的经济体制改革逐渐深入，经历了从计划经济为主、市场调节为辅，到社会主义有计划的商品经济，再到计划与市场内在统一的循序渐进过程。邓小平同志在南方谈话中更加明确表达了"市场经济不等于资本主义，社会主义也有市场"③ 的观点，在当时起到了巨大的思想解放作用。

党的十四大正式把建立社会主义市场经济体制确立为我国经济体制改革的目标，对什么是社会主义市场经济体制、怎样建设社会主义市场经济等问题作出了初步探索。党的十四届三中全会通过的《中共中央关于建立社会主义市场经济体制若干问题的决定》，勾画了建立社会主义市场经济体制的蓝图和基本框架，强调社会主义市场经济体制是同社会主义基本制度结合在一起的。党的十五大到党的十六届五中全会，涉及经济社会发展全局的体制改革取得突破性进展。党的十八大以来，我们党进一步深化对社会主义市场经济规律的认识。党的十八届三中全会通过的《中共中央关于全面深化改革若干重大问题的决定》提出"使市场在资源配置中起决定性作用和更好发挥政府作用"④ 的重大理论观点。党的十九大报告强调"加快完善社会主义市场经济体制"⑤，对当前经济体制改革作出重要部署。

回望这一探索历程，深感改革开放实践的伟大力量。社会主义市场经济理论是在改革开放的伟大实践中产生和发展起来的。实行家庭联产承包、乡镇企业异军突起，中国农民的这些伟大创造，一步步地冲开了高度集中的计划经济体制的束缚，加速了农村经济市场化的进程。继农

---

① 《邓小平文选》第 2 卷，人民出版社，1994，第 236 页。
② 《十二大以来重要文献选编》中，人民出版社，1986，第 953 页。
③ 《邓小平文选》第 3 卷，人民出版社，1993，第 373 页。
④ 《十八大以来重要文献选编》上，中央文献出版社，2014，第 513 页。
⑤ 《习近平谈治国理政》第 3 卷，外文出版社，2020，第 26 页。

村改革取得突破性进展后，城市经济体制改革开始进行。国有企业自主权的扩大，企业经营机制的转换等实践探索，促进了商品、劳动力、资金、技术等在城乡市场的广泛流动，初步显示了市场的活力。对此，邓小平同志加以充分肯定："社会主义和市场经济之间不存在根本矛盾"①"搞计划经济和市场经济相结合，进行一系列的体制改革，这个路子是对的。"② 可以说，没有改革开放的新实践，没有人民群众的实践创造，就不可能形成社会主义市场经济理论，就不可能形成"马克思主义基本原理和中国社会主义实践相结合的政治经济学"③。

当然，实践创新与理论创新总是双向互动、彼此促进的。在正确理论的指引下，社会主义与市场经济结合在实践中体现出巨大的创造力、生命力。尤其值得强调的是，2008 年国际金融危机爆发以后，世界各国都在努力寻求应对方案，国际经济竞争更趋激烈。在这场各国同场竞技、激烈竞争的"公开考试"中，中国积极利用国际国内两个市场，向世人展示了社会主义市场经济的"成绩单"，赢得了国际有识之士的好评。

实现三重超越　产生深远影响

改革开放以来，社会主义基本制度与市场经济结合的中国实践，产生了重大而深远的影响，在理论上实现了三重不同意义的超越。

超越一些马克思主义学者的传统解读。例如，美国"辩证法马克思主义"理论家伯特尔·奥尔曼认为，市场与资本是内在结合在一起的，与社会主义不相容。在现实社会主义国家的实践中，人们过去曾长期将马克思关于未来社会经济体制的一般设计直接照搬到现实生活中，浓厚的"计划崇拜"情结严重制约了社会主义制度的活力。事实上，经济文化相对落后国家选择社会主义道路，是一种开创性的探索。在社会主义市场经济理论的探索过程中，我们党坚持具体问题具体分析这一马克思

---

① 《邓小平文选》第 3 卷，人民出版社，1993，第 148 页。
② 《邓小平文选》第 3 卷，人民出版社，1993，第 149 页。
③ 《邓小平文选》第 3 卷，人民出版社，1993，第 83 页。

主义活的灵魂，坚持马克思主义政治经济学的方法，将市场和计划从社会基本制度中剥离出来，突出其经济手段功能和具体制度属性，将人们从传统思想的束缚中解放出来。同时，坚持社会主义基本制度同发展市场经济相结合，使全社会充满了改革发展的创造活力。可以说，在这个问题上，我们根据马克思主义的方法把握事物发展的本质和内在联系，紧密跟踪亿万人民的创造性实践，既不丢老祖宗，又发展老祖宗，说出一些过去没有说过的"新话"。

超越西方主流经济学的理论框架。在新古典经济学看来，自由市场经济无需政府介入，只需市场这只"看不见的手"来引导，来自外部的干预只会损害市场的自我纠正功能。因此，政府应尽可能放松市场管制，干预得最少的政府就是最好的政府。市场经济与社会主义结合，是不可想象的事情。而凯恩斯经济学反对自由放任，希望政府盯紧市场。在其看来，新古典经济学所谓的市场自我纠正机制，要么作用不大，要么作用发挥太慢。只有加强政府干预，才有可能避免市场不完善、不平衡和随之而来的经济周期。但是，其所主张的政府干预仍然是基于资本主义制度体系的政策设计。凯恩斯主义与新古典主义强调的侧重点虽然不同，但两者都将资本主义作为最合适的经济制度加以提倡。中国社会主义市场经济坚持社会主义与市场经济相结合、市场机制与政府调节相结合，这远远超出了西方主流经济学的理论框架。

超越"市场社会主义"的制度设计。作为一种思潮，市场社会主义即主张完全实行市场经济的社会主义，曾在西方左翼知识分子中广受关注。市场社会主义对于苏联模式和资本主义的反思和批判，有其合理之处，但它与中国社会主义市场经济理论存在本质区别：在对待公有制问题上，我们党在探索和完善社会主义市场经济体制过程中始终坚持公有制的主体地位；在理论基础上，中国社会主义市场经济坚持的是与时俱进的马克思主义；在制度设计的现实性上，中国的市场经济则是活生生的、立足实践的社会主义市场经济形态。因此，相对于市场社会主义，中国的社会主义市场经济在科学性、现实性、影响力等方面实现了超越。

加快完善体制 谱写时代新篇

党的十八大以来，以习近平同志为核心的党中央准确研判国际国内形势，积极应对外部环境深刻变化，蹄疾步稳推进全面深化改革，加快完善社会主义市场经济体制，提炼和总结我国经济发展实践的规律性成果，谱写社会主义与市场经济结合的时代新篇。

坚持社会主义市场经济改革方向。改革开放40年取得的伟大成就，更坚定了我们坚持社会主义市场经济改革方向的信心。对那种将当下社会问题的产生尽数归根于社会主义市场经济的错误倾向，我们应该引导干部群众正确认识问题，努力做到"既解决实际问题又解决思想问题，更好强信心、聚民心、暖人心、筑同心"①。对于有的西方国家反对承认中国市场经济的地位，我们既要据理力争，用中国已经建立并不断完善社会主义市场经济体制的客观事实，驳斥有关谬论；也要淡定从容，不必太在意一些国家是否"承认"，而是认清其态度背后的国家利益、意识形态因素。

继续把两方面优势都发挥好。市场经济是社会生产要素的一种配置方式。市场与不同的社会基本制度相结合，必然会因此表现出不同的"色泽"。对此，中国共产党人有深刻的理论认识和高度的制度自觉。中国改革开放以来之所以取得巨大成就，一个至关重要的因素就在于既发挥了市场经济的特长，又发挥了社会主义制度的优越性，两者的结合有利于实现公平与效率的统一。从实践上看，社会主义市场经济在中国已经焕发出巨大的活力，显示出制度的巨大潜能。习近平总书记强调，"坚持辩证法、两点论，继续在社会主义基本制度与市场经济的结合上下功夫，把两方面优势都发挥好"②。

加快完善社会主义市场经济体制。经过多年实践，我国社会主义市场经济体制已经初步建立，但仍存在市场秩序不规范、生产要素市场发

---

① 《习近平谈治国理政》第3卷，外文出版社，2020，第311页。
② 《十八大以来重要文献选编》下，中央文献出版社，2018，第6页。

展滞后、市场规则不统一、市场竞争不充分等问题。若不解决好这些问题，完善的社会主义市场经济体制就难以形成。根据党的十九大报告的部署，加快完善社会主义市场经济体制，推进经济体制改革，必须以完善产权制度和要素市场化配置为重点，实现产权有效激励、要素自由流动、价格反应灵活、竞争公平有序、企业优胜劣汰。当前，充分发挥市场在资源配置中的决定性作用，更好发挥政府作用，要求我们要深化四梁八柱性质的改革，以增强微观主体活力为重点，推动相关改革走深走实；切实转变政府职能，大幅减少政府对资源的直接配置，强化事中事后监管，凡是市场能自主调节的就让市场来调节，凡是企业能干的就让企业干。同时，必须坚持党中央集中统一领导，发挥掌舵领航作用；必须精准把握宏观调控的度，主动预调微调、强化政策协同；必须及时回应社会关切，有针对性主动引导市场预期。

孙来斌

2021 年 11 月于燕园

目录

导　论

一　问题的提出及其研究意义

社会主义与市场经济的关系问题，是社会主义国家发展进程中必须面对的一个重大课题，也是一个世纪性难题。百年来社会主义经济理论的发展和创新，主要就是围绕这一世界级难题展开的。同时，社会主义与市场经济的结合问题，在国际范围内一直也是一个充满争议的话题。社会主义与市场经济之间能不能结合、要不要结合以及怎样结合，围绕这三个基本问题学术界存在千差万别的理解和阐释。

根据对马克思恩格斯相关思想的一般性传统解释，他们对未来社会经济运行方式的构建，是在批判西欧发达资本主义国家现行制度的基础上进行的，因此并没有给未来社会留有发展市场经济的空间。然而，第一个社会主义国家苏维埃俄国，却是"诞生"在一个与马克思恩格斯预想相距甚远的经济文化相对落后的国家。苏维埃俄国的领导人列宁起初在建设新生政权时，基本上是遵照着马克思恩格斯早期勾勒的未来社会蓝图，但被残酷的现实证明是"行不通"的。之后，列宁果断放弃"直接过渡"的思想，根据苏维埃俄国的客观实际采用了"新经济政策"，这是首次在社会主义建设的实践中尝试将社会主义与市场相结合。但是斯大林领导社会主义建设时期，终止了"新经济政策"，并逐步形成高度集中的计划经济体制。尽管斯大林晚年围绕社会主义的商品生产以及价值规律问题，提出了一些富有启发性意义的思想，但总体而言，第一个社会主义国家无论是在理论发展还是实践创新方面，均未在社会主义与市场经济关系问题上有所突破。

苏联的社会主义经济建设和发展，吸引了西方一些学者的关注和研究。同时，他们还对身在其中的发达资本主义国家的经济发展进行了反思和批判。在此基础上，西方学者也对社会主义与市场经济的关系问题给出了各不相同的答案。其中一种观点否认两者结合的可行性，视两者为非此即彼的对立面。但也有观点对此极力辩驳，认为社会主义与市场经济之间不存在难以逾越的鸿沟，并逐渐形成了西方的市场社会主义理论。经过长达近百年的理论论争和探索，市场社会主义理论取得了突破性的进展，在社会主义与市场经济结合问题上取得了一些共识性结论。市场社会主义理论不仅论证了二者结合的可行性和必然性，而且提出了各具特色的具体模式，尽管其可行性饱受质疑。

新中国成立之初，也曾效仿苏联建立了计划经济体制。但改革开放之后，中国从社会主义初级阶段的国情出发，逐步建立起社会主义市场经济体制。不仅在实践中成功地将社会主义与市场经济结合起来，而且从理论上突破了两者难以相容的传统观念束缚。社会主义市场经济在中国的发展历程及其取得的瞩目成就，足以证明：社会主义与市场经济的结合，不仅可以消除资本主义制度下市场经济的某些弊端，而且可以成为社会主义的加速器。正如党的十五大报告所指出的："把社会主义同市场经济结合起来，是一个伟大创举。"①

然而，社会主义与市场经济的结合并非完美无缺、天衣无缝。历经改革开放40余年的实践，中国发展社会主义市场经济尽管取得了一系列巨大成就，但也面临着众多复杂的理论和实践难题。社会主义与市场经济的结合，再次成为一个具有现实背景的新问题。鉴于此，有必要重新

---

① 《十五大以来重要文献选编》上，人民出版社，2000，第17页。

追溯社会主义与市场经济结合的历史，在历史和逻辑的双重意蕴中再次思考社会主义与市场经济"能否结合"、"为何结合"以及"如何结合"等根本性问题。

具体而言，本书以"社会主义与市场经济结合史"为研究对象，有以下几方面的意义。

其一，有助于全面理解、深入把握马克思恩格斯关于社会主义与市场经济关系的思想。作为社会主义创始人的马克思恩格斯，如何看待社会主义与市场经济的关系？无论是国际还是国内学术界，对此均存在不同的阐释。同样是从其论著出发，却得出截然不同的答案。那么马克思恩格斯究竟是不是市场社会主义者？他们关于未来社会的理论设想究竟存不存在市场经济？中国特色社会主义市场经济理论究竟是不是以马克思恩格斯的相关思想为根本性理论来源？要回答这些富有争议的问题，就要尽可能地走近历史语境中的马克思和恩格斯，按照其本意而非他人附加的观点去认识其思想内核。因此，深入马克思恩格斯卷帙浩繁的著作，研究其关于社会主义与市场经济关系的思想，有助于清除附加给马克思恩格斯的相关片面认识，深化马克思恩格斯关于社会主义与市场经济关系的理论研究。

其二，有助于深化中国特色社会主义市场经济理论体系的研究。20世纪末期，主要社会主义国家探索从计划经济向市场经济转型而形成不同的两条道路，包括苏联东欧激进式改革道路和中国渐进式改革道路。2018年恰逢改革开放40周年，中国的经济体制改革之所以能取得举世瞩目的成功，关键在于实现了市场经济和社会主义基本制度之间的相互兼容、相互渗透和相互促进。"坚持社会主义基本制度同发展市场经济结合起来"① 是中国改革开放的重要经验之一。中国的经济实践经验证明，社会主义与市场经济可以结合。社会主义市场经济不仅焕发了社会主义基本制度的新活力，而且也体现了

---

① 《十七大以来重要文献选编》上，中央文献出版社，2009，第102页。

社会主义基本制度的要求。

经过近百年的理论论争和社会主义国家的实践检验，围绕"社会主义与市场经济是否能结合"的问题，基本已经达成共识。然而，两者的结合并非"天作之合"，即便历经种种磨合和考验，但在一定程度上仍然存在"龃龉不合"的现象。中国特色社会主义市场经济的发展过程中，涌现出许多实践和理论上的疑难问题，尚未得到具有共识性的答案。因此，对于中国特色社会主义市场经济，国际社会和国内理论界一直存在质疑甚至否定的声音。这些争议和误解，有的是因为发展滞后的理论导致对现有问题的解释力薄弱，有的则是受意识形态的束缚而产生的别有用心的解读。社会主义市场经济理论发展的滞后性，不仅弱化了现有理论的现实解释力，而且也会影响在此问题上开展更深层次的国际对话。为了澄清关于社会主义市场经济的各种错误认识和固有偏见，需要继续深化有关中国特色社会主义市场经济的理论研究。

其三，有助于构建中国特色社会主义政治经济学的理论体系。中国特色社会主义政治经济学，是对马克思主义政治经济学的继承和发展，它所研究的是中国社会主义初级阶段的生产关系。构建和完善中国特色社会主义政治经济学的理论体系，是当前中国经济学理论亟待解决的重要时代课题。习近平强调："提炼和总结我国经济发展实践的规律性成果，把实践经验上升为系统化的经济学说，不断开拓当代中国马克思主义政治经济学新境界。"[①] 社会主义市场经济理论是中国特色社会主义政治经济学的重要内容。对于两者关系的认识，当前理论界存在不同的看法，例如将社会主义市场经济视作中国特色社会主义政治经济学的主线、主题、理论核心或现实基础等。总结、提炼中国特色社会主义市场经济所蕴含的重大理论问题和现实问题，既是深化社会主义市场经济理论研究的内在要求，也

---

① 《立足我国国情和我国发展实践 发展当代中国马克思主义政治经济学》，《人民日报》2015年11月25日。

是丰富中国特色社会主义政治经济学的必经之路。这不仅有助于马克思主义政治经济学的中国化和时代化，也有助于丰富中国特色社会主义政治经济学的理论体系。

二　当前相关研究动态

（一）国内研究现状

国内对社会主义与市场经济相结合的探究起始于 20 世纪 50 年代。依据社会主义市场经济确立、发展、丰富的基本历程，结合国内学术界现有相关研究成果，我们认为其研究历程大致历经了 5 个阶段。

第一个阶段为 1956~1978 年，即从社会主义改造基本完成到十一届三中全会。新中国成立以后，参照苏联的经济模式，中国在完成社会主义改造之后也逐步建立起了计划经济体制。但随着这种高度集中的体制弊端初显，以毛泽东为核心的党的第一代中央领导集体开始思考中国的社会主义经济发展方式问题，并围绕商品经济、价值规律等问题展开了一些富有启发性意义的思考和探索。

与此同时，20 世纪 50 年代后期，国内的经济思想家也开始认真研究社会主义的商品经济问题，其中的代表人物主要包括顾准、卓炯、孙冶方、薛暮桥等。1956 年，薛暮桥发表的《计划经济与价值规律》，掀起了中国学术界就计划与市场关系问题的大讨论，他指出计划要依据商品交换、价值规律的作用，中国经济体制改革的目标就是建立社会主义市场经济。然而，20 世纪 60~70 年代，由于特殊的政治环境，理论界对商品和商品经济的认识又倒退到与社会主义难以相容的观点上，对于两者关系的探讨基本上也处于停滞状态。

总之，在这一阶段，党的第一代中央领导集体已经从理论上开始认识到社会主义的发展需要市场经济，并试图在实践中将两者结合起来。一些经济学家向传统经济学的理论发起挑战，积极探索发展商品经济和尊重价值规律等，并提出了一些具有建设性意义的思想观点①。然而由于"左"的思想严重束缚，党的指导思想发生严重偏移，对社会主义与市场经济的关系出现认识上的巨大偏差。社会主义与市场经济并未实现实质性结合。但这一时期的一些宝贵的思想资源和实践探索，启迪了之后的理论发展和实践创新，开启了中国特色社会主义市场经济的发展之路。

第二个阶段为 1978~1992 年，即从党的十一届三中全会到党的十四大。党的十一届三中全会宣布将党和国家的工作重心转移到经济建设上去，党认识到要对传统计划经济实行改革。1979 年 11 月，邓小平率先提出"社会主义也可以搞市场经济"，把社会主义与市场经济联系起来。直至 1992 年初，邓小平发表南方谈话，从根本上否定了将社会主义与市场经济对立起来的传统观念，对两者能否结合的问题给出了明确的回答。

与此相对应，理论界也掀起探索社会主义与市场经济关系的热潮，围绕着两者能否结合的问题展开了积极探讨。1979 年 4 月在无锡举行的一场全国性经济理论讨论会上，于祖尧教授正式提出并论证了"社会主义市场经济"的概念，具有开创性意义。会议围绕计划与市场关系问题展开讨论，并出版了《社会主义经济中计划与市场的关系》一书，主要论述了社会主义经济中计划与市场的关系、价值规律的作用等方面的问题②。这是党的十一届三中全会之后，率先对社会主义与商品经济关系、计划与市场关系问题展开讨论的理论成果。此后，理论界围绕社会主义商品经济产出了一大批学术专著。

一方面，前一阶段对社会主义商品经济有所论述的思想家在该问题

---

① 如孙冶方提出了要把计划和统计建立在价值规律的基础之上，并强调千规律万规律，价值规律第一条；顾准提出社会主义经济下让价值规律自发调节企业生产经营活动；于光远提出社会主义经济中存在的几种交换关系都是商品交换关系；卓炯提出商品经济不仅不与社会主义矛盾，而且还能成为建设社会主义的有力工具，等等。

② 参见中国社会科学院经济研究所资料室等编《社会主义经济中计划与市场的关系》，中国社会科学出版社，1980，第 1 页。

上继续探究，对商品经济理论作出了新思考。另一方面，学术界结合新的时代特点进行了理论探索。有些学者从整体上研究了社会主义商品经济理论的问题。比如，刘国光等人所著的《社会主义商品经济问题讲话》、马洪主编的《论社会主义商品经济》等，阐述了社会主义商品经济的主要特征及其意义等问题。有些学者从马克思的经典著作《资本论》中寻求阐释社会主义商品经济理论的思想资源。诸如孙开镛主编的《〈资本论〉与社会主义商品经济》、王儒化所著的《〈资本论〉与社会主义商品经济》等，结合当时理论界研究《资本论》的概况或存在的争议，以其中蕴含的经济理论对中国商品经济作出了解释。总之，这一时期理论界在党和国家方针政策的指导下，本着"解放思想、实事求是"的科学精神，对社会主义与商品经济关系问题的研究可谓如火如荼。

第三个阶段为 1992~2013 年，即从党的十四大至十八届三中全会。1992 年 6 月，江泽民在省部级干部进修班的讲话中首次提出"社会主义市场经济体制"，是对社会主义与市场经济结合的又一次创新。同年的党的十四大正式确立了经济体制的改革目标，即建立社会主义市场经济体制，并对社会主义市场经济的内涵和特点予以界定，从而在中国正式开启了将社会主义与市场经济相结合的实践历程。在此背景下，学术界继续围绕中国的社会主义市场经济进行理论探索，并取得丰硕的成果和突破性进展。

综观这一时期的研究成果，大致涉及以下 4 个方面。

其一，关于社会主义经济史的总体性研究。例如，吴易风等所著的《马克思主义经济理论的形成和发展》，顾海良、张雷声所著的《20 世纪国外马克思主义经济思想史》等。这些著作较为全面、系统地阐述了社会主义经济思想的发展历程，从整体上围绕社会主义市场经济理论的形成与发展、理论体系以及思想争论等问题，进行了详细的梳理和深入的分析。有益于我们从历史发展的脉络把握社会主义与市场经济相结合的基本过程。

其二，关于马克思经典作家以及中国共产党人的相关思想研究。诸如王冰、屈炳祥所著的《马克思商品经济理论与中国市场经济建设》，杨承训所著的《市场经济理论典鉴——列宁商品经济理论系统研究》，顾海良主编的《斯大林社会主义思想研究》，杨会春所著的《毛泽东与商品经济》，顾海良、张雷声主编的《邓小平的经济思想》等。这些著作反映了马克思主义经典作家和中国共产党人关于社会主义国家建设特别是经济建设的思想，蕴含着如何认识、处理社会主义与市场经济关系的重大问题。从而为追溯社会主义与市场经济相结合的思想发展历程提供了丰富资料。

其三，关于西方市场社会主义理论的研究。其中包括：中央编译局世界社会主义研究所编的《当代国外社会主义：理论与模式》，段忠桥主编的《当代国外社会思潮》，景维民等所著的《经济转型的理论假说与验证——市场社会主义的传承与超越》等。这些著作研究了市场社会主义的产生和发展历程，分析了不同类型市场社会主义的理论模式，总结了市场社会主义的成功经验和历史教训。这对于中国特色社会主义市场经济的建立和完善具有重要的理论借鉴价值。

其四，关于中国特色社会主义市场经济的研究。无论是从理论成果还是从实践成效来看，中国的市场经济无疑是对社会主义与市场经济的成功结合。因此，总结中国特色社会主义市场经济的成功经验以及其中的问题和困境，能更好地为社会主义与市场经济深入结合奠定理论基础。这方面的代表成果主要包括：张宇的《社会主义与市场经济的联姻》、颜鹏飞主编的《中国社会主义市场经济理论溯源》、孙来斌的《"跨越论"与落后国家经济发展道路》等。

第四个阶段为2013~2019年，即从党的十八届三中全会到十九届四中全会。社会主义市场经济的理论创立和实践创新，是中国对马克思主义政治经济学和科学社会主义的独创性贡献。2013年，党的十八届三中全会首次提出"使市场在资源配置中起决定性作用和更好发挥政府作用"[①]这一论断，把党对社会主义市场经济的认识推向一个全新的战略

---

① 《习近平谈治国理政》，外文出版社，2014，第117页。

高度，也再次激起学界研究社会主义与市场经济关系的热浪。党的十八届三中全会以来，有关社会主义市场经济的整体研究成果丰硕，学界从理论溯源、内涵特征、重要作用、整体评价、发展方向等方面作出了全景式的概况研究，为我们多方位、广角度地深入理解社会主义市场经济理论提供了重要的学术资源。而且，关于社会主义市场经济的研究主次分明、重点突出。相较而言，"市场与政府的关系""深化市场经济改革"显然是这一阶段理论探讨的中心问题。

第五个阶段为2019年至今，即从党的十九届四中全会到现在。党的十九届四中全会提出："公有制为主体、多种所有制经济共同发展，按劳分配为主体、多种分配方式并存，社会主义市场经济体制等社会主义基本经济制度，既体现了社会主义制度优越性，又同我国社会主义初级阶段社会生产力发展水平相适应，是党和人民的伟大创造。"① 首次把"社会主义市场经济体制"纳入社会主义基本经济制度，充分肯定了社会主义市场经济体制的重要地位和显著优势，这是马克思主义经济理论和中国特色社会主义政治经济学的又一次与时俱进和理论创新。为贯彻落实党的十九大和十九届四中全会关于坚持和完善社会主义基本经济制度的战略部署，构建更加系统完备、更加成熟定型的高水平社会主义市场经济体制，2020年5月发布了《中共中央国务院关于新时代加快完善社会主义市场经济体制的意见》。相应地，学界也在不断深化对社会主义市场经济的理论研究。

尽管当前研究已是硕果累累，但对于这个世纪性、世界级难题，探究社会主义市场经济的理论来源及其相互关系、厘清社会主义市场经济与中国特色社会主义政治经济学的关系、总结澄清关于社会主义市场经济的误解和异议、构建创新社会主义市场经济理论的话语体系等，仍是亟待深入探索的理论问题，也是研究社会主义与市场经济深入结合有待解决的理论难题。

---

① 《中国共产党第十九届中央委员会第四次全体会议公报》，人民出版社，2019，第11页。

（二）国外研究现状

关于社会主义与市场经济结合的问题，第一个社会主义国家苏维埃俄国，在社会主义建设过程中对此作了一些富有启发性意义的尝试。除此之外，西方市场社会主义理论作了主要的、深刻的、富有创建性的理论探索。

作为社会主义从科学到实践的产物，第一个社会主义国家苏维埃俄国建立之初，列宁主要是遵照马克思恩格斯设想的以西欧发达社会为起点的未来社会蓝图，然而实践证明这是行不通的。列宁根据国家实际发展的需要改行"新经济政策"，作出了把社会主义与市场结合起来的首次实践尝试。然而由于错综复杂的多重因素，新经济政策"夭折"。斯大林逐步建立高度集中的计划经济体制模式，近乎将社会主义与市场经济对立起来。在此过程中，苏联国内部分理论家对社会主义条件下的商品、市场等问题阐发了有益见解，诸如以托洛茨基和普列奥布拉任斯基为代表的左派与布哈林和斯大林有关市场的论争。晚年在《苏联社会主义经济问题》一书中，斯大林对社会主义的商品生产理论和价值规律理论有所发展，但并未突破计划经济的传统思想束缚。

市场社会主义理论是对探索和倡导社会主义与市场经济相结合的理论或者模式的统称。在此理论发展过程中，围绕两者结合的相关问题发生过数次论战，市场社会主义理论也在争论中不断演变和进化。

20 世纪 20~30 年代，关于社会主义经济计算问题和资源配置问题产生了一次理论大争论。米塞斯在《社会主义制度下的经济计算》、哈耶克在《集体主义的经济计划》中，发表了否定社会主义计划经济体制资源配置有效性的观点。为有力驳斥米塞斯和哈耶克等人的观点，泰勒在《社会主义国家的生产指导》一文中，论证了社会主义经济实现最优配置的可能性并提出详细的实现步骤，兰格在《社会主义经济理论》中总结前人思想成果，提出了通过计划模拟市场进行资源配置的设想，由此形成的"兰格模式"标志着市场社会主义的产生。之后，西方理论界开始了持续深入探讨市场与社会主义关系的历程。

20世纪50年代之后，东欧各国试图突破苏联计划经济体制的僵化发展模式，于是先后采取在原有计划经济中引入市场机制的改革方式。东欧国家的理论家纷纷提出"分权模式"理论，其中主要包括布鲁斯"含有受控制市场机制的计划经济"理论、科尔奈"有宏观控制的市场协调"理论、锡克"以市场机制为基础的宏观分配计划"理论等。这反映理论界当时已经意识到公有制与社会主义应该可以相容，但是在两者为何能够相容以及如何相容这些深层次问题上却依然没有获得突破性进展。

20世纪70~80年代，市场社会主义理论取得突破性的重大发展，产生了"市场机制中性论""市场联姻论"等观点，打破了社会主义与市场经济格格不入的传统理念。其中，埃克斯坦、格雷格里、林德布罗姆等人提出经济运行机制与所有制可以实现分离，市场和计划只是实现资源配置的手段和工具；迪夸特罗直接提出社会主义原则与市场并不矛盾的论点。80年代初，英国工党在分析大选接连失利的原因时，牛津大学教授戴维·米勒提出"市场社会主义"并随后引起激烈讨论。相关成果主要体现在埃斯特林和格兰德、米勒以及普兰德等人的著作中。其中，埃斯特林和格兰德主编的《市场社会主义》汇集了英国众多理论家就市场社会主义理论阐述的思想观点。此书提出通过市场甚至强调只有通过市场才能实现社会主义的观点，指出市场与资本主义可以解除"联姻"，社会主义可以且应当与市场结合。80年代还进一步形成了市场机制主导的思想，推动了社会主义与市场经济关系的深入发展。

20世纪90年代，随着东欧国家剧变和苏联社会改革失败，西方左翼思想家再次掀起探讨市场社会主义理论的浪潮。一方面，对苏联传统社会主义发展模式展开深刻批判，另一方面对当代资本主义发展状况进行认真反思，在此基础上探索了市场社会主义的新理论并构建了新的模式，各种理论和模式的争论层出不穷，形成当代市场社会主义理论，提出了将市场与社会主义结合起来的不同发展模式。其中，影响较大的主要包括戴维·米勒的"合作制市场社会主义"模式、约翰·罗默的"虚拟证券市场的社会主义"模式、詹姆斯·扬克的"实用的市场社会主义模式"、戴维·施韦卡特的"经济民主"的社会主义模式等。

中国在 1978 年之后实行改革开放，走上一条与苏联东欧国家截然不同的道路，因此吸引了西方理论界的特别关注。中国的市场经济体制改革成为西方学者研究的一个重要议题。比如斯蒂格利茨的《社会主义向何处去——经济体制转型的理论与证据》运用信息经济学的理论分析了传统经济理论的缺陷，指出新古典模型无法为市场体制提供理论指导，对俄罗斯以及中国向市场经济转型中的一些重要问题作了广泛探视，对转型国家的目标模式、转型取向等作了比较反思。布鲁斯和拉斯基在《从马克思到市场：社会主义对经济体制的求索》中从理论和事实两方面考察了苏联社会主义经济体制失败的根源，阐明了探索市场经济的缘由，描述了社会主义国家经济改革的艰难过程，通过对比东欧和苏联的改革之道，肯定了中国市场取向的经济改革之路。罗纳德·哈里·科斯和王宁的《变革中国：市场经济的中国之路》从制度经济学的角度，全面、客观、深刻地展示了中国从毛泽东时期的社会主义到现在富有特色的社会主义市场经济的转变过程，解读了中国是如何在不断完善社会主义的追求中走向市场经济的。

三　核心概念的厘定

本书研究社会主义与市场经济的结合问题，首先要对"社会主义""市场经济"这两个核心概念进行界定。此外，鉴于本书的研究内容，还需厘清与市场经济密切相连的"市场""商品经济"等概念的内涵。

（一）社会主义

社会主义概念的提出源于对资本主义的批判和否定。资本主义早期的诸多弊端，激发了空想社会主义者对美好社会的追求和向往，因而他们设想建立一个消除了剥削和不平等，与资本主义极为不同的平等、自由的理想社会。根据《简明不列颠百科全书》的解释，"社会主义"首先使用时，"指的是法国傅立叶和圣西门，以及英国的欧文主义的理论"①。英国的柯尔指出："原先象这样冠以'社会主义者'称号的流派主要有三个……法国的圣西门主义者和傅立叶主义者，以及在 1841 年正式自称为社会主义者的英国欧文主义者。"② 但 19 世纪的三大社会主义思想家都没有直接使用"社会主义"的概念，"直到 1827 年英国欧文社会主义刊物《合作杂志》才使用'社会主义者'一词来称呼合作学说的信徒"③。

　　马克思恩格斯在创立自己的学说时只是称其为"共产主义"。19 世纪 40 年代，马克思和恩格斯在创立无产阶级政治学说时，第一次在《共产党宣言》中使用"共产主义"的概念，并对各种非科学的社会主义思潮进行了批判。在《1848 年至 1850 年的法兰西阶级斗争》中，为了与反对阶级斗争的空想社会主义学说相区别，马克思使用了"革命的社会主义"一词。《资本论》第一卷出版以后，马克思恩格斯有时以"社会主义"来表示工人解放运动及其目标。1873 年，恩格斯在《论住宅问题》中首次使用"科学社会主义"的概念，且在此之前加上"德国"加以限定，用以表明与其他"一切社会主义"以及一切自称的"社会主义者"，特别是"蒲鲁东的全部学说"和蒲鲁东主义者的"本质区别"。在 1874~1875 年写作的《巴枯宁〈国家制度和无政府状态〉一书摘要》中，马克思正式使用"科学社会主义"一词，以此表明与空想社会主义的对立。在《反杜林论》中，恩格斯称圣西门、傅立叶和欧文 3 位思想家为"空想社会主义者"，而将他与马克思的学说称为"科学社会主义"。之后，"科学社会主义"的概念正式确立并被广泛使用。随着马克

① 《简明不列颠百科全书》第 4 卷，中国大百科全书出版社，1985，第 455 页。
② 〔英〕G. D. H. 柯尔：《社会主义思想史》第 1 卷，何瑞丰译，商务印书馆，1977，第 9 页。
③ 〔英〕G. D. H. 柯尔：《社会主义思想史》第 1 卷，何瑞丰译，商务印书馆，1977，第 7~8 页。

思主义的进一步传播和发展，"社会主义"与"共产主义"已经通用，用以指反对资本主义思潮，以及消灭资本主义私有制、建立社会主义公有制的新社会制度。

社会主义的内涵极其丰富，总体上包括三方面：一是社会主义学说或者社会主义思潮、理论和流派，如空想社会主义、科学社会主义等，马克思主义者一般以"科学社会主义"或"科学共产主义"来命名马克思的社会主义学说；二是指在社会主义学说影响和指导下，为实现社会主义制度的建立、发展而进行的社会运动；三是指社会主义制度，即人类社会发展进程中的一种新型的社会制度。

本书是从第三个角度来界定社会主义的，作为批判和超越资本主义的一种新型制度，社会主义具有本质属性和基本特征。其中，生产资料公有制是最根本的。从社会制度的层面去理解社会主义，它就与共产主义产生了区别。因为马克思在《哥达纲领批判》中将共产主义社会明确区分为两个阶段：共产主义的第一阶段和高级阶段。后来，列宁在《国家与革命》中将共产主义的第一阶段或低级阶段称为"社会主义"，而称共产主义的高级阶段则为"共产主义"。因此，当"社会主义"表示为社会制度时，特指共产主义的第一阶段或低级阶段。

（二）市场经济

市场伴随劳动分工和商品交换的发展而逐步发展，社会分工越是精细，市场也越是发达。正如马克思所讲："生产劳动的分工，使它们各自的产品互相变成商品，互相成为等价物，使它们互相成为市场。"[1] 列宁也指出："哪里有社会分工和商品生产，那里就有'市场'；社会分工和商品生产发展到什么程度，'市场'就发展到什么程度。市场量和社会劳动专业化的程度有不可分割的联系。"[2] "市场发展的限度决定于社

---

[1]　《马克思恩格斯文集》第 7 卷，人民出版社，2009，第 718 页。
[2]　《列宁全集》第 1 卷，人民出版社，1984，第 79 页。

会劳动专业化的限度。"① 总之，市场、商品交换都是社会分工的产物，彼此互相联系、互相促进。

市场存在于不同的社会形态中，是实现人类需求的一种手段。原始社会末期，人类生产有所富足便开始物物交换，于是"市场"成为剩余生产交换的场所。之后交换不再是偶然性的行为，社会分工和社会生产逐渐发展，以交换为目的的商品生产出现了，"市场"发展成为交换双方的经济纽带。随着商品经济的高度发达，市场也随之逐渐扩大。此时，商品生产、交换成为主要经济形式，"市场"成了实现资源配置的一种方式。

"市场经济"的概念源起于西方经济学著作，然而关于其具体内涵，无论是国际还是国内学术界都莫衷一是。在西方，有将市场经济等同于资本主义经济的，例如，《简明不列颠百科全书》指出"资本主义也称自由市场经济"，是"在资本主义制度下，生产资料大多为私人所有，主要是通过市场的作用来指导生产和分配的"②。也有观点认为市场经济是通过市场配置资源的经济，例如美国经济学家道格拉斯·格林沃尔德主编的《现代经济词典》指出，市场经济是"一种经济组织方式，在这种方式下，生产什么样的商品，采取什么样的方法生产以及生产出来以后谁将得到它们的问题将依靠供求力量来解决"③。国内对此也是众说纷纭。有的将市场经济当作以私有制为基础的、为资本主义特有的一种经济制度；有的认为它是随生产力水平而发展变化，比自然经济、商品经济高级的一种经济形式；还有的认为它是一种经济运行机制、经济调节手段或者资源配置方式，是不具任何社会属性的、中性的。

市场经济与商品经济既有紧密联系又有显著区别。首先，作为高度社会化的商品经济，市场经济是商品经济发展的高级阶段，即市场在其中居于支配地位的阶段。商品经济是市场经济的前提和内容，市场经济

---

① 《列宁全集》第 1 卷，人民出版社，1984，第 79 页。
② 《简明不列颠百科全书》第 9 卷，中国大百科全书出版社，1985，第 557 页。
③ 〔美〕D. 格林沃尔德主编《现代经济词典》，戴侃等译，商务印书馆，1981，第 275 页。

是高度社会化商品经济的具体形态。其次，商品经济和市场经济又并不一致。具体而言，商品经济以直接交换为目的，是相对于自然经济和产品经济而言的，其本质就在于社会劳动必须通过商品等价交换来实现。而作为以市场实现社会资源配置方式的市场经济，则是相对于计划经济而言的。市场经济是市场化的商品经济，其中，劳动产品、生产要素和劳务都成为商品，都要通过市场运作来实现配置。

市场经济是指在社会化大生产和发达商品经济的条件下，市场在资源配置中起主导作用的经济形式。市场经济以价值规律为基础，根据市场的供求、价格、竞争等要素自发地调节经济活动，从而实现社会资源的有效配置。市场经济通过市场实现商品和生产要素的流动和组合，以市场机制为基本手段来调节经济运行和资源配置。

市场经济是一种适应社会化大生产的经济体制，即特定经济制度采取的组织和管理形式，它是生产关系的具体实现形式。作为组织经济和经济活动的具体方式，经济体制不表现出特定的社会属性。具有相同经济制度的国家可以采取不同的经济体制，经济制度迥异的国家也可以采取相同的经济体制。但任何经济制度都需要与之相匹配的具体经济体制来对经济活动进行组织、调节。市场经济与特定的社会制度结合时，就会表现为不同的社会经济形态。在资本主义社会下就是资本主义市场经济；在社会主义社会下则为社会主义市场经济。

四　研究思路与研究方法

（一）研究思路

社会主义与市场经济的结合问题是一个宏大命题，对于两者关系的探讨可以说从社会主义产生之时起便已存在，而且历经了长期的理论争鸣和实践探索。本书主要是以历史发展的脉络，来呈现社会主义与市场经济结合的历史进程，但又不止步于对历史的梳理和考察，结合时代问题和理论争论，力争在历史和逻辑的双重结合中对理论或是实践中的问题加以总结、阐释。

鉴于此，本书首先从社会主义创始人马克思恩格斯关于社会主义与市场经济关系的思想着手研究。其次探讨了在马克思恩格斯的思想指引下，世界上第一个社会主义国家苏维埃俄国，是如何在理论与实践的反差中去探索社会主义与市场经济的关系问题的。社会主义国家的具体实践引起了西方学者的关注和研究，国际范围内围绕着社会主义与市场经济的关系问题又产生了哪些争论、形成了哪些理论成果、产生了什么影响，这是第三个要研究的问题。中国特色社会主义市场经济理论体系，从理论和实践两个层面实现了社会主义与市场经济的结合，其形成过程以及价值意义也是本书的研究重点。最后，社会主义与市场经济在新时代应该如何深入结合，中国特色社会主义市场经济面临的时代境遇、主要问题以及理论争议，则构成了本书的最后一个重点问题。

（二）研究方法

其一，文献研究法。研究社会主义与市场经济的结合历史，就需要深入挖掘两者结合历史发展进程中的各种有益思想资源，"必须充分地占有材料，分析它的各种发展形式，探寻这些形式的内在联系"[①]。围绕社会主义与市场经济的关系问题，马克思主义经典作家虽然没有许多直接论述，但相关思想散见于他们的重要著作中。因此，必须对马克思主义经典作家的经典著作，以及学者对马克思主义经济学发展历程的研究成果等进行认真研读。中国共产党人对社会主义与市场经济的结合问题作出了巨大的理论贡献，中国的社会主义市场经济在社会主义建设史上首次成功地将两者结合起来，因此必须深入研究党的领导人的相关思想以及学术界的相关理论成果。同时，党的重要文献选编、理论界对中国社会主义市场经济的研究著作和教材等也应被认真阅读。此外，西方市场社会主义理论对于社会主义与市场经济的结合问题，也进行了深入持

[①] 《马克思恩格斯选集》第 2 卷，人民出版社，2012，第 93 页。

续的、富有创见的探讨，因此必须翻阅西方市场社会主义理论的经典书目，以及国内学术界有关西方市场经济理论的研究专著。总之，试图通过认真细致地研读和梳理主要文本、文献，概括凝练出社会主义与市场经济结合过程中的重要思想珍宝。

其二，历史与逻辑相统一的方法。诚如恩格斯所说："历史从哪里开始，思想进程也应当从哪里开始。而思想进程的进一步发展不过是历史过程在抽象的、理论上前后一贯形式上的反映。"① 任何科学理论的产生都无法脱离具体的历史背景、历史条件、历史进程，尽管这些材料或思想都已经是过去式，但如果不加以仔细研究，就无法理解具体思想的产生及其科学的时代价值。因此，本书的研究主要着眼于社会主义与市场经济相结合的思想以及实践发展历程，侧重于从历史发展的脉络中揭示出两者结合的历史过程，同时又从逻辑体系上阐明在具体发展阶段中相关重要思想和实践的发展规律。通过回顾社会主义与市场经济的关系发展历程和逻辑发展脉络，对其中富有突破性、创新性的思想理论进行科学的归纳和阐释。在研究其中的某一具体重要思想时，既要做到尽可能观照思想的整体性和系统性，也要将其放置于历史发展进程中加以考察、评析。在历史和逻辑的双重结合中，以期能对中国特色社会主义市场经济理论的来龙去脉作出整体性研究。

其三，比较研究的方法。社会主义与市场经济的结合历史，关涉到马克思和恩格斯未来社会经济体制的相关思想、列宁和斯大林对社会主义商品经济的探索、市场社会主义理论以及中国特色社会主义市场经济理论。因此，需要从历史发展的进程中逐一阐明相关理论的发展历程，也要在历史比较的视野中对其分别加以考察、分析、评判。同时探究马克思、恩格斯、列宁、斯大林等相关思想的演变，市场社会主义理论的演进以及中国特色社会主义市场经济理论的发展。在比较视域下，凸显中国特色社会主义市场经济的成功实践及其历史贡献。

---

① 《马克思恩格斯选集》第 2 卷，人民出版社，2012，第 14 页。

五　可能的创新点与研究难点

（一）可能的创新点

关于社会主义与市场经济相结合的研究，可以说是一个老议题，因为各种社会主义思想产生之时就开始了对两者关系的思考，因此相关研究成果可谓汗牛充栋、恒河沙数。但是，社会主义与市场经济的结合问题，又是一个随着思想演进和实践发展而不断焕发活力的新话题，结合不同的时代背景及其任务，两者结合的问题又常议常新。后人若想有所创新，就必须站在前人已经奠定的高度上，广泛占据已有的成就。这说起来容易，但真正实现的难度可想而知，一不小心就可能会躺在前人的"功劳簿"上不思进取。因此，本书试图在借鉴已有丰硕成果的基础上，试图从以下几个方面作出一点可能的创新。

其一，对社会主义与市场经济相结合的历史作出较为系统的整体性研究。社会主义与市场经济的结合过程可谓一波三折，一直伴随着各种相互竞争甚至对立的声音和观点。也正因如此，有关社会主义与市场经济相结合的思想和实践在互动中竞相取得突破性发展。本书以马克思恩格斯有关社会主义与市场经济关系的思想为切入点，以中国特色社会主义市场经济在新时代的发展和完善为落脚点，对社会主义与市场经济从思想到实践实现"结合"的历史过程，进行了整体性的考察、梳理和研究。

其二，以问题为着眼点，力求对社会主义与市场经济结合史上的理论发展和实践探索做出较为客观的评判。马克思曾强调："主要的困难不是答案，而是问题。"① 本书在回溯社会主义与市场经济相结合的进程中，梳理、分析了存在于不同时期的突出问题或理论争论，例如关于马克思和恩格斯相关思想的争议、关于新经济政策的争议、关于市场社会主义理论的争议、关于中国特色社会主义市场经济的争议等。试图从争

① 《马克思恩格斯全集》第 1 卷，人民出版社，1995，第 203 页。

论双方的视角去分析和评判相关理论和实践的创新与缺陷，并希望能够引起对这些富有争议而又极为重要问题的广泛重视。

（二）研究的难点

其一，资料的搜集、理解、吸收、转化。本书研究社会主义与市场经济结合的思想和实践发展历程，其中关涉马克思恩格斯的相关思想、列宁斯大林有关思想观点、西方相互论争的经济理论以及中国共产党人的独创性思想，还涉及苏联社会主义建设的具体实践以及中国特色社会主义市场经济的实践发展。囿于笔者个人的研究能力以及其他限制性因素，对于具体研究或者难以面面俱到，或者难以深度挖掘，叙有余而论不足。要在社会主义与市场经济结合的历史发展长河中，确定具有代表性意义的思想或是实践加以深入研究，并且将研究成果以合乎历史和逻辑的方式顺畅地表达出来，这对作者来说不是一件容易的事情。

其二，本书的研究对象是社会主义与市场经济的结合问题，这一直是个充斥着争议的论题。各种相互论争、相互对立的观点，似乎在逻辑上都具有合理性和自洽性。但是，似乎双方也都难以说服对方而达成最终的广泛共识。本书可以对这些竞争性的观点加以梳理、总结，但以一种客观公正而又不失学术性的视角，对其加以比较、评价，以作者目前的学术视野和水平可能会存在偏颇。

其三，本书的重要研究内容之一是中国特色社会主义市场经济。一方面，既要对中国发展市场经济的理论贡献和实践成效加以总结、阐述；另一方面，也要直面中国特色社会主义市场经济发展中存在的突出问题，对其加以分析、解读。对于中国特色社会主义市场经济的理论体系和实践发展，当前国内外均存在一些异议，因而理论的创新和发展就变得更具紧迫性。对此，学界也一直处于探索之中。这也是本书研究的一个难点。

第一章 马克思恩格斯关于社会主义与
市场经济关系的思想探索

　　社会主义与市场经济能否结合，无论是在国际理论界①还是在国内
学术界一直是饱受争议的一个理论问题。其中，作为社会主义创始人的
马克思和恩格斯，在其著作中是否对社会主义与市场经济的关系问题有
所论及？他们对社会主义与市场经济两者的关系持何种观点？这也是争
论不休的重要理论问题。为此，必须要深入挖掘马克思恩格斯著作中相
关思想的本质。马克思恩格斯在批判资本主义社会的基础之上，对未来
社会的基本特征作了最具根本性意义的内在规定，强调未来社会是不断
发展变化的，反对各种面面俱到的"幻想"和任何一劳永逸的现成
方案。

一　围绕马克思恩格斯关于社会主义与市场
经济关系思想的学术争鸣

　　马克思恩格斯在其卷帙浩繁的著作中，为未来社会勾勒出了一幅蓝
图。但他们如何认识社会主义与市场经济的关系，学者们根据马克思恩

---

①　颜鹏飞教授认为，市场社会主义历史上关于这个问题至少发生了三次主要的大论战：第一
　　次是 20 世纪 20~30 年代米塞斯、哈耶克与兰格、勒纳等人围绕社会主义经济计算与资源
　　配置问题的论战；第二次是 20 世纪 70~80 年代分别发生在苏联和英国的关于计划机制与
　　市场机制关系的论战；第三次是 20 世纪 90 年代连续探讨包括市场社会主义在内的社会主
　　义新具体模式和设计方案的论战。参见颜鹏飞《中国社会主义市场经济新形态的再认识》，
　　《马克思主义研究》2003 年第 4 期。

格斯的著作得出了大相径庭的结论。因此，这也成为理论界争论不休的一个重要问题。在国际理论界，争论的焦点主要是围绕"马克思是不是一个市场社会主义者"① 这一问题；在国内学术界，争论的焦点主要围绕"马克思恩格斯预设的未来社会是否存在商品经济"这一问题。各种观点莫衷一是。

（一）国际争论：马克思是一个市场社会主义者吗？

在国际上，关于马克思是否支持市场与社会主义的结合这一具有争议的论题，不同学者对其相关著作进行了深入的解读，以期从中寻求到问题的标准答案，但最终得出的结论却迥然不同。争论双方围绕"马克思是不是一个市场社会主义者"展开了激烈的争论。其中，20 世纪 80 年代以后美国的学者之间就此展开的争论颇具影响力。

20 世纪 80 年代初，西方左翼学者之间就围绕市场社会主义展开了激烈的讨论。美国阿拉巴马大学教授阿诺德与罗耀拉大学教授施韦卡特分别针对马克思是否主张社会应该实行中央计划经济的问题发表了不同的看法②。1993 年，加利福尼亚大学圣迭戈分校教授斯坦利·穆尔（Stanley Moore）在《马克思与市场》中提出，马克思是个"半截子"的市场社会主义者③。穆尔等人的观点引发了之后相关的学术争论。1995 年 4 月，在纽约召开的社会主义学者大会上，美国纽约州立大学布法罗分校的詹姆斯·劳勒（James Lawler）教授同纽约大学的伯特尔·奥尔曼（Bertell Ollman）教授围绕马克思是不是一个市场社会主义者展开

---

① 关于市场社会主义的论述详见本书第三章内容。

② 阿诺德分析，马克思在《共产党宣言》和《资本论》中的结论是资本主义之后实行一种中央计划经济，市场经济不是社会主义的特征；而施韦卡特则不赞成马克思主张中央计划经济这一观点，他认为马克思在有关著作中的本意是不能把市场机制当作调节经济的唯一机制。

③ 穆尔认为，马克思在《共产党宣言》中主张社会主义国家实行市场与计划结合的经济，即后来的市场社会主义纲领，但在《资本论》和《哥达纲领批判》中他又放弃了这种思想。参见 Stanley Moore, *Marx versus Market*, *University Park*（Pennsylvania：The Pennsylvania State University Press，1993），pp. 66-68。

了激烈的争论①。

1. 赞成意见

根据马克思恩格斯著作中的相关论述，劳勒分析认为马克思是一个市场社会主义者，马克思把市场社会主义视为从资本主义到社会主义长远目标的过渡，市场生产在其中仍然发挥着不可忽视的作用。

劳勒指出，马克思和恩格斯在《共产党宣言》（以下简称《宣言》）中提出："把一切生产工具集中在国家"是一个逐步完成的过程，无产阶级将"一步一步地夺取资产阶级的全部资本"。② 因此，革命后的一段特定时期，生产工具并没有完全集中于国家，市场经济会继续存在。共产主义纲领的实现过程是渐进式的，"首先必须对所有权和资产阶级生产关系实行强制性的干涉"，而"这些措施在经济上似乎是不够充分的和无法持续的"③。因此，社会主义初期采用的强制性手段，就不是消除而是限制资本主义生产，这是变革全部生产方式必不可少的一种手段。劳勒据此指出，无产阶级取得政权之后，政治上彻底取得胜利，但经济上需要渐进过渡，为了实现经济增长和社会需要必须保留市场经济。由此，劳勒认为这就是革命后的、主要以发展市场社会的经济条件为基础的纲领，它开创了一种"市场社会主义"的社会。

《宣言》列举了革命后（初期）应采取的主要措施，并直接描述了最终的结果，即"自由人的联合体"。马克思在终点处否定了资本主义生产关系，即"以统治阶级的资格用暴力消灭旧的生产关系"④。但在起始阶段和最终结果之间，无产阶级国家是如何逐步获取那些仍在私人手

①　李春放编《马克思是市场社会主义者吗？》，载李惠斌主编《全球化与现代性批判》，广西师范大学出版社，2003，第 246 ~ 258 页。另见 David Schweikart, James Lawler, Hillel Ticktin & Bertell Ollman, *Market Socialism*：*The Debate among Socialists*（NY：Routledge, 1998），pp. 7-192。

②　《马克思恩格斯文集》第 2 卷，人民出版社，2009，第 52 页。

③　《马克思恩格斯文集》第 2 卷，人民出版社，2009，第 52 页。

④　《马克思恩格斯文集》第 2 卷，人民出版社，2009，第 53 页。

里的经济呢？劳勒在早于《宣言》几个月写成的《共产主义原理》（以下简称《原理》）中找到了一些答案，他认为《原理》对革命后社会的本质做了更详细的说明。

《原理》在列出无产阶级纲领的 12 项主要措施后，恩格斯提出所有的措施不能一下全部实行，而是逐一实行。起初是向私有制"发起猛烈的进攻"，然后"继续向前迈进"，在逐渐发展中将生产工具越来越多地"集中在国家手里"①，这一过程"使国家的生产力大大增长"。当全部资本、生产和交换都集于国家时，"私有制将自行灭亡，金钱将变成无用之物"②。因此，劳勒认为："在已无必要使用货币之前，市场关系仍会继续存在。"③

劳勒指出，《原理》中的措施与《宣言》截然不同，最重要的不同是"限制私有制"，而不是"消灭私有制"。限制私有财产的方法包括"累进税、高额遗产税、取消旁系亲属（兄弟、侄甥等）继承权、强制公债等"④。这暗示着，要经历几代人的漫长时期，资产阶级财产才能逐渐转移到无产阶级手里。此外，革命后的政权并未强行没收资产阶级的财产，而是对部分资本家企业进行赎买，"一部分用国家工业竞争的办法，一部分直接用纸币赎买的办法"⑤。市场关系依旧存在并被遵守，无产阶级在市场框架内与资本主义企业进行竞争。唯一提到的强行性没收，也只是"没收一切反对大多数人民的流亡分子和叛乱分子的财产"⑥。劳勒综合以上分析指出："无产阶级革命并未立即废除市场。它开创的是一种市场社会主义"，"国有企业将继续根据市场原则运行，并与非国有

---

①　《马克思恩格斯文集》第 1 卷，人民出版社，2009，第 686 页。
②　《马克思恩格斯文集》第 1 卷，人民出版社，2009，第 687 页。
③　David Schweikart, James Lawler, Hillel Ticktin & Bertell Ollman, *Market Socialism*: *The Debate among Socialists* (NY: Routledge, 1998), p.29.
④　《马克思恩格斯文集》第 1 卷，人民出版社，2009，第 686 页。
⑤　《马克思恩格斯文集》第 1 卷，人民出版社，2009，第 686 页。
⑥　《马克思恩格斯文集》第 1 卷，人民出版社，2009，第 686 页。

的以及私人的企业相竞争"①。

劳勒还指出，市场的继续存在只意味着商品生产市场仍然存在，而劳动力市场结束了，或正处在结束的过程中。因为共产主义纲领中包含着在性质上与资本主义相决裂的措施，即"在国家农场、工厂和作坊中组织劳动或者让无产者就业"，② 这不仅会消除劳动者之间的竞争，而且厂主支付的工资与国家相同。劳勒认为，这表明无产阶级政府的目标是，消除工人之间对其劳动力价格的竞争。此时，市场就会起到反对资产阶级和维护无产阶级的作用。劳勒强调，计划改变了市场生产，而非简单取代了它。此后，"社会主义"的市场开始存在。

劳勒分析，在无产阶级革命以后，"对生产的共同经营"是不可能的，原因在于"由整个社会共同地和有计划地来经营的工业，更加需要才能得到全面发展、能够通晓整个生产系统的人"③，而当前的生产者不具备共同经营所要求的受教育水平和技能。因此，市场生产将继续存在。但市场生产的自觉性或计划性在增长，财产关系在逐渐地变化。劳勒认为，后资本主义社会的第一个阶段，包括资本主义企业在内的市场关系会继续存在；而在第二个阶段，对经济的共同的经营将通过劳动人民本身来实现，此时货币-市场关系才停止发挥经济作用。

针对这一有关革命后社会本质的认识，劳勒在《资本论》中也找到了论据。马克思没有简单地将资本主义作为完全罪恶的、否定性的实物加以全部否定，然后建立一个截然不同的对立物进行简单代替。在马克思看来，新社会是在旧社会中萌生并通过旧社会产生的。《资本论》从理论上预言了在资本主义胎胞中产生并将取代它的新社会的发展。

首先，资本主义的市场制度只是市场发展中的一个阶段，资本主义不等于市场生产。市场关系先于资本主义，因而在资本主义之后，市场

---

① David Schweikart, James Lawler, Hillel Ticktin & Bertell Ollman, *Market Socialism*: *The Debate among Socialists* (NY: Routledge, 1998), p. 30.

② 《马克思恩格斯文集》第 1 卷，人民出版社，2009，第 686 页。

③ 《马克思恩格斯文集》第 1 卷，人民出版社，2009，第 688~689 页。

还会继续存在。但作为一种独特的市场生产，劳动力的商品化或市场化构成了资本主义制度的本质。在英国工业革命早期，工人积极反抗资本家以绝对方式榨取剩余价值，于是固定工作日时间和限制童工范围的工厂法产生了。工厂法被马克思称为"社会对其生产过程自发形态的第一次有意识、有计划的反作用"①，这是作为整体的社会对劳动力市场无约束运行的一种自觉的限制。

社会主义革命就是在发展过程中把市场全部消灭的阶段。《资本论》表明这一阶段是资本主义经济发展中的现实，而不是虚构的。这体现在马克思对资本主义演变中的早期工场手工业制度与后来工厂制度的比较研究。在工场手工业制度中，工人被局限于生产过程的一个局部。随着机器生产的发展，"工人终生固定从事某种局部职能的技术基础被消除了"②，机器替代了之前由局部的手工工人联合劳动来完成的工作。于是，工厂内出现了一种不同组织的可能性：一是废除资本主义关系，二是工人管理自己的劳动过程。在《资本论》第三卷中，马克思对这种可能性做了非常具体的研究。他在对信用制度的分析中写道："工人自己的合作工厂，是在旧形式内对旧形式打开的第一个缺口。""这种工厂表明……一种新的生产方式怎样会自然而然地从一种生产方式中发展并形成起来。"③ 马克思认为，如果没有产生于资本主义生产方式中的工厂制度和信用制度，合作工厂就无法发展起来。

劳勒分析，马克思和恩格斯在1848~1864年修改了有关无产阶级国家经济策略的思想，不再提倡将国有制作为从旧社会向新社会过渡的主要形式，而是将工人合作制视为最有前途的社会主义所有制形式和新社会的起点。工厂制度与信用制度的发展相结合，就确立了工人合作制出现的阶段。共产主义不是对资本主义的简单否定和以一种截然不同的社

---

① 《马克思恩格斯文集》第 5 卷，人民出版社，2009，第 553 页。
② 《马克思恩格斯文集》第 5 卷，人民出版社，2009，第 426 页。
③ 《马克思恩格斯文集》第 7 卷，人民出版社，2009，第 499 页。

会取代它。共产主义"是那种消灭现存状况的现实的运动"①，是一种已经存在于资本主义中的发展。工人阶级"不是要实现什么理想，而只是要解放那些由旧的正在崩溃的资产阶级社会本身孕育着的新社会因素"。② 这些在19世纪60年代被马克思视作需要解放的因素，就是工人的合作企业，它是在旧的社会形态中生长出的"新社会的萌芽"。而合作工厂的存在和运行，是在市场社会中进行的。

穆尔在《马克思与市场》中认为，马克思是个半截子的"市场社会主义者"。劳勒却认为，马克思关于市场社会主义的构想前后一致。马克思未来社会的长远目标是消灭商品和市场，但要实现这一目标，中间需要一个有市场长期存在的社会主义阶段。《资本论》以及《哥达纲领批判》都证实了这一思想。

在《哥达纲领批判》中，马克思明确指出共产主义社会将不存在商品生产和市场。他写道："在一个集体的、以生产资料公有为基础的社会中，生产者不交换自己的产品。"③ 接着又写道：共产主义社会不是建立在自身已经发展好的基础之上，而是刚从资本主义社会中产生出来，"它在各方面，在经济、道德和精神方面都还带着它脱胎出来的那个旧社会的痕迹"④。新社会中的"生产者不交换他们的产品"，但它如何从资本主义"旧社会"中直接产生而丝毫不带旧社会的痕迹？这似乎暗示了革命后政府一下子就夺取了全部生产工具，并在废除市场的情况下指挥生产。劳勒认为上述解释忽略了《哥达纲领批判》中的另一段话："在资本主义社会和共产主义社会之间，有一个从前者变为后者的革命转变时期。同这个时期相适应的也有一个政治上的过渡时期，这个时期的国家只能是无产阶级的革命专政。"⑤ 这就表明，在共产主义社会之前会有一个明显的转变时期，转变不仅包括政治权力方面，而且还包括与

① 《马克思恩格斯文集》第1卷，人民出版社，2009，第539页。
② 《马克思恩格斯文集》第3卷，人民出版社，2009，第159页。
③ 《马克思恩格斯文集》第3卷，人民出版社，2009，第433~434页。
④ 《马克思恩格斯文集》第3卷，人民出版社，2009，第434页。
⑤ 《马克思恩格斯文集》第3卷，人民出版社，2009，第445页。

政治"相适应"的非政治的，即社会经济方面。无产阶级革命不会立即缔造一个取消商品生产的共产主义社会，中间需要一个过渡时期。

劳勒在《法兰西内战》中找到了更为充分的论述。马克思指出：资本主义制度被合作制生产所取代，而联合起来的合作社以共同的计划调节来控制全国的生产，这就是共产主义。"工人阶级并没有期望公社做出奇迹。他们不是要凭一纸人民法令去推行什么现成的乌托邦。他们知道，为了谋求自己的解放，并同时创造出现代社会在本身经济因素作用下不可遏止地向其趋归的那种更高形式，他们必须经过长期的斗争，必须经过一系列将把环境和人都加以改造的历史过程。工人阶级不是要实现什么理想，而只是要解放那些由旧的正在崩溃的资产阶级社会本身孕育着的新社会因素。"① 这里描述的巴黎公社无产阶级政府的任务，和《宣言》《原理》中表达的思想是一致的，即无产阶级革命在夺取政权后并不是用法令去创造一个理想的社会，而是去开创一个经济条件的和人的过渡时期。这一过程的社会和经济的出发点是在旧社会中已得到发展的新社会萌芽，即工人的合作生产，是为市场而生产的合作社。合作生产摆脱了资本主义国家对它的控制，并在公社的鼓励下迅速发展。公社没有取消市场，它通过规范并逐步取消劳动市场，使市场生产向着服从人的需要的方向发展。劳勒的结论是：如果说马克思恩格斯与在《宣言》中的设想相比有所变化，那就是他们从《宣言》提出的"国家市场社会主义"变成了"合作的市场社会主义"。

概而言之，劳勒根据马克思恩格斯的相关著作，分析指出共产主义的发展存在 5 个阶段。第一个阶段：工厂法是对市场交换的一种规范和限制形式。第二个阶段：合作企业是新社会的"最初的萌芽"。第三个阶段：转变时期，新社会与旧社会在政治上和社会经济上相互竞争并迅速获得力量、成长。第四个阶段：市场继续存在阶段，资本主义所有制被消除但商品生产仍继续发挥着重要作用。第五个阶段：共产主义社会，

---

① 《马克思恩格斯文集》第 3 卷，人民出版社，2009，第 159 页。

合作生产已发展到国家和国际的水平，但仍然存在很多"资产阶级"的缺陷。

2. 反对意见

奥尔曼则认为，之所以把马克思看作一个市场社会主义者，是因为误读了马克思有关社会主义下市场的论述。奥尔曼从马克思的著作中得出了马克思并非一个市场社会主义者的结论。

马克思预设社会主义革命刚完成后，大部分市场将继续存在并发挥作用。在《宣言》中，他提出新成立的社会主义政府应仅仅对银行、交通运输工具和未使用过的土地实行社会化[①]。此时，个体私人仍然掌握着大部分经济，但这些私有经济的所有者的一切决定将受限于经济计划、国有化的银行以及有关工资、劳动条件等问题的新法律，而且还会受到基于工人利益并通过工人自身实施和调整法律的强烈影响。马克思提到仅对那些以武器对抗政府的"叛乱分子"和离开本国的"流亡分子"进行强行剥夺。据此，奥尔曼认为，很明显在无产阶级刚刚建立政权的这一时期，"尽管商品市场、劳动力市场，甚至资本市场已受到控制并有所改变，却仍在继续起作用"[②]。

那么，随之而来的关键性问题就是：社会主义政府将如何对待这种私有经济成分？这种成分将会在社会主义社会中存留多久？社会主义的经济目标是以同样的劳动时间获得同样的报酬，人们可以多方面发展能力并且充分利用自身能力。但是在社会主义初期，仍然存在根据个人财产而非付出的劳动获得报酬的现象，也无法使个人以其全部能力参加生产。这一经济原则可能要一直延续，直到社会主义社会以不破坏生产过程的方式将私有财产转变为公有制。为此，政府就需要建立公有企业与那些尚存的私有企业进行竞争，并通过有指标的银行贷款、高税收，以

[①]　参见《马克思恩格斯文集》第 2 卷，人民出版社，2009，第 53 页。

[②]　David Schweikart，James Lawler，Hillel Ticktin & Bertell Ollman，*Market Socialism*：*The Debate among Socialists*（NY：Routledge，1998），p.116.

及严格的法律向私有企业施加压力。结果可能会是，在一个较短的时期内大多数资本家被迫破产或将公司卖给国家。而且马克思还提出，革命后将立即进行的一个主要改革就是取消产生财产权的财产继承权①。当现存的私人所有者逝世之后，其公司就会被归于社会。因此，奥尔曼分析，至多在40~50年内整个经济都将为社会所有。而且，私有经济成分中的工人促使其企业实行社会化的压力也会加速这一过程。因此，社会主义革命之后，大部分私人经济成分将会在一段有限的时间内继续存在，资源配置和商品交换还会通过某种形式的市场来进行。当全部的生产资料被整个工人阶级控制的时候，社会主义才能实行"各尽所能，按劳分配"的原则。而按照"各尽所能，按需分配"原则，还需要很长一段时间才能实现②。

奥尔曼分析，社会主义是向共产主义的过渡阶段，而社会主义革命后的最初阶段，即市场还会继续存在的这一阶段，可以称之为社会主义的一个过渡。此时，它既包含社会主义的东西也包含资本主义的东西。但根据之前的分析，这一过渡时间太短而且变化太快，以致它不能被视为一个独立的阶段。但这一时期也比较独特，它是社会主义革命的一种继续，是利用工人阶级掌握国家政权的事实而清扫资本主义最后残余的力量和特权，即马克思所说的"不断革命"。

那么，作为配置资源和交换商品的社会形式，市场会在整个社会主义阶段一直继续存在吗？这实际上就是市场与社会主义能否长期共存的问题。对此，奥尔曼认为马克思持有的是反对的观点，而他认为自己"对市场社会主义者的批判是反映马克思本人在这个问题上的立场"③。

（二）国内歧见：马克思恩格斯预设的未来社会存在市场经济吗？

马克思和恩格斯预设的未来社会是否存在商品经济和市场经济，这

---

① 参见《马克思恩格斯文集》第2卷，人民出版社，2009，第53页。
② 参见《马克思恩格斯文集》第3卷，人民出版社，2009，第435~436页。
③ David Schweikart, James Lawler, Hillel Ticktin & Bertell Ollman, *Market Socialism*: *The Debate among Socialists* (NY: Routledge, 1998), p. 118.

在国内学术界仍是一个尚存争议的问题。有的从对马克思恩格斯思想的一般性阐释理解，有的从社会主义具体实践的发展和反思考察，也有的从总体性视角出发，形成了以下几种有代表性的观点。

1. 一般性阐释：未来社会不存在商品经济

在批判、否定资本主义市场经济制度和资本逻辑的过程中，马克思恩格斯逐步构建了未来社会理论。作为资本主义市场经济的"革命者"和"批判者"，他们在粗略勾勒未来社会主义蓝图之时，不但明确拒绝了私有制、资本、利润、剥削等这些资本主义范畴，而且也没有给商品经济留下发展空间。这是从传统意义上对马克思恩格斯有关市场经济思想的一般性阐释。

马克思恩格斯是以批判资本主义经济制度，来构想未来理想社会经济制度的。虽然在马克思和恩格斯所处的时代，资本主义体制已经确立并且对社会发挥着积极作用，但是"市场经济"一词并未在他们的论著中出现过。他们是在深刻解剖资本主义"自由竞争""商品生产"等问题的过程中，深刻揭示了市场经济发展的一般规律和资本主义经济发展的特殊规律。对马克思和恩格斯而言，社会主义社会并不是现实的存在。他们通过研究资本主义经济的运行发展规律，关注到了社会主义与市场经济的关系问题。

关于社会主义与市场经济的关系，在其所设想的未来社会中，新的生产关系和经济运行的特征与资本主义社会是截然不同的。马克思恩格斯认为，随着社会生产力的高度发展，资本主义社会的基本矛盾，即高度社会性的社会化大生产与生产资料的资本主义私人占有之间的矛盾，就会愈来愈突出，继而导致以生产相对过剩表现出来的经济危机周期性爆发。当这一矛盾无法借助于资本主义生产关系加以调整、解决时，资本主义私有制必将会被新的生产关系即公有制所取代。同时，马克思恩格斯认为资本主义的社会化大生产不仅要求与其发展相适应的新的生产关系，而且还要求与之相适应的新的经济体制与运行机制，即计划经济的体制和机制。

按照马克思恩格斯的理解，未来社会商品经济会消亡。由于市场经济的弊病和缺陷，他们主张消灭资本主义私有制和商品货币关系，并以生产资料的社会所有制和产品计划经济取而代之。在私有制下的商品经济社会中会出现周期性生产过剩危机和分配两极分化两大问题，而问题的解决之道就在于以生产资料的社会占有制来取代私有制。在生产资料社会占有制条件下，个人劳动会表现为直接的社会劳动，同时之前社会生产的无政府状态也将会被有计划地生产所取代。因此，在对私有制以及市场经济的批判中，马克思恩格斯预设的未来社会不存在商品。马克思恩格斯通过分析资本主义商品生产的内在矛盾和局限，得出资本主义商品生产必将消亡，未来社会必将产生新的生产方式的科学结论。

2. 实践性反思：社会主义的现实发展超出了预期设想

马克思恩格斯从资本主义的社会现实矛盾和冲突出发，预设了未来社会的实现方式和基本框架。首先关于未来社会的实现方式包括三种情况：第一种是资本主义发展到尽头时，自然能够实现社会主义；第二种是资本主义还有发展空间，但周期性经济危机的爆发需要调整生产关系适应生产力发展需要，此时如果无产阶级革命能够取胜并掌握国家政权，社会主义也能够实现；第三种是资本主义相对落后的国家，在一定条件下跨越资本主义阶段走上社会主义。其次关于未来社会的基本框架：一是消灭资本主义私有制，实行生产资料公有制；二是有计划地进行社会生产，消灭商品生产、货币交换和市场；三是实行按劳分配的原则，并逐步过渡到按需分配；四是阶级和国家逐步消亡，建立"自由人联合体"。但问题在于，社会主义的现实发展与未来社会的理论预设并不一致。马克思恩格斯关于未来社会模式的设想，只适用于资本主义走到尽头时实现的社会主义。在资本主义还没有走到尽头时，要实现什么样的社会主义模式，这不在他们的分析和阐述范围之内。①

---

① 刘昀献：《马克思恩格斯的未来社会构想与现实社会主义》，《河南大学学报》（社会科学版）2003 年第 4 期。

虽然马克思恩格斯晚年分析俄国在特定条件下跨越资本主义"卡夫丁峡谷"的发展途径，指出了未来社会发展的另一种方式。但是跨越论并不意味着他们修正了早年设想，即在资本主义和商品经济充分发展的基础上未来社会才会实现，相反"是更加丰富和深化了这一思想"[1]。因为跨越式的发展可能实现的历史条件包括资本主义制度与"亚细亚"生产方式并存以及世界革命的发生。尽管东方爆发的社会革命可能引爆世界革命，但革命的最终胜利却需要发达资本主义国家的无产阶级投入其中充当主力军。在世界革命胜利的条件下，落后国家可以学习和利用发达资本主义的一切可以肯定的文明成果来建立社会主义，从而实现跨越资本主义卡夫丁峡谷。

马克思恩格斯设想社会主义革命发生在高度发展的资本主义社会，从而在此基础上建成理想的未来社会，而未来社会不存在商品经济是有条件的。其一，在资本主义高度发展的基础上实行生产资料社会制，社会组织生产并分配产品，劳动者之间以及企业之间不再发生交换，自然就没有商品、货币、市场；其二，劳动者个人的劳动以直接的社会劳动的形式，此时个人劳动无须通过价值的形式，因此商品也会消失；其三，按比例对社会总劳动进行分配，因此社会总劳动不再采取市场交换的方式，而是被社会自觉的、有意识的调节所取代。

但现实是社会主义革命并没有发生在发达的西方资本主义中心地带，而是在经济文化落后、资本主义发展水平很低的东方国度。尽管已经发生的社会主义革命有其历史的必然性和合理性，但是其发生条件并不符合经典马克思主义的要求。而由于在物质基础和主体力量方面条件不足，"历史运动的内在逻辑便决定了夺取政权的道路和方式的特殊性，也决定了在革命后不可避免地出现先前人们根本没有预见到的社会主义的畸变"[2]。现实的社会主义与马克思恩格斯预想的未来社会截然不同，因此

---

[1]　马理文：《市场经济与社会主义的结合——马克思主义百年回眸之三》上，《马克思主义研究》2001 年第 5 期。

[2]　张光明：《马克思的社会主义与发展市场经济问题》，《中国特色社会主义研究》2007 年第 2 期。

不能采用单一的全民所有制，而且个人劳动也无法直接转化为社会劳动，这就决定了社会主义的商品经济依然有存在的必要性。

尽管马克思没有提出社会主义可以与市场经济结合的问题，但他也没有把自己的理论当作永恒不变的真理而强加于后人。他设想的未来社会脱胎于高度发达的资本主义，但现实是社会主义制度建立在落后的生产力之上，尚不具备消灭市场经济的实际条件。当理论阐释与实践发展不一致时，需要做出的改变则是对理论的阐释。而中国特色社会主义市场经济的实践发展，则要求对马克思的相关理论重新理解和阐释①。

3. 总体性视角：社会主义与市场经济应该结合

从整体、联系和发展的视角出发，尤其是依据马克思提供的世界观和方法论，例如，历史继承性、开放性与历史更替性、创造性相结合的社会机体发展规律，以社会生产主体（历史主体或劳动主体）即人的全面发展为主线的社会经济三形态理论，以世界市场为基点的全球化唯物史观，就能发现在马克思关于未来新社会的科学预测中是可以存在商品经济和市场经济的。②

马克思主要从两个方面考察市场经济的性质：一是从"生产的一般"（或"生产过程一般"）和生产力的视角，二是从"生产的特殊"（或"特殊的生产""特殊生产形式"）和社会生产关系的视角。所谓"生产的一般"，即"生产的一切时代有某些共同标志，共同规定"③，是生产在不同发展阶段所具有的共同点或相似点，"生产力"表明的是生产在不同发展阶段的连续性或继承性。而"生产的特殊"则是"一定社会发展阶段上的生产"④，"社会生产关系"与"生产的特殊"视角凸显了生产在不同发展阶段的差异性。马克思从"生产的一般"和生产力视

---

① 王新生：《当代中国马克思主义正义理论的建构》，《中国人民大学学报》2012 年第 1 期。
② 参见颜鹏飞主编《中国社会主义市场经济理论溯源》，湖北人民出版社，2001。
③ 《马克思恩格斯文集》第 8 卷，人民出版社，2009，第 7 页。
④ 《马克思恩格斯文集》第 8 卷，人民出版社，2009，第 6 页。

角考察市场经济，认为市场经济不等同于资本主义制度，它可以而且必然同过渡阶段的国家制度相结合。从"生产的特殊"和"社会生产关系"的视角考察市场经济，马克思将市场经济视为具有社会基本制度属性的一种经济运行形式。生产不是抽象的，只有与具体的生产关系和社会制度相结合，市场经济才能实现社会资源配置的功能①。这就意味着，社会主义与市场经济是可以结合的。

　　总之，观点各异的学者或从马克思恩格斯相关理论的一般性阐释出发，或从社会主义的一般性原则出发，或从社会主义国家具体的建设实践出发，围绕社会主义与市场经济能否结合的问题发表了不同的观点、结论或解释。然而，在历史语境中的马克思恩格斯本人，究竟是如何理解社会主义与市场经济的关系问题的呢？为此，就必须要尽量避免因诸如思维方法、价值倾向等主观因素所导致的解读偏差，"靠大量的、批判地审查过的、充分地掌握了的历史资料"②，尽可能地"走近马克思"，以期深入挖掘马克思恩格斯相关思想的本质并将其在现实语境中再现出来，从而达到以正视听的效果。

二　马克思恩格斯关于社会主义与市场经济关系的思想

　　根据马克思恩格斯的早年预设，未来社会将不存在商品货币关系，而实行全社会统一的计划经济体制。但这是以社会生产力高度发达、市场经济高度发展的资本主义社会为前提的。与此同时，他们也没有完全否定未来社会与商品、市场之间的联系，甚至在一些论述中还为社会主义与市场经济的结合保留了一定的空间。马克思恩格斯晚年通过对俄国等东方国家经济社会发展的深入研究，提出了经济文化比较落后国家越过"资本主义制度的卡夫丁峡谷"的可能性，蕴藏了社会主义可以而且

---

①　叶险明：《论马克思考察市场经济的两类视角——马克思市场经济学说思考之一》，《首都师范大学学报》（社会科学版）2002 年第 1 期。

②　《马克思恩格斯文集》第 2 卷，人民出版社，2009，第 598 页。

应该与市场经济相结合的思想。

（一）早年预设：未来社会不存在市场经济

马克思恩格斯创立的科学社会主义理论，对未来社会①的经济关系也进行了研究。他们主要以西欧发达资本主义国家为对象，科学地研究了资本主义社会的历史演进，预设了建立在"资本主义时代的成就的基础"②之上的未来社会，并对其基本特征作了概略性预设。

首先，通过深入研究资本主义的历史来源和现存状况，马克思恩格斯预测到它不可避免地走向共产主义形态的发展趋势。未来社会是在资本主义充分发展到难以解决自身矛盾的条件下所形成的新社会。

在初步创立唯物主义历史观时，马克思恩格斯就指出，只有分析生产关系以及经济基础才能解释具体社会形态的运动规律，更高社会形态产生的前提条件孕育、成熟于先前社会的胎胞中。因此，想要全面理解未来共产主义社会的基本特征，就必须深入探究资本主义的经济基础。马克思从社会形态相继更迭的历史联系出发去考察资本主义，阐明了历史上形成的生产方式对于更高级的生产方式的基础作用。他指出："把这些生产关系作为历史上已经形成的关系来正确地加以考察和推断……也给我们提供了一把理解过去的钥匙……这种正确的考察同样会得出预示着生产关系的现代形式被扬弃之点，从而预示着未来的先兆，变易的

---

① 《共产党宣言》标志着科学社会主义的诞生，但正式以"科学社会主义"来概括马克思和恩格斯的社会主义学说，是在19世纪70年代初。1873年初，恩格斯在《论住宅问题》中写道：巴黎公社所采取的实际经济措施"合乎德国科学社会主义的精神"，"德国科学社会主义的观点"就是"在《共产党宣言》中已经申述过并且以后又重述过无数次"的观点。这是恩格斯首次把马克思和他创立的学说称作"科学社会主义"。同时，马克思在《巴枯宁〈国家制度和无政府状态〉一书摘要》中提到，"'科学社会主义'，也只是为了与空想社会主义相对应时才使用"。之后，恩格斯在《反杜林论》中详细阐述了科学社会主义的发展历程及其主要理论观点。恩格斯根据《反杜林论》改写而成了《社会主义从空想到科学的发展》一书。之后，"科学社会主义"正式指称马克思主义关于社会主义学说。马克思恩格斯自19世纪40年代以来科学论述的共产主义学说，同70年代初论述的科学社会主义理论是完全一致的。因此，"未来社会"就是马克思恩格斯预测的取代资本主义社会的共产主义社会。

② 《马克思恩格斯文集》第5卷，人民出版社，2009，第874页。

运动"，资产阶级"现在的生产条件就表现为正在扬弃自身，从而正在为新社会制度创造历史前提的生产条件"①。

在马克思恩格斯看来，未来社会不是人们头脑中的主观想象，而是资本主义生产方式矛盾运动本身提出的、用以解决这些矛盾的必然趋势。科学地论证社会主义，就要揭示资本主义的特殊矛盾和取代它的道路。马克思通过研究资本主义生产方式的基本条件，发现商品生产者的劳动兼具私人劳动和社会劳动的二重性。其中，具体的私人劳动创造了商品的使用价值，而抽象的社会劳动则创造了商品的价值。但具体的私人劳动所创造的使用价值，在交换中必须作为价值，以抽象的社会劳动的必要部分表现出来，从而导致了资本主义生产的无计划性和无政府状态。由此可见，作为资本主义生产方式的原始形式，商品已经包含了这一制度的基本特征和矛盾萌芽。

恩格斯明确指出，资本主义的所有矛盾都应归结为"社会化生产和资本主义占有之间的矛盾"②，两者之间的矛盾是"产生现代社会的一切矛盾的基本矛盾"③。这是生产力和生产关系之间的矛盾在资本主义社会的一种特殊表现形式，它决定了资本主义生产方式及资本主义社会的全部本质。其中，社会化的生产力是资本主义基本矛盾中革命的、关键性方面。因此，要想解决这一基本矛盾及其衍生的其他矛盾，只能"在事实上承认现代生产力的社会本性"，即"社会公开地和直接地占有已经发展到除了适于社会管理之外不适于任何其他管理的生产力"④。

资本主义的矛盾表现为"个别工厂中生产的组织性和整个社会中生产的无政府状态之间的对立"⑤。资本主义生产方式在这种生而具有的矛盾中运动着，因此在发展中不可避免地产生冲突，这些冲突"在把资本

①　《马克思恩格斯文集》第8卷，人民出版社，2009，第110页。
②　《马克思恩格斯文集》第3卷，人民出版社，2009，第556页。
③　《马克思恩格斯文集》第3卷，人民出版社，2009，第565页。
④　《马克思恩格斯文集》第3卷，人民出版社，2009，第560页。
⑤　《马克思恩格斯文集》第3卷，人民出版社，2009，第554页。

主义生产方式本身炸毁以前不能使矛盾得到解决"①，使资本主义生产陷入无处可逃的"恶性循环"之中。资本主义越是发展就越是会造成其自身无法化解的深刻危机。在周期性的危机中，资本主义的矛盾剧烈爆发，"经济的冲突达到了顶点：生产方式起来反对交换方式，生产力起来反对已经被它超过的生产方式"②。这些危机和冲突表明，资本主义生产方式无法继续驾驭生产力的发展，而且日益增长的生产力要求消除这些矛盾，"要求摆脱它作为资本的那种属性，要求在事实上承认它作为社会生产力的那种性质"③。

资本主义生产方式具有狭隘性，资本主义生产力的发展已经超出了资本主义制度能够承受的范围，因而在资本主义制度发展到一定阶段会成为生产力发展的限制或桎梏。社会生产力和现行生产关系之间日益加深的矛盾，最终导致"资本退位并让位于更高级的社会生产状态"④。

其次，通过深入剖析资本主义私有制，马克思恩格斯预测未来社会的首要特征是在实行全部生产资料公有制的基础上进行劳动生产，产品采取商品形式的基础不存在了。

在马克思和恩格斯有关未来社会的科学预测中，最重要的部分就是社会主义经济制度的基本特征。正如恩格斯所强调的，社会主义社会"同现存制度的具有决定意义的差别当然在于，在实行全部生产资料公有制（先是国家的）基础上组织生产"⑤。概言之，生产资料公有制就是社会主义经济制度最基本的特征。这决定了未来社会中商品货币关系将不复存在。

之所以未来社会实行生产资料公有制，源于马克思恩格斯对资本主义私有制的深入批判。马克思在研究政治经济学之初，就在恩格斯《国

①　《马克思恩格斯文集》第3卷，人民出版社，2009，第556页。
②　《马克思恩格斯文集》第9卷，人民出版社，2009，第293页。
③　《马克思恩格斯文集》第3卷，人民出版社，2009，第557页。
④　《马克思恩格斯全集》第31卷，人民出版社，1998，第149页。
⑤　《马克思恩格斯文集》第10卷，人民出版社，2009，第588页。

民经济学批判大纲》一书的影响下，批判了资本主义经济关系中的"私有制"范畴。后来，马克思逐步分析了资本主义生产的日益社会化，以及生产力的发展与资本主义生产关系的局限性之间的深刻矛盾，并论证了资本主义私有制向共产主义公有制过渡的历史必然性。马克思认为，资本主义私有制的历史走向潜藏在其历史形成的过程之中，私有制正在扬弃自身并为新社会的公有制创造出历史前提。整个社会的生产力在资本主义时期得到突破性发展，但生产力的进一步发展受限于生产资料私有制这一资本主义形式的束缚，必然导致"社会地占有而不是作为各个私的个人占有这些生产资料"① 的结果。生产资料的社会所有制一旦取代生产资料的资本主义占有方式，"社会的生产无政府状态就让位于按照社会总体和每个成员的需要对生产进行的社会的有计划的调节"②。因此，未来社会必然要采取生产资料公有制，它决定了新社会各个方面的基本生产关系。

关于未来社会所有制的性质、内容及其地位等问题的思想，是在马克思恩格斯论著中逐渐丰富起来的。他们以唯物史观来分析社会发展的历史进程和演进规律，从而论述了关于未来社会的所有制问题。

在《1844 年经济学哲学手稿》中，马克思指出，"共产主义是对私有财产即人的自我异化的积极的扬弃"③，所谓积极的扬弃是对以往发展的全部财富进行完全自觉的保存。马克思此处强调，共产主义是对资本主义私人占有的直接否定，而共产主义的财产占有则是完全、自觉地保存以往社会积累的全部物质财富。

在《德意志意识形态》中，马克思恩格斯提出取代资本主义占有制的是"无产阶级的占有制"，这种占有制区别于以往各种具有局限性的占有方式。"过去的一切革命的占有都是有限制的；各个人的自主活动受到有局限性的生产工具和有局限性的交往的束缚，他们所占有的是这

① 《马克思恩格斯文集》第 8 卷，人民出版社，2009，第 386 页。
② 《马克思恩格斯文集》第 3 卷，人民出版社，2009，第 561 页。
③ 《马克思恩格斯文集》第 1 卷，人民出版社，2009，第 185 页。

种有局限性的生产工具，因此他们只是达到了新的局限性。他们的生产工具成了他们的财产，但是他们本身始终屈从于分工和自己的生产工具。在迄今为止的一切占有制下，许多个人始终屈从于某种唯一的生产工具。"① 然而，在消除旧的分工和实现社会调节生产的基础上，无产阶级的占有制之下，"许多生产工具必定归属于每一个个人，而财产则归属于全体个人"②。

在《哲学的贫困》中，马克思强调："在每个历史时代中所有权是以各种不同的方式、在完全不同的社会关系下面发展起来的。因此，给资产阶级的所有权下定义不外是把资产阶级生产的全部社会关系描述一番。"③ 马克思认为，视所有权为一种独立、抽象、永恒的范畴，只是形而上学或法学的幻想。这就初步确定了之后探讨未来社会公有制关系的基本方法论原则。

在《共产党宣言》中，马克思恩格斯从分析资本主义生产力和生产关系的矛盾运动入手，提出"共产主义的特征并不是要废除一般的所有制，而是要废除资产阶级的所有制"④ 的革命任务，并把共产党人的理论概括为"消灭私有制"。

在《1848 年至 1850 年的法兰西阶级斗争》中，马克思明确指出："劳动权就是支配资本的权力，支配资本的权力就是占有生产资料，使生产资料受联合起来的工人阶级支配，也就是消灭雇佣劳动、资本及其相互间的关系。"⑤ 恩格斯后来评价道：马克思此处首次提出了可以概述世界各国工人政党经济改造要求的公式，即"生产资料归社会占有"，从而"第一次表述了一个使现代工人社会主义既与封建的、资产阶级的、小资产阶级的等形形色色的社会主义截然不同，又与空想的以及自

---

① 《马克思恩格斯文集》第 1 卷，人民出版社，2009，第 581 页。
② 《马克思恩格斯文集》第 1 卷，人民出版社，2009，第 581 页。
③ 《马克思恩格斯文集》第 1 卷，人民出版社，2009，第 638 页。
④ 《马克思恩格斯文集》第 2 卷，人民出版社，2009，第 45 页。
⑤ 《马克思恩格斯文集》第 2 卷，人民出版社，2012，第 113 页。

发的工人共产主义所提出的模糊的财产公有截然不同的原理"①。

在《1857—1858 年经济学手稿》和《1861—1863 年经济学手稿》中，马克思通过深入研究资本主义的经济关系，深刻阐述了未来共产主义社会的所有制问题。一方面，关于未来社会公有制形式的本质规定。未来社会所有制应是共同占有和共同控制生产资料，并将共同的社会生产能力转化为社会财富。工人变成生产资料占有者，即"生产条件属于社会化的工人，工人作为社会化的工人进行生产，并把他们自己的生产作为社会化的生产从属于自己"②。另一方面，关于公有制在未来社会中的重要地位。公有制是未来社会经济关系的"基础"。在此基础上，个人的劳动从一开始就是社会劳动，建立起"某种以单个人参与共同消费为结果的劳动组织"③；"劳动时间在不同的生产部门之间有计划的分配"成为"首要的经济规律"④，社会生产变成符合社会全部需要的生产。公有制不仅成为未来社会经济关系的基础，而且还是整个社会发展最重要的经济基础。

马克思关于未来社会公有制理论的科学探讨，在《资本论》中有更深入、详细的阐发和预示。《资本论》第 1 卷就论述了未来社会的所有制性质及其重要地位。马克思论证，资本主义私有制的发展势必会造成对其自身的否定，但这并非意味着要重新建立私有制，而是在资本主义的成就之上，即"在协作和对土地及靠劳动本身生产的生产资料的共同占有的基础上，重新建立个人所有制"⑤。在《资本论》法文版中，马克思把最后一句话改为："实际上已经以一种集体生产方式为基础的资本主义所有制只能转变为社会所有制"⑥。这一论述是对未来社会公有制的性质及其基本特征最系统的科学概括。马克思在《资本论》中设想的

---

① 《马克思恩格斯文集》第 4 卷，人民出版社，2009，第 537 页。
② 《马克思恩格斯全集》第 35 卷，人民出版社，2009，第 392 页。
③ 《马克思恩格斯文集》第 8 卷，人民出版社，2009，第 66 页。
④ 《马克思恩格斯文集》第 8 卷，人民出版社，2009，第 67 页。
⑤ 《马克思恩格斯文集》第 5 卷，人民出版社，2009，第 874 页。
⑥ 《马克思恩格斯文集》第 3 卷，人民出版社，2009，第 465 页。

"自由人联合体"，即未来社会，首要特征就是"用公共的生产资料进行劳动，并且自觉地把他们许多个人劳动力当做一个社会劳动力来使用"，在再生产中"重新用作生产资料"的部分"依旧是社会的"①。同时，个人消费实行按劳分配的原则，即"每个生产者在生活资料中得到的份额是由他的劳动时间决定的"，"劳动时间又是计量生产者在共同劳动中个人所占份额的尺度，因而也是计量生产者在共同产品的个人可消费部分中所占份额的尺度。"② 在生产资料公有制的前提下，"劳动时间的社会的有计划的分配，调节着各种劳动职能同各种需要的适当的比例"③。这是马克思首次集中阐明未来社会的主要经济特征，而生产资料公有制在其中起基础作用。

　　生产资料的社会占有，决定了共产主义社会中商品货币关系会走向消亡。由于马克思恩格斯认为，商品交换是私有制条件下自发的社会分工的产物，是私人生产者之间的一种劳动交换关系。因此，一旦社会占有生产资料，商品生产就将被消除。未来社会不存在商品货币关系，人们将"用公共的生产资料进行劳动，并且自觉地把他们许多个人劳动力当做一个社会劳动力来使用"④。生产资料公有制把生产者联合起来去有计划地实现共同目标，因此产品采取商品形式的基础就不存在了。"生产的共同性一开始就使产品成为共同的、一般的产品。"⑤ 因此，产品不再具有交换价值。马克思在《哥达纲领批判》中精辟地概括：在以生产资料公有制为基础的社会中，生产者之间不交换自己的产品，耗费在产品上的劳动也不表现为这些产品的价值，"因为这时，同资本主义社会相反，个人的劳动不再经过迂回曲折的道路，而是直接作为总劳动的组成部分存在着"⑥。这就明确表示，在社会主义社会所产生的产品相互让

---

① 《马克思恩格斯文集》第5卷，人民出版社，2009，第96页。
② 《马克思恩格斯文集》第5卷，人民出版社，2009，第96页。
③ 《马克思恩格斯文集》第5卷，人民出版社，2009，第96页。
④ 《马克思恩格斯文集》第5卷，人民出版社，2009，第96页。
⑤ 《马克思恩格斯文集》第8卷，人民出版社，2009，第66页。
⑥ 《马克思恩格斯文集》第3卷，人民出版社，2009，第434页。

渡的关系，不是一种产品交换关系，资本主义社会的商品交换关系在社会主义社会已经不存在。

最后，马克思恩格斯设想：在生产资料公有制的基本前提下，未来社会的经济运行方式是在社会生产中有计划地分配社会劳动时间。劳动者在共同占有的生产资料上进行有组织、有计划的劳动，产出的产品归属于全体劳动者，因此作为交换的商品就丧失了其存在的必要性。

通过深入剖析资本主义经济关系，马克思科学论证了未来社会的经济运行形式。在创作《资本论》手稿之前，马克思对此并未给出明确的答案。关于未来社会运行方式的思想，是逐渐阐发在《资本论》及其手稿中的。

在《1857—1858年经济学手稿》中，马克思首次提出：在未来社会中，"时间的节约，以及劳动时间在不同的生产部门之间有计划的分配，在共同生产的基础上仍然是首要的经济规律。"[①] 当生产的社会性成为前提条件，个人劳动一开始就成了社会劳动。作为商品交换价值"实体"和"内在尺度"的"劳动时间"，成了分配社会劳动于各个生产部门的直接"尺度"。此时，"社会必须合乎目的地分配自己的时间，才能实现符合社会全部需要的生产"[②]。

在《1861—1863年经济学手稿》中，通过分析资本主义经济危机的发生缘由，即生产比例失调，马克思论述了未来社会经济实行有计划和按比例的社会生产的必要性和重要性。在资本主义经济中，生产过剩是"以社会劳动在各生产领域之间的分配比例失调为基础的危机"[③]。只有"社会主义的生产"才可能实现社会生产有计划和按比例的内在统一。一方面，在未来社会中，每个行业的生产及其增加都"直接由社会需要调节，由社会需要控制"[④]，做到了社会生产的有计划性；另一方面，在

---

① 《马克思恩格斯文集》第8卷，人民出版社，2009，第67页。
② 《马克思恩格斯文集》第8卷，人民出版社，2009，第67页。
③ 《马克思恩格斯文集》第8卷，人民出版社，2009，第260页。
④ 《马克思恩格斯全集》第35卷，人民出版社，2013，第126页。

社会共同调节和控制的条件下，不同行业的生产将按比例进行，即生产资料和劳动力"直接由社会根据其需要使用于各个不同的行业"①。

总之，社会生产各部门之间可以按比例发展，前提就在于社会化大生产。在资本主义社会，由于生产资料私有制和生产的无政府状态，社会生产的按比例是以经济危机的强制方式实现的。在"生产是社会公有的"条件下，社会生产的按比例以有计划的形式实现。只有在由"不自觉的、无意的行为"构成的资本主义经济"已被扬弃"时，社会才能"被组成为一个自觉的、有计划的联合体"②。

在《资本论》第1卷德文第1版以及之后著作的论述中，马克思系统地分析和论证了未来社会有计划分配社会劳动时间的经济形式，尤其是强调了生产资料公有制对于社会生产实行"直接的自觉的控制"的基础作用。在《资本论》第1卷德文第1版中，马克思就已经强调有计划地分配社会劳动时间是以生产资料公有制为基础的思想。1868年，马克思在给恩格斯的一封信中写道："实际上，没有一种社会形式能够阻止社会所支配的劳动时间以这种或那种方式调节生产。"③ 但是只有在公有制条件下，这种调整才有可能"通过社会对自己的劳动时间所进行的直接的自觉的控制"而不是"商品价格的变动"来实现④。1872年，马克思在《论土地国有化》中指出："生产资料的全国性的集中将成为由自由平等的生产者的各联合体所构成的社会的全国性的基础，这些生产者将按照共同的合理的计划进行社会劳动。"⑤ 由此可见，马克思特别重视生产资料公有制的基础地位，这是实行有计划分配社会劳动时间这一经济形式的前提。

资本主义生产的无政府状态造成了破坏力强的周期性危机，因此社会主义的计划性生产获得重要意义。在《资本论》中，马克思阐明了劳

① 《马克思恩格斯全集》第35卷，人民出版社，2013，第126页。
② 《马克思恩格斯文集》第7卷，人民出版社，2009，第745页。
③ 《马克思恩格斯文集》第10卷，人民出版社，2009，第276页。
④ 《马克思恩格斯文集》第10卷，人民出版社，2009，第276页。
⑤ 《马克思恩格斯文集》第3卷，人民出版社，2009，第233页。

动日益社会化、生产资料公有制，以及按计划组织全部再生产过程之间的经济联系。如马克思所言，只有在生产资料公有制的基础之上，资本主义的无政府状态才能由联合起来的生产者的总意志和总计划所代替。资本主义之后，更高级的生产方式应该是整个社会发展和生产的计划性。与此相反，"资产阶级社会的症结正是在于，对生产自始就不存在有意识的社会调节"①。恩格斯在《反杜林论》中也强调，整个社会范围内的计划性是共产主义社会形态的基本特征，即"按照社会总体和每个成员的需要对生产进行的社会的有计划的调节"②，"一旦社会占有了生产资料，商品生产就将被消除，而产品对生产者的统治也将随之消除。社会生产内部的无政府状态将为有计划的自觉的组织所代替"③。联合起来的劳动者用共同占有的生产资料进行劳动，因此劳动产品自然也就归全体劳动者共同所有，产品无须作为商品在各个劳动者之间进行交换。商品自然就没有存在的必要了。

概而言之，从马克思恩格斯关于未来社会基本特征的一般论述来看，商品货币关系将会消亡，有计划的生产将会代替市场的盲目作用。在未来的共产主义社会中，人将不再受控于商品生产、价值规律等这些自发起作用的机制。未来社会经济运行形式的基本特征是：社会对劳动时间进行有计划的分配，并调节着社会生产按比例发展。这种经济运行形式被后人概括为"计划经济"④。但是，马克思恩格斯早年主要是以英、法等西欧发达资本主义为分析对象，去设想未来社会的。马克思恩格斯的出发点是，在资本主义之后的更高级的生产关系中，商品关系、价值关

---

① 《马克思恩格斯文集》第10卷，人民出版社，2009，第290页。
② 《马克思恩格斯文集》第9卷，人民出版社，2009，第296页。
③ 《马克思恩格斯文集》第9卷，人民出版社，2009，第300页。
④ "计划经济"的概念并非马克思恩格斯首创，他们的著作中并没有使用到这一概念。"计划经济"的首次使用见于列宁在1906年6月1日发表的《土地问题和争取自由的斗争》一文。列宁指出："只要还存在市场经济，只要还保持着货币权力和资本力量，世界上任何法律都无法消灭不平等和剥削。只有建立起大规模的社会化的计划经济，一切土地、工厂、工具都转归工人阶级所有，才可能消灭一切剥削。"在这里，列宁分别是把"计划经济"与"市场经济"作为社会主义与资本主义两个对立的经济特征使用的。

系和货币关系将不复存在。

（二）间接论述：未来社会存在市场经济的可能性

从总体上而言，马克思恩格斯认为未来社会将会消灭商品经济而实行计划经济。但是他们也没有完全否定未来社会与商品、市场之间的联系，甚至在一些论述中还为社会主义与市场经济的结合保留了一定的理论空间。尽管此类论述在马克思和恩格斯的思想中并不是核心，据此也难以推断出他们完全赞同社会主义与市场经济的结合。这些散见于马克思恩格斯著作中的论述也可以证明，他们并没有对社会主义与市场经济的结合持完全否定态度。甚至可以说，马克思恩格斯的某些论述间接暗含了在未来社会中，市场经济等要素可以依然存在。

首先，通过探讨建立在社会化大生产和生产资料公有制基础上的未来社会的经济形式，马克思深入阐述了社会劳动的计划调节和市场调节问题。

马克思关于社会劳动在未来社会中计划调节和市场调节的论述，主要集中体现在《1857—1858 年经济学手稿》中[①]。马克思提出了有计划地分配社会劳动时间是未来社会的首要经济规律，不仅探讨了未来社会中社会劳动的计划配置问题，而且分析了商品经济中社会劳动的市场配置问题。

在商品经济中，作为一般交换价值的商品成为一种特殊的商品，即货币，而作为商品交换媒介的货币则代表了一定的劳动时间。实质上，并不是货币而是劳动时间在"调节"商品交换，每个商品是在不断地同劳动时间进行交换。但是劳动时间无法直接成为货币，它只能象征性地存在于货币这种特殊的商品中。"商品必须先同这种一般商品，同劳动时间的象征性的一般产品或化身相交换，然后才能作为交换价值随便同任何其他商品相交换，变形为任何其他商品。"[②] 因此，货币是劳动时间

---

① 顾海良、张雷声：《从马克思到社会主义市场经济》，北京出版社，2001，第 50~57 页。
② 《马克思恩格斯文集》第 8 卷，人民出版社，2009，第 63 页。

的对象化，而劳动时间才是交换价值的内在尺度和实体。尽管马克思在论述商品经济运行形式时，并未提及市场和市场调节的问题。但是，他从最抽象的意义上谈道："每一种产品都必定要投入市场"①，"产品只有到达市场才是处于经济流通中"②，而货币到产品的转化"形成各不相同的市场"③ 等。这就表明，马克思已经清楚地认识到，市场是以货币为媒介的商品流通的必要场所，市场调节是贯穿整个商品流通过程的必要机制。

但是，马克思预测在未来社会中，商品经济以及与之相联系的交换价值、货币、市场等都不复存在。劳动时间无须以商品货币的形式，因为个人劳动从一开始就被设定为社会劳动，不管个人生产的产品是什么样的特殊物质形态，"他用自己的劳动所购买的不是一定的特殊产品，而是共同生产中的一定份额"④。因此，未来社会将以计划的方式而不是市场的方式来调节、分配社会劳动。正如马克思在《法兰西内战》中提到的：共产主义公有制经济制度在经济形式上表现为"联合起来的合作社按照共同的计划调节全国生产，从而控制全国生产，结束无时不在的无政府状态和周期性的动荡这样一些资本主义生产难以逃脱的劫难"⑤。

尽管社会劳动的市场调节和计划调节，分别是属于商品经济社会和未来社会的两种不同的经济运行方式，但是两者调节的内容和对象并未发生根本改变。"对社会劳动的配置，实质上仍然是对社会劳动时间的合理分配。"⑥ 马克思认为，在未来的共产主义社会里，商品生产和价值规律的自发性将被克服，但其物质内核，即社会劳动的按比例分配以及劳动时间的节约仍具重要意义。因为时间的节约、分配或调节实质上都是以社会劳动时间为其内在尺度和基本规定，不同社会所通用的衡量尺

---

① 《马克思恩格斯全集》第 30 卷，人民出版社，1995，第 240 页。
② 《马克思恩格斯全集》第 30 卷，人民出版社，1995，第 521 页。
③ 《马克思恩格斯全集》第 30 卷，人民出版社，1995，第 239 页。
④ 《马克思恩格斯文集》第 8 卷，人民出版社，2009，第 66 页。
⑤ 《马克思恩格斯文集》第 3 卷，人民出版社，2009，第 159 页。
⑥ 顾海良、张雷声：《从马克思到社会主义市场经济》，北京出版社，2001，第 54 页。

度基本上都是社会平均的必要劳动时间。鉴于此，马克思高度强调在未来社会的经济运行中，时间的节约以及有计划地分配劳动时间于不同生产部门的重要性。他在《资本论》中写道：在共同生产的基础上，时间的规定仍有重要意义。当生产小麦、牲畜等所需要的劳动时间越少时，社会从事其他类型生产的时间就会越多。同个人的情况一样，"社会发展、社会享用和社会活动的全面性，都取决于时间的节省。一切节约归根到底都归结为时间的节约。正像单个人必须正确地分配自己的时间，才能以适当的比例获得知识或满足对他的活动所提出的各种要求一样，社会必须合乎目的地分配自己的时间，才能实现符合社会全部需要的生产。"① 也就是说，无论是个人还是社会，都必须正确合理地分配其时间。"因此，时间的节约，以及劳动时间在不同的生产部门之间有计划地分配，在共同生产的基础上仍然是首要的经济规律。"②

实际上，无论在哪一种社会形态中，社会所支配的劳动时间都是以这种或那种方式来调节生产的。未来社会的经济运行形式与商品经济条件下的运行形式之间虽然有显著区别，但这两种形式从根本上都把社会劳动时间作为调节的内在尺度和对象。在商品经济条件下，社会劳动时间的调节以交换价值（货币为其表现形式）为中介，以迂回间接的形式通过价值规律的作用得以体现，从而最终实现劳动时间的节省以及按比例地分配于各生产部门。而在未来社会中，劳动在交换以前就成为一般劳动，社会劳动时间因此通过计划调节方式得以直接体现。概括地说，劳动时间在社会各生产部门之间的比例分配，在商品经济条件下主要通过"自发的"市场机制的作用实现，而在未来社会中则主要通过"自觉的"计划机制的作用实现。

在《1857—1858年经济学手稿》中，马克思认为从时间上看，社会劳动的市场调节和计划调节先后始于两种不同性质的社会制度。但如果按马克思的逻辑分析，"这两种调节方式的兼容却是可能的。因为这两

---

① 《马克思恩格斯文集》第8卷，人民出版社，2009，第67页。
② 《马克思恩格斯文集》第8卷，人民出版社，2009，第67页。

种调节方式借以作用的基础和对象都是社会劳动时间及其在社会各生产部门之间的分配或配置问题"①。正如马克思在给路·库格曼的一封信中所提到的："按一定比例分配社会劳动的必要性，决不可能被社会生产的一定形式所取消，而可能改变的只是它的表现方式，这是不言而喻的。自然规律是根本不能取消的。在不同的历史条件下能够发生变化的，只是这些规律借以实现的形式。"② 因此，同样都是建立在社会化大生产基础上的资本主义经济和未来社会经济，其中的市场调节方式和计划调节方式一样都具有按比例分配社会劳动的必然性。因为两者的调节对象都是社会劳动时间或社会劳动，根本目标都是时间的节约，即合理分配或配置劳动时间。而市场调节和计划调节的区别是：商品经济的运行形式，是利用市场机制对社会劳动时间加以自发调节；而未来社会经济的运行形式，则是利用计划机制在全社会范围内对社会劳动时间加以自觉调节。

此外，《哥达纲领批判》中也暗含着关于社会时间的计划调节和市场调节相结合的思想。马克思在此对共产主义的高级和低级阶段作了区分，这是他"关于共产主义社会的科学预测趋于成熟的重大标志"，"首先表现在它科学地预测了走完了过渡阶段的共产主义社会机体向总体发展的两大阶段"③。马克思指出，社会主义社会，即共产主义的第一阶段，不是在自身基础上发展好的，而"是刚刚从资本主义社会中产生出来的，因此它在各方面，在经济、道德和精神方面都还带着它脱胎出来的那个旧社会的痕迹"①。共产主义的低级阶段无法建立在自身的物质前提下，因此仍然需要保留旧的分工。这一阶段的个人尚未实现自由全面的发展，劳动仍是谋生手段而非个人生活的第一需要，因此社会产品在做了各项必要扣除之后，个人消费品的分配依然实行等量劳动相交换的

---

① 顾海良、张雷声：《从马克思到社会主义市场经济》，北京出版社，2001，第55页。
② 《马克思恩格斯文集》第10卷，人民出版社，2009，第289页。
③ 颜鹏飞主编《中国社会主义市场经济理论溯源》，湖北人民出版社，2001，第19页。
④ 《马克思恩格斯文集》第3卷，人民出版社，2009，第434页。

原则，"通行的是调节商品交换（就它是等价的交换而言）的同一原则。"① 至于消费资料的分配，通行的也是商品等价物交换中的同一原则，"即一种形式的一定量劳动同另一种形式的同量劳动相交换"②。尽管阶级差别已经消灭，但消费品分配上的平等权利依然属于资产阶级的权利。马克思把公有制与旧分工联系起来，从而区分了共产主义的两个阶段，"实际上承认了社会主义经济中劳动者对于个人劳动力的所有权以及由此产生的他们在经济上的相对独立性和共同性"③。

在共产主义社会的第一阶段，马克思明确指出尽管商品交换的内容和形式发生了改变，但是商品交换的原则仍然通行。实际上就以一种迂回的方式间接承认，在未来的共产主义社会中市场调节仍然存在，并在一定的范围内继续发挥其作用。由于这一阶段的生产力发展水平还没有达到使整个社会充裕的地步，因此人们之间物质利益关系的调节以及劳动产品与消费品之间的交换，仍然需要借助于商品等价交换的原则。换言之，在未来社会中商品交换的内核和实质仍然是可以接受的，需要做出改变的只是它借以实现的具体形式而已。这也就间接表明，在未来社会中劳动时间的计划调节和市场调节是可以结合的。

其次，关于过渡时期利用商品经济的论述。

马克思恩格斯多次强调，资本主义与共产主义之间存在一个过渡时期，私有制的消灭以及个体的改造都需要经历一个较长的阶段。由于新社会孕育、脱胎于旧社会之中，在政治上、经济上和思想上势必会带有旧社会的印记；而且，共产主义社会的建成需要建立在高度发达的生产力基础上，因此共产主义社会的实现将会是一个相当长的发展过程。无产阶级夺取政权以后，不可能立即废除私有制，也"不能一下子就把现有的生产力扩大到为实行财产公有所必要的程度一样"④，私有制的废除

---

① 《马克思恩格斯文集》第 3 卷，人民出版社，2009，第 434 页。
② 《马克思恩格斯文集》第 3 卷，人民出版社，2009，第 434 页。
③ 吴易风等主编《马克思主义经济学与西方经济学比较研究》第 3 卷，中国人民大学出版社，2009，第 1790 页。
④ 《马克思恩格斯文集》第 1 卷，人民出版社，2009，第 685 页。

只能在其所必需的大量生产资料被创造出来以后才能实现。"'资本和地产的自然规律的自发作用'只有经过新条件的漫长发展过程才能被'自由的联合的劳动的社会经济规律的自发作用'所代替。"① 因此，过渡时期不仅存在公有制经济，也存在各种非公有制经济成分。

不仅如此，无产阶级在过渡时期还面临艰巨的发展任务。一方面，鉴于历史上资产阶级革命反复的历史经验以及巴黎公社的失败教训，必须要巩固无产阶级政权。另一方面，无产阶级面临着在政治上和经济上改造国家的重任。无产阶级专政必须废除旧的国家机器，建立新型的民主国家。同时，要消灭私有制、按公有制原则改造社会经济，以及尽可能快地增加生产力总量。这些艰巨任务的完成需要一个较长的时期。"以自由的联合的劳动条件去代替劳动受奴役的经济条件，只能随着时间的推进而逐步完成（这是经济改造）。"② 工人阶级要"创造出现代社会在本身经济因素作用下不可遏止地向其趋归的那种更高形式，他们必须经过长期的斗争，必须经过一系列将把环境和人都加以改造的历史过程"③。相应地，私有制、商品交换、市场调节等也会在一定范围和一段时期内继续存在。事实上，马克思恩格斯很少把消灭商品货币关系作为社会主义革命的直接任务，而是视其为逐步改造私有制后的一个自然后果。这意味着在一段时期内，社会主义必须与市场共存，并广泛利用市场来实现社会主义的目的。

在向新社会过渡期间，由于生产力的发展程度和劳动的社会化水平，无法实现使直接意义上的劳动具有直接的社会性质，所以商品经济和市场经济就有存在的客观必然性。虽然资本主义生产方式被消灭了，但商品生产的物质内容将脱离之前所采取的资本主义形式，而继续存在下去。马克思在《资本论》中以信用制度为例写道："毫无疑问，在由资本主义的生产方式向联合起来劳动的生产方式过渡时，信用制度会作为有力

① 《马克思恩格斯文集》第3卷，人民出版社，2009，第199页。
② 《马克思恩格斯文集》第3卷，人民出版社，2009，第198页。
③ 《马克思恩格斯文集》第3卷，人民出版社，2009，第159页。

的杠杆发生作用；但是，它仅仅是和生产方式本身的其他重大的有机变革相联系的一个要素。"① 马克思认为，完全赋予信用制度以社会主义意义，则是没有认清资本主义生产方式以及作为其形式之一的信用制度的关系。他还提出：虽然资本主义生产方式被消灭，但依旧存在社会生产，此时价值决定仍会在一定意义上起支配作用，即"劳动时间的调节和社会劳动在不同的生产类别之间的分配，最后，与此有关的簿记，将比以前任何时候都更重要"②。

　　1872 年，马克思在《论土地国有化》中论述了无产阶级革命后土地国有化的不同形式问题。针对英国和法国农业发展的不同情况，马克思指出："但是法国的农民所有制，比起英国的地主所有制离土地国有化要远得多。"③ 因此，法国目前的情况并不适合实行土地国有化。后来，马克思又指出，在以农民所有制为主的农业经济中，"一开始就应当促进土地的私有制向集体所有制过渡，让农民自己通过经济的道路来实现这种过渡"④。可见马克思已经认识到未来社会所有制发展的阶段性以及公有制形式多样化的重大问题。

　　1874 年，针对巴枯宁巩固小土地所有制的论断，马克思进行了批驳并提出发展集体所有制以及农业合作化的思想。恩格斯在后来进一步提出，无产阶级掌握政权后，大地产应该归属于国家领导下独立经营的合作社；必须把大规模地采用合作生产作为向共产主义过渡的中间环节。此外，在《论住宅问题》中，恩格斯指出，房屋、工厂、劳动工具等将属于劳动人民，但其用益权"至少在过渡时期"难以无偿转让给个体或团体。消灭地产并不是消灭地租，而是以另一种新形式把地租转交给社会。"由劳动人民实际占有全部劳动工具，决不排除保存租赁关系"⑤。以上论述表明，在马克思和恩格斯看来，在过渡时期的公有制条件下，国

① 《马克思恩格斯文集》第 7 卷，人民出版社，2009，第 686~687 页。
② 《马克思恩格斯文集》第 7 卷，人民出版社，2009，第 965 页。
③ 《马克思恩格斯文集》第 3 卷，人民出版社，2009，第 231 页。
④ 《马克思恩格斯文集》第 3 卷，人民出版社，2009，第 404 页。
⑤ 《马克思恩格斯文集》第 3 卷，人民出版社，2009，第 328 页。

家所有权与劳动者集体经营权可以相对分离，而且商品关系也可以存在。换言之，公有制与市场机制在一定程度上和一定阶段内是可以结合的。

（三）晚年发展：落后国家可以利用市场机制走向社会主义

资本主义生产力的发展，以及与此相联系的世界交往和世界市场，促使民族历史向世界历史转变。此外，资本主义制度日益具有的国际性质，也使其他非资本主义国家被迫卷入资本主义发展的"世界网"。那么，在世界进入资本主义时代以后，落后国家的发展前景是什么样的？马克思和恩格斯晚年都曾探讨了俄国等东方社会的性质、结构、现状和前景等一系列重大问题，不再把共产主义低级阶段的起点仅仅局限于发达的资本主义国家，提出一条非资本主义发展道路。马克思恩格斯晚年提出的落后国家在一定历史条件下可以跨越资本主义发展阶段的思想，蕴藏着社会主义可以而且应该与市场经济相结合的思想。①

首先，马克思通过分析东方国家经济发展的落后性特点，表明了东西方国家各自在走向社会主义中所选择的发展道路有所不同。

俄国、中国等东方国家经济上具有落后性。这些国家的资本主义市场经济发展不充分，多半仍处于自然经济或小商品经济阶段。马克思以英国人同印度和中国的通商为例，证明了"资本主义以前的、民族的生产方式具有的内部的坚固性和结构，对于商业的解体作用造成了多大的障碍"②。而且东方国家多半采用以手工劳动为特点的农业生产方式，"小农业和家庭工业的统一形成了生产方式的广阔基础"③，多"实行非资本主义生产并以农业为主"④。不仅如此，这些国家也没有经过劳动的社会化发展阶段，劳动者和劳动条件还保持着"亚洲村社（原始共产主义）和这种或那种类型的小家庭农业（与此相结合的是家庭工业）"⑤

---

① 参见孙来斌《"跨越论"与落后国家经济发展道路》，武汉大学出版社，2006。
② 《马克思恩格斯文集》第7卷，人民出版社，2009，第372页。
③ 《马克思恩格斯文集》第7卷，人民出版社，2009，第372页。
④ 《马克思恩格斯全集》第45卷，人民出版社，1985，第300页。
⑤ 《马克思恩格斯全集》第26卷第3册，人民出版社，1974，第465~466页。

的形式，"这两种形式都是幼稚的形式，都同样不适合于把劳动发展为社会劳动，不适合于提高社会劳动的生产力"①。

东方国家落后的生产方式具有稳固性、持久性。马克思的结论是："生产方式本身越是保持旧的传统——而这种传统方式在农业中保持得很久，在东方的那种农业与工业的结合中，保持得更久——，也就是说，占有的实际过程越是保持不变，那么，旧的所有制形式，从而共同体本身，也就越是稳固。"② 在《资本论》第一版的序言中，马克思还阐述了旧的生产方式、旧的社会关系对历史发展产生的阻滞作用。他写道：资本主义的发展不仅会产生新的灾难性后果，而且还要面对许多前资本主义阶段遗留下来的灾难，"这些灾难的产生，是由于古老的陈旧的生产方式以及伴随着它们的过时的社会关系和政治关系还在苟延残喘"③。他将资本主义比作"活人"，将封建残余比作"死人"，"死人抓住活人"④，即封建残余阻碍了资本主义的发展。

尽管马克思早年设想，以西欧发达资本主义国家为起点的未来社会不存在商品货币关系。但是，俄国、中国等东方落后国家的生产力发展状况与西欧资本主义国家截然不同，经济文化相对落后的东方国家与经济较为发达的西方国家，在生产力发展水平方面相距甚远。这就决定了东方和西方在走向社会主义过程中所选择的发展道路是极为不同的，东方落后国家的发展前景根本无法依据马克思恩格斯所设想的以西方发达国家为起点的未来社会蓝图。

其次，马克思恩格斯通过深入分析俄国的农村公社，探讨了经济落后国家向共产主义过渡的问题，提出了落后国家跨越"资本主义制度的卡夫丁峡谷"的非资本主义道路的可能性。

19世纪70年代以后，资本主义经济发展趋向稳定，殖民地化和全

---

① 《马克思恩格斯全集》第26卷第3册，人民出版社，1974，第466页。
② 《马克思恩格斯文集》第8卷，人民出版社，2009，第145页。
③ 《马克思恩格斯文集》第5卷，人民出版社，2009，第9页。
④ 《马克思恩格斯文集》第5卷，人民出版社，2009，第9页。

球化发展迅猛，西欧以外的国家，尤其是亚洲、非洲这些经济文化相对
落后的国家相继被卷入资本主义生产关系之中，那么这些国家应当如何
在资本主义时代选择适合本国社会经济发展的道路呢？在此背景下，马
克思结合早前研究印度发展前景的理论成果，以尚未走上资本主义道路
的俄国为研究对象，在对俄国民粹派关于本国发展道路问题的基本观点
进行批判的过程中，探讨了经济落后国家向共产主义过渡的问题。马克
思多次强调，与西欧发达国家相比，俄国等东方落后国家向共产主义过
渡和发展的道路较为独特，因此俄国可以不走向资本主义而又吸收和利
用资本主义所创造的一切文明成果。在一定历史环境和历史条件下，经
济相对落后的非资本主义国家也可以成为共产主义发展的"起点"、"新
生的支点"、"新生的因素"以及"现代社会所趋向的那种经济制度的直
接出发点"①。

　　关于落后国家的发展前景问题，马克思早年在《资本论》中分析
道："工业较发达的国家向工业较不发达的国家所显示的，只是后者未来
来的景象"②，即资本主义生产的规律正以"铁的必然性"发生作用，资
本主义的生产方式正在实现向非资本主义国家扩展的发展趋势。但马克
思晚年在给俄国《祖国纪事》杂志编辑部的信中，批驳了民粹派理论家
米海洛夫斯基把《资本论》中关于西欧资本主义发展道路的论述绝对化
的错误看法。米海洛夫斯基不仅误读了马克思有关西欧资本主义起源的
历史概述，将其彻底变成一般发展道路的历史哲学理论，即任何民族不
管处于怎样的历史环境都一定会走上资本主义道路，而且最终都会实现
社会劳动生产力高度发展，以及每个生产者全面发展的经济形态。对于
这种理解，马克思指出米海洛夫斯基的这种认识，"会给我过多的荣誉，
同时也会给我过多的侮辱"③，因为"使用一般历史哲学理论这一把万能
钥匙，那是永远达不到这种目的的，这种历史哲学理论的最大长处就在

---

① 《马克思恩格斯文集》第 3 卷，人民出版社，2009，第 580 页。
② 《马克思恩格斯文集》第 5 卷，人民出版社，2009，第 8 页。
③ 《马克思恩格斯文集》第 3 卷，人民出版社，2009，第 466 页。

于它是超历史的"①。这表明，马克思对早年关于落后国家社会发展道路的观点作出了进一步发展。

1881 年，俄国劳动解放社成员查苏利奇在来信中向马克思提出了一个问题：世界各国是否都要毫无例外地经过资本主义发展阶段，才能进入共产主义社会？马克思在回信中答复，他将资本主义生产起源的"'历史必然性'明确地限制在西欧各国的范围内"②，一个国家是否一定要经过资本主义阶段主要取决于其所处的具体历史环境，绝不能将西欧资本主义发展的具体模式，机械式地套用在国情与之截然不同的俄国。但马克思还是设想：如果俄国能够发挥历史赋予的有利条件，能够取得西方无产阶级的帮助，它"就使俄国可以不通过资本主义制度的卡夫丁峡谷，而把资本主义制度所创造的一切积极的成果用到公社中来"③。

通过科学分析俄国农村公社的历史发展和现实状况，马克思预测它有可能成为俄国通向社会主义道路的起点。俄国农村公社的独特之处，并不在于它是人类历史上从未出现过的一种经济发展形式，而是在于这种早期历史上就已经存在的经济发展形式至今还仍然存在。恩格斯在《流亡者文献》一文中提到，在印度、爱尔兰、德国都可以找到公社所有制的历史原型或是历史遗迹。所不同的是，西欧国家发展到一定阶段后，这种公社所有制就因为成了农业生产的桎梏和障碍而逐渐被消除了。与之相反的是，"在大俄罗斯（即俄国本土），它一直保存到今天，这首先就证明农业生产以及与之相适应的农村社会状态在这里还处在很不发达的阶段，而且事实上也是如此"④。这表明农村公社虽然并非俄国社会所专有的形态，但这一经济形态在其他国家和民族的不断发展过程中已经消失，而俄国却还一直保存至今。同时，但是这也证明了俄国的农业生产以及农村社会的发展状态还处在很不发达的阶段。

---

① 《马克思恩格斯文集》第 3 卷，人民出版社，2009，第 467 页。
② 《马克思恩格斯文集》第 3 卷，人民出版社，2009，第 589 页。
③ 《马克思恩格斯文集》第 3 卷，人民出版社，2009，第 575 页。
④ 《马克思恩格斯文集》第 3 卷，人民出版社，2009，第 397 页。

作为唯一在全国范围内把农村公社保留至今的欧洲国家，俄国农村公社"土地公有制"的基本特征，赋予了俄国集体生产和集体占有的"自然基础"，"使它有可能直接地、逐步地把小土地个体耕作变为集体耕作"①。俄国农民集体耕作于共有的土地上，国内自然地势适合大规模使用机器，资本主义生产为大规模合作劳动提供了现成物质条件，且农民习惯劳动组合关系，以上都利于俄国从小土地经济过渡到合作经济。正是基于对农村公社的深入研究，马克思把俄国的农村公社视为俄国社会"新生的支点"、俄国社会主义"发展的起点"。农村公社可以通过发展土地公有制以及消灭私有制来保存自身，从而"成为现代社会所趋向的那种经济制度的直接出发点"②。马克思的结论是，像保存着原始土地公共所有制的俄国这类落后国家，可以不必经历西方历史发展所经历的资本主义阶段，直接过渡到高级的共产主义公共所有制形式，而俄国的土地公有制可能会成为共产主义发展的起点。据此，马克思探讨了俄国"跨越"资本主义发展阶段，直接过渡到社会主义的发展道路问题。

但理论上的可能性并不等同于直接的现实性。恩格斯根据经济形态演变的一般规律，分析了俄国农村公社存在的局限性。存在公有制因素的农村公社能否作为俄国的一个起点，使其可以越过整个资本主义时期而进入一切生产资料公有制阶段？对此，恩格斯认为："俄国的公社存在了几百年，在它内部从来没有出现过要把它自己发展成高级的公有制形式的促进因素。"③ 改造公社的因素只能来自工业无产阶级，而不是公社自身。"从氏族社会遗留下来的农业共产主义在任何地方和任何时候除了本身的解体以外，都没有从自己身上生长出任何别的东西。"④ 同时，西欧资本主义生产在接近崩溃之时，会显示出一种新的生产形式，并将有计划地使用作为社会财产的生产资料，但这"并不能赋予俄国公

---

① 《马克思恩格斯文集》第 3 卷，人民出版社，2009，第 574 页。
② 《马克思恩格斯文集》第 3 卷，人民出版社，2009，第 576 页。
③ 《马克思恩格斯文集》第 4 卷，人民出版社，2009，第 456~457 页。
④ 《马克思恩格斯文集》第 4 卷，人民出版社，2009，第 457 页。

社一种能够使它把自己发展成这种新的社会形式的力量"①。此外，恩格斯还强调，低级经济发展阶段能解决更高级的发展阶段才出现的问题和冲突，这在历史上还从未出现过。在商品生产和单个交换产生之前的氏族公社，如果与社会主义社会存在什么共同点，那就是生产资料被一定的集团共同所有、共同使用。"但是单单这一个共同特性并不会使较低的社会形式能够从自己本身产生出未来的社会主义社会"，"每一种特定的经济形态都应当解决它自己的、从它本身产生的问题；如果要去解决另一种完全不同的经济形态的问题，那是十分荒谬的。"②

作为以公有制为基础的原生社会形态，向以私有制为基础的次生社会形态所过渡的形式，公社所固有的二重性赋予其强大的生命力，使它在一定条件下或许可以成为向共产主义所有制形式直接过渡的起点。但是农村公社的二重性中既包含积极因素也包含消极因素，可能会产生两种完全不同的历史结局。农村公社并不是俄国走向社会主义直接的、现成的"基础"，甚至仅仅依靠农村公社的积极因素即公有制，俄国是无法走向共产主义的。"或者是它的私有制因素战胜集体因素，或者是后者战胜前者。一切都取决于它所处的历史环境。"③

最后，马克思恩格斯分析了跨越"卡夫丁峡谷"的具体路径。

实现跨越"卡夫丁峡谷"的历史性转变，取决于俄国所处的历史环境和历史条件，这就需要排除从各方面向公社袭来的破坏性影响，保证其具备自然发展的正常条件。其中，俄国社会革命和西方无产阶级革命的双向互动，就是一个必要的"历史环境"。最重要的是，经济落后国家"和控制着世界市场的西方生产同时存在"④，"和资本主义生产所统治的世界市场联系在一起"⑤，要占有"资本主义制度所创造的一切积极

---

① 《马克思恩格斯文集》第4卷，人民出版社，2009，第458页。
② 《马克思恩格斯文集》第4卷，人民出版社，2009，第458~459页。
③ 《马克思恩格斯文集》第3卷，人民出版社，2009，第586页。
④ 《马克思恩格斯文集》第3卷，人民出版社，2009，第575页。
⑤ 《马克思恩格斯全集》第25卷，人民出版社，2001，第472页。

的成果"①。因此，落后国家实现跨越发展既需要欧洲的无产阶级革命与俄国革命的双向互动，也需要充分利用俄国处于资本主义时代的历史环境以及世界市场的外部环境，积极借鉴资本主义制度的文明成果。

其一，马克思恩格斯多次论述了欧洲的无产阶级革命对俄国农村公社发展前景的影响。

在《论俄国的社会问题》一文中，恩格斯驳斥了民粹派理论家鼓吹俄国可以借助农村公社直接过渡到社会主义的主张。他认为，随着俄国资本主义的发展，农村公社所有制正趋于解体。但也不能因此就否认，其存在不经过资本主义阶段而转变为高级形式的可能性，前提是这种公有制能在集体耕作的方式下继续发展直到条件成熟。这就必须要具备一定的历史条件，即"西欧在这种公社所有制彻底解体以前就胜利地完成无产阶级革命并给俄国农民提供实现这种过渡的必要条件，特别是提供在整个农业制度中实行必然与此相联系的变革所必需的物质条件"②。他表示："如果有什么东西还能挽救俄国的公社所有制，使它有可能变成确实富有生命力的新形式，那么这正是西欧的无产阶级革命。"③ 从而高度强调了西欧无产阶级革命对于俄国农村公社的重要性。

马克思恩格斯在《〈共产党宣言〉俄文第二版序言》中也明确地指出，资本主义在俄国迅速盛行起来，资产阶级土地所有制也得到了初步发展，那么已经大遭破坏的俄国公社这一原始土地公共占有形式，"是能够直接过渡到高级的共产主义的公共占有形式呢？或者相反，它还必须先经历西方的历史发展所经历的那个瓦解过程呢？"④ 他们对于这个问题所给出的答复是："假如俄国革命将成为西方无产阶级革命的信号而双方互相补充的话，那么现今的俄国土地公有制便能成为共产主义发展的起点。"⑤ 马克思恩格斯已经意识到资本主义经济关系在俄国的发展，

---

① 《马克思恩格斯文集》第3卷，人民出版社，2009，第575页。
② 《马克思恩格斯文集》第3卷，人民出版社，2009，第399页。
③ 《马克思恩格斯文集》第3卷，人民出版社，2009，第399页。
④ 《马克思恩格斯文集》第2卷，人民出版社，2009，第8页。
⑤ 《马克思恩格斯文集》第2卷，人民出版社，2009，第8页。

使俄国公社这一原始土地公共占有形式遭到破坏。因此，把欧洲无产阶级革命与俄国革命的双向互动，看作改变俄国社会性质的关键因素，从而对俄国社会的前途做出了新的思考。

在《〈论俄国的社会问题〉跋》中，恩格斯再次强调了相同的观点：毋庸置疑，只有在西欧无产阶级胜利并且生产资料转归公有之后，那些资本主义生产刚刚起步但氏族制度或其残余尚存的国家，可以把公有制的残余以及与之相适应的人民风尚作为强大的手段，从而大大缩短向社会主义社会发展的过程，并且避免西欧国家之前所不得不经历的大部分苦难和斗争。"但这方面的必不可少的条件是：目前还是资本主义的西方作出榜样和积极支持。"① 只有看到西方发达国家是如何在无产阶级革命后克服了资本主义，并且将现代工业的生产力作为社会财产来服务于整个社会时，落后国家才能缩短向社会主义社会的发展过程，成功的可能性也更有保障。而且，"这不仅适用于俄国，而且适用于处在资本主义以前的阶段的一切国家"②。

其二，俄国实现"跨越"资本主义发展阶段，还需要充分利用俄国社会经济发展的现实，即俄国处于资本主义时代的历史环境之中。它可以利用世界市场的外部环境，并积极借鉴一切资本主义的文明来实现自身发展。

对于查苏利奇请求马克思发表对俄国历史发展前景的看法，尤其是关于俄国农村公社命运的看法，马克思在回信过程中先后准备了4个草稿。其中，在复信的草稿中他明确提出：农村公社是俄国社会新生的支点，可是要使它能发挥这种作用，首先必须排除从各方面向它袭来的破坏性影响，然后保证它具备自然发展的正常条件。

马克思在给查苏利奇的复信当中指出，俄国不是脱离现代世界孤立生存的，而是和西方资本主义生产同时存在的。要使非资本主义发展的理论可能性转化为现实性，俄国农村公社就要充分利用现代商品经济的

---

① 《马克思恩格斯文集》第4卷，人民出版社，2009，第459页。
② 《马克思恩格斯文集》第4卷，人民出版社，2009，第459页。

"一整套交换机构"。针对当时否认现代农村公社能够实现跨越发展的理论可能性这种观点，马克思反问道：是否俄国一定要像西方一样，先历经漫长的机器工业孕育期，才能获得机器、轮船、铁路等现代化工具？或者说，如果否认了这种跨越的理论可能性，"怎么能够把西方需要几个世纪才建立起来的一整套交换机构（银行、股份公司等等）一下子就引进到自己这里来呢？"① 这里就表明，俄国虽然可以跨越"卡夫丁峡谷"，但是必须也要借鉴、利用资本主义的发展成果。

马克思继而指出，农村公社彼此之间的生活缺乏联系，导致了其"孤立性"的特征，这一特征又造成了农村公社的软弱性，这从各方面来看都不利于公社的发展。但是，农村公社与西方资本主义生产是并存的，"使它可以不必屈从于资本主义的活动方式而占有它的各种成果"②；而且，它在资本主义制度尚未瓦解之前幸存下来，与之相比，发达国家的资本主义制度正处于和自身相对抗的境地。这为通过农村公社的进一步发展来保存农村公社提供了诸多有利因素。

恩格斯在《〈论俄国的社会问题〉跋》中也指出：在西方资本主义积极支持下，落后国家向社会主义社会发展的过程能够缩短。这适用于俄国，也适用于处在资本主义以前阶段的一切国家。但相较而言，俄国最易实现目标，"因为这个国家的一部分本地居民已经吸取了资本主义发展的精神成果"③，因此俄国几乎可以在革命时期与西方同时完成社会改造。这就强调了吸收、利用资本主义的成果对俄国社会发展的积极作用。

与此同时，马克思还强调俄国要实现跨越资本主义"卡夫丁峡谷"的发展道路就必须利用世界市场的思想。《给维·伊·查苏利奇的复信》实际上是《不列颠在印度的统治》《不列颠在印度统治的未来结果》的续篇，因为这些著述都是马克思运用世界历史观—全球化唯物史观—世

---

① 《马克思恩格斯文集》第 3 卷，人民出版社，2009，第 575 页。
② 《马克思恩格斯文集》第 3 卷，人民出版社，2009，第 576 页。
③ 《马克思恩格斯文集》第 4 卷，人民出版社，2009，第 459 页。

界市场总体论，以考察经济落后的非资本主义国家发展道路的理论成果①。

马克思指出俄国并不是脱离现代世界而孤立生存的，它与资本主义生产同时存在，无须完全依靠自己的力量去获得西欧长期进化中取得的经济成就。俄国不仅保存着公社所有制，而且"同时又生存在现代的历史环境中，同较高的文化同时存在，和资本主义生产所统治的世界市场联系在一起"②。这就证明，一方面，俄国会难以避免被卷入"世界市场网"。因为商品经济的发展会促使社会生产力的极大发展和生产资料的不断集中，劳动过程的规模不断扩大而且其协作形式也日益发展，科学日益被自觉地、广泛地应用于技术，土地日益被有计划地加以利用，一切生产资料因日益转化为被共同使用的社会生产资料而得以节约，最终就形成了以世界市场为基点的资本主义经济全球化趋势。"各国人民日益被卷入世界市场网，从而资本主义制度日益具有国际的性质。"③ 另一方面，俄国完全可以主动利用资本主义这种生产方式的积极成果，从而抓住历史赋予的机遇去实现非资本主义发展道路。

马克思恩格斯晚年关于落后国家跨越资本主义的理论设想，为经济落后国家走向社会主义提供了理论上的可能性④。但限于当时的各方面因素，他们并未预测到社会主义革命会率先发生在经济文化相对落后的国家。因此，当理论上的可能性变为现实性以后，关于革命胜利后的国家应当实行何种体制来建设、巩固和发展社会主义经济关系等问题，马克思和恩格斯并没有进行具体的、明确的阐释，而是将一些宏观设想蕴含在"跨越论"思想的深层次之中。落后国家"跨越"发展的思想，实际上蕴含了落后国家走向社会主义道路是可以而且应该利用市场机制的

---

① 颜鹏飞主编《中国社会主义市场经济理论溯源》，湖北人民出版社，2001，第70~71页。
② 《马克思恩格斯全集》第25卷，人民出版社，2001，第472页。
③ 《马克思恩格斯文集》第5卷，人民出版社，2009，第874页。
④ 王东：《"晚年马克思"新解》，《教学与研究》1996年第5期。

思想，从而为社会主义与市场机制的有机结合开辟了理论空间。

显然，马克思恩格斯关于社会主义与市场经济关系问题的认识，与他们如何看待市场机制是直接相关的。与以往的经济学家和思想家相较而言，马克思恩格斯对市场机制缺陷的认识要更为深刻、彻底，他们对市场文明的批判至今仍发人深省、意义深远。但是马克思恩格斯早年设想社会主义条件下不存在市场经济，是由于当时处在资本主义生产方式刚刚起步的时代。社会呈现出诸多弊病的部分原因在于，商品生产和市场经济的发展都还很不完善。在此背景下，马克思恩格斯从总体上否定了市场机制，强调计划调节的必要性，尽管合理，但是设想未来社会通过直接的计划调节就能实现资源配置的优化，显然是高估了未来社会人们的自觉性和计划调节的能力。尽管如此，马克思恩格斯也充分认识到了市场的积极作用，因此在晚年的"跨越论"中蕴藏了利用市场体制走向社会主义的深刻思想。

三　马克思恩格斯关于社会主义与市场经济关系思想的特点

马克思恩格斯关于社会主义与市场经济关系的论述，实质上是他们对未来社会所作的种种设想中极为重要的组成部分。他们在科学的方法论原则基础之上，通过剖析、批判资本主义社会的生产方式，对未来社会的基本特征作了最具根本性意义的内在规定。马克思恩格斯强调未来社会并非一成不变，因此不存在关于未来社会经济体制的一劳永逸的方案。

（一）在批判旧世界中发现新世界

关于未来社会的具体经济运行方式，马克思恩格斯对此并不是机械式地预测，而是通过分析资本主义社会的历史起源、基本矛盾和发展趋势，在批判资本主义社会的基础之上，得出未来社会不存在市场经济的结论。

在从革命民主主义的立场转向共产主义的立场之时，马克思恩格斯就坚持反对教条主义地对未来社会作出预言，并对以往的空想社会主义者和空想共产主义者进行了批判。马克思恩格斯之前的空想社会主义和空想共产主义理论家，往往站在道德和正义的角度来批判资本主义，并以此来论证一个取而代之的新的无剥削社会。关于未来社会的发展状态，空想社会主义者的设想基本上是推断的性质，更多是一种想象性的而不是理论性的。自16世纪初的英国空想社会主义者莫尔开始，空想社会主义者们基本上都认为未来社会是排斥市场的，两者难以结合。空想社会主义的创始人莫尔在1516年发表的《乌托邦》一书中就设想：理想的新社会中私有现象已经被废除，商品货币关系也已经消失。19世纪初，欧文和傅立叶也认为社会主义中不应该存有商品、市场和货币。在《论商业》中，傅立叶控诉了资本主义商业发展的诸多罪恶，强调未来社会不能发展商业。但是空想社会主义者主要是从道德和伦理的视角来指责商业发展产生的种种弊端，进而反对把社会主义与市场经济结合起来。

但是，马克思恩格斯的思想比空想社会主义者更科学。两者之间的理论分野在于，马克思恩格斯从社会发展规律出发，科学揭示了未来社会的实现方式和发展模式。其方法论特质是科学的、严密的，即从客观规律的科学角度来论证社会主义不存有商品、市场、货币。恰如列宁曾指出的："马克思的全部理论，就是运用最彻底、最完整、最周密、内容最丰富的发展论去考察现代资本主义。自然，他也就要运用这个理论去考察资本主义的即将到来的崩溃和未来共产主义的未来的发展。"[①]

马克思恩格斯是理论家而非预言家，他们所处的时代并不是马上就要实现共产主义社会了，因此预测一种能够代替资本主义的社会主义体

---

① 《列宁专题文集 论社会主义》，人民出版社，2009，第25页。

制，不是当时的主要任务。马克思恩格斯的重要任务是对资本主义批判，"是宣告现代资产阶级所有制必然灭亡"①。马克思明确表示："我们不想教条地预期未来，而只是想通过批判旧世界发现新世界。"② 他们并不是要去构想一个适合于任何时候的未来，而是在当前对现存的一切进行无情的批判，从而证明资本主义必然被社会主义所代替符合人类历史发展过程的客观规律。马克思和恩格斯从唯物主义辩证法的视角，即发展学说，把共产主义看成是从资本主义中发展而来的。他们"没有经院式地臆造和'虚构'种种定义，没有从事毫无意义的字面上的争论（什么是社会主义，什么是共产主义）"③。共产主义社会孕育、产生于资本主义社会之中，它历史地从资本主义中发展而来，是资本主义社会的综合矛盾相互作用的结果。通过揭示客观的社会经济发展规律，马克思恩格斯科学论证了未来社会的产生和发展。列宁也高度强调科学规律之于科学共产主义社会的重要性意义，他明确指出：资本主义社会必然转变为社会主义社会的结论，"马克思完全是从现代社会的经济的运动规律得出的"④。

马克思恩格斯以唯物史观为哲学基础，以当时的经济现实为依据，深刻剖析了资本主义社会关系的整体结构，深入研究了一定社会经济关系的基本性质及其规律。马克思和恩格斯之所以规定未来社会建立在生产资料公有制的基础之上，正是由于他们通过科学分析资本主义社会的历史起源、基本矛盾和发展趋势，得出社会主义必然实行生产资料公有制的这一科学结论。正如列宁强调的：他们并不是想制造一个乌托邦，也不去凭空预测无法知道的事情。马克思恩格斯提出共产主义的问题，"正像一个自然科学家已经知道某一新的生物变种是怎样产生以及朝着哪个方向演变才提出该生物变种的发展问题一样"⑤。关于未来的非资本

① 《马克思恩格斯文集》第 2 卷，人民出版社，2009，第 18 页。
② 《马克思恩格斯文集》第 10 卷，人民出版社，2009，第 7 页。
③ 《列宁专题文集 论社会主义》，人民出版社，2009，第 38 页。
④ 《列宁专题文集 论马克思主义》，人民出版社，2009，第 29 页。
⑤ 《列宁专题文集 论社会主义》，人民出版社，2009，第 25 页。

主义社会及其区别于资本主义社会的特征，马克思恩格斯"是从历史事实和发展过程中得出的确切结论"，因为"不结合这些事实和过程去加以阐明，就没有任何理论价值和实际价值"①。

（二）反对面面俱到的周密设计

关于未来社会的基本特征，马克思恩格斯只是作了最具根本性意义的内在规定，而极力反对各种社会主义者对未来社会所作的面面俱到的"幻想"。至于这些内在的规定性在实际中将会采取何种具体的外在表现形式，他们并没有给出细致的描述和规定，并且主张这些细节性的安排显然是由未来社会所处的具体环境和实际情况来决定。

马克思恩格斯始终反对为"未来的食堂开出调味单"，因此其有关社会主义与市场经济关系的论述中并不含有"未来厨房的食谱"。他们总是避免对未来社会妄加推测，也不提出任何关于社会主义建设的具体纲领。马克思和恩格斯只是提出了以不同发展程度的国家的现存要求为基础的总体性纲领，只是预先阐明了未来社会发展方向的一般原则和特征。至于当纲领性的目标实现后，将要采取哪些具体的、细节性的措施是根本无法预见的。在1882年的一封信中，对于印度等国需要经过哪些社会和政治发展阶段才能达到社会主义的组织这一问题，恩格斯就明确表示现在"只能作一些相当空泛的假设"②。

正如马克思和恩格斯在探讨社会主义生产资料公有制的基本特征时，主要是从公有制与资本主义私有制之间具有决定性意义的本质区别而言的，但是他们从来也没有提出过社会主义公有制所应采取的具体形式。马克思明确指出：在将来某个特定的时刻该做什么或马上做什么，"这当然完全取决于人们将不得不在其中活动的那个既定的历史环境"③。现在就想提出未来某个具体时刻才能解决的问题，这实质上是一个不着边

---

① 《马克思恩格斯文集》第 10 卷，人民出版社，2009，第 548 页。
② 《马克思恩格斯文集》第 10 卷，人民出版社，2009，第 481 页。
③ 《马克思恩格斯文集》第 10 卷，人民出版社，2009，第 458 页。

际的、幻想的问题。

关于社会主义社会的按劳分配特征，马克思和恩格斯也并未提出过于具体的操作方案。1890 年在给施米特的一封信中，恩格斯谈到当时围绕着未来社会中产品分配的辩论，恩格斯针对其中的一些错误看法明确指出："合理的想法只能是：（1）设法发现将来由以开始的分配方式，（2）尽力找出进一步的发展将循以进行的总趋向。"① 由此可见，他们并没有明确规定未来社会的具体分配形式，而是"由以开始的分配方式"和"循以进行的总趋向"。前者就是按劳分配的方式，后者就是恩格斯在 1891 年指出的：通过有计划地利用以及进一步发展现有的巨大生产力，"在人人都必须劳动的条件下，人人也都将同等地、愈益丰富地得到生活资料、享受资料、发展和表现一切体力和智力所需的资料。"② 这就是马克思和恩格斯为社会主义的分配方式所规定的"总方向"。

马克思在《资本论》中从各方面去研究资本主义的社会状况，以便更加"接近一定的具体的社会状况"③。对于这项批判工作的结果，恩格斯评价道："包含有一些现今一般可能实现的所谓解决办法的萌芽。"④ 因此，在对未来社会经济关系的研究中，马克思和恩格斯也一直坚持反对那些自命为"实际的"社会主义者所开出的消除一切社会祸害的"神奇药方"和"万应灵丹"，或者以救世主自居的社会主义者所炮制出的各种宣称能拯救社会的现成方案。在马克思和恩格斯看来："再没有什么东西比这些预先虚构出来的面面俱到的'实际解决办法'更不切实际的了。"⑤ 空想社会主义者为未来社会发明的新社会制度从一开始就是空想，"它越是制定得详尽周密，就越是要陷入纯粹的幻想"⑥。在《论住宅问题》一文中，恩格斯再次指出：如果苦思冥想未来社会如何调节住

① 《马克思恩格斯文集》第 10 卷，人民出版社，2009，第 586～587 页。
② 《马克思恩格斯文集》第 1 卷，人民出版社，2009，第 710 页。
③ 《马克思恩格斯文集》第 3 卷，人民出版社，2009，第 332 页。
④ 《马克思恩格斯文集》第 3 卷，人民出版社，2009，第 333 页。
⑤ 《马克思恩格斯文集》第 3 卷，人民出版社，2009，第 333 页。
⑥ 《马克思恩格斯文集》第 3 卷，人民出版社，2009，第 529 页。

宅和食品等这些细节问题，"这就是直接陷入空想"①。

科学社会主义所能提供的，是对现存资本主义生产方式各方面的"正确的认识"，而不在于提出了达到"千年王国"的具体操作方案。而马克思和恩格斯关于未来社会经济关系的论述，与科学社会主义理论具有相同的理论特质，即它绝不是现成的具体性"教条"或"教义"，而是一种概略性的"世界观"或者"方法"。马克思恩格斯对未来社会的规划与空想社会主义者是不同的，他们并不会对未来社会作出细枝末节的、面面俱到的设想，而是概略性的勾勒。马克思恩格斯没有给出未来社会应采取措施的具体细节，也就为市场经济的继续存在留下了发展的空间。

（三）杜绝一劳永逸的永恒方案

根据辩证唯物主义的观点，未来社会并不是一个抽象的、永恒的理想，而是一个正在不断发展的有机体。科学社会主义区别于空想社会主义的一个地方，就在于把未来社会看作不断变化和发展的。空想社会主义者一般是从人类理性、永恒争议之类的观念出发，从而企图一劳永逸地把未来社会建成一个绝对完善的社会制度。而马克思和恩格斯则主张，一切从具体的历史环境和历史条件出发，从发展的视角来认识和理解未来社会。他们有关未来社会的相关理论不是僵化的教条，而是对每个历史阶段的发展过程所进行的科学阐释。在《哥达纲领批判》中，马克思把未来社会的发展过程划分为"过渡时期"以及共产主义社会的"第一阶段"和"高级阶段"，这就充分说明了未来社会处于不断发展的过程中。

随着不断深入研究资本主义的新变化和新情况，马克思和恩格斯更深刻地认识到未来社会是不断发展变化的这一观点。通过深入研究股份制和合作社，恩格斯指出：社会主义社会"不是一种一成不变的东西，

---

① 《马克思恩格斯全集》第 2 卷，人民出版社，1957，第 28 页。

而应当和任何其他社会制度一样，把它看成是经常变化和改革的社会。"① 1890 年在评论《人民论坛》关于未来社会分配问题的辩论时，恩格斯也再次强调了社会主义社会是不断改变的社会。当时参加辩论的部分人士认为，社会主义"并不是不断改变、不断进步的东西，而是稳定的、一成不变的东西，所以它应当也有个一成不变的分配方式。"② 对此，恩格斯提出严厉的驳斥。而且，马克思和恩格斯对社会主义公有制内涵的理解，也经历了一个不断深化、发展的过程。起初，他们只是从一般意义上将公有制理解为财产的公共占有，最后将其发展成为特定意义的生产资料公共占有。

未来社会将会采取哪种具体的经济体制，马克思和恩格斯对此并未提出"任何一劳永逸的现成方案"③。他们自始至终只不过是要解决时代提出的重要课题，从未想要建立一个包含一切的庞大体系，以便一劳永逸地解决所有问题。关于未来社会发展道路的起点问题，马克思恩格斯经历了"从单起点论到双起点论的历史性转化"④，即从早年以西方发达资本主义国家为起点发展为晚年以东方落后国家为起点。当他们发现东西方社会由于经济社会的发展情况不同而会走上截然不同的两条道路时，就明确限制了早前历史发展理论的适用范围，坚决反对把东西方极为不同的历史发展进行机械式比附。正如恩格斯曾强调的："我们没有最终目标。我们是不断发展论者，我们不打算把什么最终规律强加给人类。"⑤

---

① 《马克思恩格斯文集》第 10 卷，人民出版社，2009，第 588 页。
② 《马克思恩格斯文集》第 10 卷，人民出版社，2009，第 586 页。
③ 《马克思恩格斯文集》第 10 卷，人民出版社，2009，第 548 页。
④ 颜鹏飞主编《中国社会主义市场经济理论溯源》，湖北人民出版社，2001，第 86 页。
⑤ 《马克思恩格斯文集》第 4 卷，人民出版社，2009，第 561 页。

第二章 列宁斯大林关于社会主义与市场经济关系的实践探索

俄国十月革命突破了马克思恩格斯的理论设想，社会主义革命的胜利首先发生在资本主义发展不充分、经济文化相对落后的俄国。此后，如何在没有理论指导和经验可循的情况下建设社会主义，成为当时苏维埃俄国领导人面临的最核心问题。列宁曾形象地将俄国社会主义建设的探索之路比作攀登一座人迹罕至、未经勘探的高山，在这条路上注定要经历许多难以预料的困难和曲折。他指出："在这里既没有车辆，也没有道路，什么也没有，根本没有什么早经试验合格的东西！"① 列宁和斯大林关于苏联社会主义经济建设的实践，为社会主义与市场经济关系问题作出了富有创新性又具有曲折性的探索。

一 新经济政策：社会主义与市场的首次结合

革命胜利之后，列宁提出经济文化比较落后的国家可以"不经过资本主义发展阶段而过渡到苏维埃制度，然后经过一定的发展阶段过渡到共产主义"② 的论断。然而俄国的实践却证明：落后国家企图取消商品货币市场，实行集中统一计划经济体制而直接过渡到共产主义是行不通的。因此，列宁主动接受实践结果的裁决，当机立断从战时共产主义政策转变为新经济政策。新经济政策是在"走向"社会主义过程中保留商品交换、

---

① 《列宁选集》第 4 卷，人民出版社，2012，第 638 页。
② 《列宁选集》第 4 卷，人民出版社，2012，第 279 页。

利用市场机制的突破性尝试，但是其中也包含计划和市场的二元对立。

（一）　新经济政策的起航："直接过渡"思想的困境

1917 年爆发的俄国十月革命不仅改变了俄国的历史航向，而且对整个世界历史的发展进程也产生了难以估量的影响。十月革命将社会主义从理论变成现实，这是 20 世纪人类历史上最重要的历史事件之一。当时，卷入第一次世界大战使俄国临时政府陷入了两难的困境之中。一方面，当时布尔什维克要求政府应做到不割地、不赔款、退出战争，而临时政府根本无法立即实现这种要求；而且在爱国主义和民族意识的支配下，退出战争就会使政府失去执政合法性，因此临时政府不得不继续进行战争。另一方面，在战争状态下政府就无法满足人民对"和平、土地、面包、自由"的要求，于是临时政府就会失去作为革命政权的合法性。因此，布尔什维克充分利用当时的形势，凭借"和平、土地、面包、自由"的口号，布尔什维克在国内获得了广泛的群众基础、实现了夺取政权的目标。

1. 谨慎地向共产主义直接过渡

十月革命胜利后，摆在布尔什维克党面前的是一个史无前例的历史新难题，即如何在一个与马克思主义创始人所设想的先进资本主义国家相距甚远的落后农业国家进行社会主义建设。当时的俄国是一个经济、政治、文化、社会各方面都相对落后的农业国家。发展的迟缓和经济的落后构成了俄国社会建设的底色，始终是影响俄国历史道路选择的重要因素。在既没有类似建设经验可供借鉴，也没有外部援助给予支持的背景下，列宁及其领导的布尔什维克党走上了一条艰难而又曲折的探索建设社会主义之路，他们试图努力在新的实践中寻找正确的道路。由此可见，苏维埃政权"如何实现社会主义就带有创业性和试验性"①。

---

①　高放：《苏联兴亡通鉴——六十年跟踪研究评析》，人民出版社，2011，第 167 页。

随着革命胜利后无产阶级专政的苏维埃政权在全国的建立，布尔什维克党着手解决之前允诺的"和平、土地、面包"等有关国计民生的重要问题以及资产阶级民主革命的遗留问题，因此并没有立刻要在俄国实行社会主义。列宁此时一方面坚持马克思恩格斯关于未来社会的基本原则和特征，另一方面则是把十月革命前夕的若干设想付诸实践。列宁在《四月提纲》中设想："把国内一切土地收归国有，由当地雇农和农民代表苏维埃支配"，"立刻把全国所有银行合并成一个全国性的银行，由工人代表苏维埃进行监督"，"立刻过渡到由工人代表苏维埃监督社会的产品生产和分配"①。因此，苏维埃俄国基本遵照列宁这一设想实施具体措施，这表明苏维埃当时并没有立即剥夺资产阶级的银行和企业，没有立即消灭市场和资本家所有制，而是对其采取工人监督的"限制"办法②。在此基础上，列宁在 1918 年春首次提出开展社会主义建设的计划。其中，列宁关于社会主义建设计划的初步构想集中体现在《苏维埃政权的当前任务》、《论"左派"幼稚病和小资产阶级性》以及一些报告、信函中。

列宁在回顾 1917 年底到 1918 年初苏维埃发布的各种正式和非正式的声明中发现，"在估计可能的发展道路时，我们多半（我甚至不记得有什么例外）都是从直接过渡到社会主义建设这种设想出发的"③。所谓"直接过渡"就是"不必先经过一个旧经济适应社会主义经济的时期就直接过渡到社会主义"④，通过消灭市场和商业在全国范围内实行国家调节生产和分配的制度。在《苏维埃政权的当前任务》的初稿中，列宁就写道："竞争是资本主义社会所特有的一种特殊形式的竞赛，是各个生产者争夺面包、争夺市场上的势力和地位的斗争。消灭竞争这种生产者

---

① 《列宁选集》第 3 卷，人民出版社，2012，第 15~16 页。
② 后来这种监督遭到资产阶级的激烈反抗，于是苏维埃政权从 1917 年底到 1918 年春被迫采用"赤卫队进攻资本"，即强制对大批私人资本家的大型工商业、运输业和银行实行国有化的措施。
③ 《列宁选集》第 4 卷，人民出版社，2012，第 596 页。
④ 《列宁选集》第 4 卷，人民出版社，2012，第 598 页。

之间的只同市场相联系的斗争，决不意味着消灭了竞赛"，"相反，正是消灭商品生产和资本主义，才为组织人与人之间而不是兽与兽之间的竞赛提供可能。"① 可见他此时把商品生产、资本主义看作与社会主义相对立，社会主义应该消灭商品生产。后来，列宁在回顾这一阶段时指出："先前的经济政策，如果不能说计划过（在当时的情况下，我们一般很少进行计划），那么在一定程度上也曾设想过（可以说是缺乏计划地设想），旧的俄国经济将直接过渡到国家按共产主义原则进行生产和分配。"② 可以说，苏维埃政权初建之际，国家建设社会主义的指导方针是直接过渡，但"比 1918 年下半年以及整个 1919 年和 1920 年所做的要小心谨慎得多"③。

2. 战时共产主义政策的启程

新生不久的苏维埃政权即刻就陷入了国内外严重的危机之中。在国内，俄国地主和资产阶级联合起来，组织落败的叛军发动动乱；在国际上，由于仇视社会主义的诞生，1918～1920 年，英、美、日三国组织了 14 个帝国主义国家企图大规模武装干涉苏维埃政权，并与苏俄国内的反动势力勾结在一起。在这种双重夹击之下，苏俄国内危机重重，原本就落后的经济更是异常困难，苏维埃共和国与主要产粮区的联系被切断而导致粮食紧缺、饥荒遍野。此时，国内的资本家趁机反对以国家资本主义的形式与苏维埃政权作经济上的妥协，并且还在国外敌对势力的支持下积极反对苏维埃政权。因此，苏维埃不得不彻底将各工业部门依次收归国有。同时，为应对紧急的战争状态和物资极度匮乏的不利条件，确保有限的财力物力集中用于后方供应和前线需要，苏维埃陆续实施了一系列为适应战时需要的非常措施，被称为"战时共产主义"。该政策的主要措施包括：对一切企业实行国有化；采取余粮收集制，垄断粮食贸

---

① 《列宁全集》第 34 卷，人民出版社，2017，第 139 页。
② 《列宁选集》第 4 卷，人民出版社，2012，第 573 页。
③ 《列宁选集》第 4 卷，人民出版社，2012，第 573 页。

易；建立义务劳动制等。

作为"极度贫困、经济破坏和战争迫使"① 下的应急举措，"战时共产主义"能够集中人力物力以确保苏维埃政权能够在短期内获胜，捍卫和巩固了新生的政权。在战时共产主义条件下，农民的粮食是以余粮收集制的方式而非买卖的方式获得，职工的劳动报酬是通过实物支付，居民的粮食、日用品是国家免费发放的，企业也不进行经济核算，这些无疑扩大了经济关系实物化的范围。但由于战时共产主义政策与不通过商品货币关系而直接过渡到共产主义的设想有所契合，在经典社会主义理论的影响下，当时的苏俄领导人不仅没有意识到战时共产主义政策所具有的临时性和过渡性质，甚至在战争结束后仍然继续推行这种非常政策，寄希望于通过战时共产主义政策能很快向共产主义社会直接过渡。其中，在 1919 年 2 月起草的俄共（布）第八次代表大会的俄共（布）纲领草案初稿中，列宁就指出："苏维埃政权现时的任务是坚定不移地继续在全国范围内用有计划有组织的产品分配来代替贸易"②，"俄共将力求尽量迅速地实行最激进的措施，为消灭货币作好准备，首先是以存折、支票和短期领物证等等来代替货币，规定货币必须存入银行等等"③。这就表明了苏维埃试图通过消灭商品货币关系而直接过渡到共产主义的迫切愿望。

概而言之，列宁一方面根据俄国的客观现实状况，意识到向共产主义的过渡是长期的、困难的，必须谨慎地、逐步地进行；另一方面，他又排斥、否定商品货币关系和市场，并提出生产资料国有化、对产品的生产和分配实行全民计算和监督的方式等一系列社会主义经济建设的设想。列宁把苏联社会主义的现实与马克思设想的共产主义第一阶段等同起来，因此采用战时共产主义政策而急于向以消灭商品货币关系为特征的共产主义社会过渡。

---

① 《列宁选集》第 4 卷，人民出版社，2012，第 501 页。
② 《列宁选集》第 3 卷，人民出版社，2012，第 748 页。
③ 《列宁选集》第 3 卷，人民出版社，2012，第 729 页。

3. 战时共产主义政策的困境

战时共产主义政策的核心内容是建立在国家垄断粮食基础上的"粮食征收制"。列宁在《论粮食税》一文中谈到此政策时指出："我们实际上从农民手里拿来了全部余粮，甚至有时不仅是余粮，而是农民的一部分必需的粮食。"[①] 起初国家还象征性地给农民发一些纸币，后来就变成了不付任何代价地强行收走。这种粮食征收政策，使农民的劳动成果被大量无偿征收，甚至有时被征粮队粗暴地征收走，结果许多农民过着缺衣少食、饥肠辘辘的生活。最终不堪忍受的农民相继举起了反对布尔什维克统治的大旗，农民起义的浪潮几乎在整个俄国大地席卷而来。从1920 年末开始，发展到 1921 年春时，"农民暴动可以说是俄国的普遍现象"[②]。工人群体中同样也充斥着不满情绪，不断削减的口粮供给再加上不断减少的工作岗位，导致工人纷纷举行罢工活动。工人和农民的境遇对新生的苏维埃政权构成了极大的威胁。列宁后来回忆道："我们就遇到了苏维埃俄国内部很大的——我认为是最大的——政治危机"[③]，"当时广大农民群众不是自觉地而是本能地在情绪上反对我们，这在苏维埃俄国的历史上是第一次"[④]。其中最严重的非 1921 年春发生的喀琅施塔得水兵暴动事件莫属，这些水兵原本是十月革命中布尔什维克党最坚定的支持者，但此时也和广大的工农群众一样加入了反对布尔什维克统治的阵营。

战时共产主义政策脱离了当时俄国的实际生产力水平，挫伤了广大农民生产的积极性，因而引发了整个社会强烈的不满情绪。积怨已久的情绪最终愈演愈烈，继而酿成了严重的政治危机。经济的困顿和政权的危机都给俄共敲响了警钟，促使布尔什维克不得不去深刻反思"战时共

---

① 《列宁选集》第 4 卷，人民出版社，2012，第 501 页。
② 《列宁选集》第 4 卷，人民出版社，2012，第 722 页。
③ 《列宁选集》第 4 卷，人民出版社，2012，第 719 页。
④ 《列宁选集》第 4 卷，人民出版社，2012，第 720 页。

产主义"政策的存废问题。如果继续实施这一政策，"必将意味着苏维埃政权和无产阶级专政的垮台"①。要从根本上阻止更多暴动的发生，就必须废除战时共产主义中实行的粮食政策，另行新的经济政策。布尔什维克党人从中意识到，"必须立刻采取迅速的、最坚决的、最紧急的办法来改善农民的生活状况和提高他们的生产力"②。

1920年秋，苏维埃在反对外国武装干涉与平定反革命武装叛乱的斗争中基本取得胜利，列宁审时度势分析了战时共产主义政策的功过是非，指出在新的历史条件下，必须从当时俄国的客观实际出发，制定新的方针政策。当时，为了直接了解基层群众的诉求，列宁深入乡村调查，阅读群众的来信，接待不断来访的工人、农民和基层干部。许多农民在给列宁和政府的请求信中表达了对余粮收集制的不满并要求废除这一制度。对此，列宁作出了深刻的反思。后来，他多次强调战时共产主义政策"错了"，"我们在经济进攻中前进得太远了，我们没有给自己留下足够的基地；群众已经感到的，我们当时还不能自觉地表述出来，但是过了几个星期，我们很快就认识到了，这就是：向纯社会主义形式和纯社会主义分配直接过渡，是我们力所不及的"③，"这次失败比高尔察克、邓尼金或皮尔苏茨基使我们遭到的任何一次失败都严重得多，重大得多，危险得多。这次失败表现在：我们上层制定的经济政策同下层脱节，它没有促成生产力的提高"④。面对农民一致要求取消余粮收集制的要求，1921年3月，列宁在俄共（布）第十次代表大会上宣布停止战时共产主义政策，并且全党一致通过以粮食税替代余粮收集制的决议，新经济政策正式启动。

（二）新经济政策的突破：社会主义与市场的首次结合

依照对经典社会主义理论的阐释，社会主义意味着取消商品、货币

---

① 《列宁专题文集 论社会主义》，人民出版社，2009，第199页。
② 《列宁选集》第4卷，人民出版社，2012，第500页。
③ 《列宁选集》第4卷，人民出版社，2012，第720页。
④ 《列宁选集》第4卷，人民出版社，2012，第575~576页。

和市场。但俄国的社会主义建设是在一个与马克思主义创始人所设想的先进资本主义国家相距甚远的落后农业国家中进行的，在既不能机械地照搬经典理论，也没有前人经验可供借鉴的情况下，苏俄的社会主义建设道路只能根据本国的实际情况不断探索前进。实践中不断涌现的新情况、新变化，要求不能固守原有的观念和判断标准，更要求对马克思主义作出创新和发展。对此，列宁没有囿于一个预先设定的、僵化不变的模式，他依据俄国的具体国情和实践经验，不断调整建设社会主义的步伐和节奏。从否定贸易自由到肯定商品买卖，从限制交换范围到允许全国范围的交换，从排斥资本主义到号召全党学会做生意。

1. 新经济政策的发展阶段

实施新经济政策的过程中，其核心内容发生了两次大的转变。第一次是在实施初期，即从 1921 年 3 月到 10 月。在这一阶段，由于粮食税规定农民在交给国家一定的粮食之后，其余的粮食和农产品全部由自己支配处理，粮食税实施后，农民手中就会拥有剩余的粮食和农产品，这些东西中的一部分就会变成商品流向市场，于是列宁设想通过局部的产品交换来预防资本主义的滋生泛滥。他分析，在千百万小生产者存在的条件下，试图去禁止或者堵塞一切私人交换的发展，即商业的发展是根本不可能的。列宁指出一个政党如果实行此类政策，就是："说它在干蠢事，是因为这种政策在经济上行不通；说它在自杀，是因为试行这类政策的政党，必然会遭到失败。"[①] 对于这种不可避免的资本主义发展，列宁认为最后一种可行的，也是唯一合理的政策就是努力把资本主义的发展纳入国家资本主义的轨道。列宁设想通过国家资本主义形式的交换机构，有组织地把国营企业和各种国家资本主义企业生产的产品同农民进行商品交换（但实质上就是产品交换，而不是真正意义上的商品交换）。因为列宁意识到，如果不退到国家资本主义、商业上去，在当时

---

① 《列宁选集》第 4 卷，人民出版社，2012，第 504 页。

经济遭到重创的情况下就不能恢复同农民的联系，就会出现革命先头部队向前跑得太远，而导致脱离农民群众的危险倾向。列宁强调："革命的先头部队就不会同农民群众结合，那样就会葬送革命。"① 因此，新经济政策实施初期的任务，"就是把商品交换这一形式固定下来"②。因此，"自1921年春天以来，我们制定了一连串法令和决定，写了大批文章，进行了大量宣传工作和立法工作，这一切都是在适应发展商品交换的需要。商品交换这个概念包括一些什么内容呢？这个概念所设想的建设计划（如果可以这样说的话）是怎样的呢？它设想，在全国范围内，或多或少要按照社会主义方式用工业品换取农产品，并通过这种商品交换来恢复作为社会主义结构唯一基础的大工业"③。这种"商品交换"实质上是实物交换，它既不通过市场，也不需要货币。

1921年10月底，在莫斯科省第七次党代表会议上，列宁在关于新经济政策的报告中宣布产品交换失败了，"所谓失败，是说它变成了商品买卖"④。对此，列宁强调："要努力适应这种情况，否则买卖的自发势力、货币流通的自发势力会把你们卷走的！"⑤ 于是，就开始了新经济政策的第二个阶段，也就是把经济发展的重心从国家资本主义再退至由国家对商业和货币流通加以调节。"商品交换没有得到丝毫结果，私人市场比我们强大，通常的买卖、贸易代替了商品交换"⑥，因此必须要再向后倒退，"不仅要退到国家资本主义上去，而且要退到由国家调节商业和货币流通"⑦。要允许农民的自由贸易和私人商业获得发展，但这种发展要在国家的调节范围之内进行。只有倒退到由国家调节商业和货币流通的道路上，才有可能恢复正常的经济生活和秩序，继而才能恢复小农经济，恢复和振兴大工业，才能摆脱各种危机。对此，列宁强调：

---

① 《列宁全集》第42卷，人民出版社，2017，第348页。
② 《列宁选集》第4卷，人民出版社，2012，第604页。
③ 《列宁选集》第4卷，人民出版社，2012，第604~605页。
④ 《列宁选集》第4卷，人民出版社，2012，第605页。
⑤ 《列宁选集》第4卷，人民出版社，2012，第605页。
⑥ 《列宁选集》第4卷，人民出版社，2012，第605页。
⑦ 《列宁选集》第4卷，人民出版社，2012，第605页。

"别的出路是没有的。"① 商品买卖被提上日程，商品、货币、市场机制被引入社会主义经济建设中来，这就突破了传统的社会主义观，可谓一项史无前例的创举。

2. 新经济政策招致的历史争议

新经济政策的实施意味着布尔什维克党从向共产主义直接过渡的方式转为间接、迂回过渡的方式，这不仅意味着国家经济政策的重大转变，还意味着苏俄走向社会主义的方式发生极大转变，这就引发了苏俄社会民众的激烈争论。一时之间，无论是苏俄国内还是国外，无论是布尔什维克党内还是党外，各种不同的声音席卷而来。

余粮收集制度的废除和粮食税的实施，保障了广大农民种粮的积极性，因此新经济政策广受工人、农民的好评。然而，尽管新经济政策最初获得了党内一致通过，但之后每一项具体措施的制定或由此引发的新现象产生时，党内就会出现对这一政策的异议、争论甚至是抵制。列宁也多次论及这一问题。例如，谈到租让政策时他说："租让问题在我们这里引起的意见分歧，大大出乎我们的意料。"② 工会工作者中存在的意见、分歧和疑虑是"唯一的危险"③，"要消除一切摩擦和偏见。这是一件难事"④。《论粮食税》开篇写道："粮食税问题在现时引起了特别多的注意、讨论和争论。"⑤ 列宁指出新经济政策在理论和实践上引起了许多问题和疑虑，这不但来自敌人，而且"在朋友中间也有某种……'疑虑'"⑥。由此可见，当时对新经济政策的质疑是普遍存在的。

一方面，新经济政策遭到党内部分同志的激烈反对，一些老布尔什维克甚至认为这是"资本主义在俄国的复辟"，"有些同志出于最崇高的

① 《列宁选集》第4卷，人民出版社，2012，第464页。
② 《列宁全集》第41卷，人民出版社，2017，第153页。
③ 《列宁选集》第4卷，人民出版社，2012，第612页。
④ 《列宁全集》第41卷，人民出版社，2017，第181页。
⑤ 《列宁选集》第4卷，人民出版社，2012，第488页。
⑥ 《列宁选集》第4卷，人民出版社，2012，第611页。

共产主义感情和共产主义志向，看到优秀的俄国共产党人竟然退却起来而嚎啕大哭"①。在 1921 年 10 月 29 日莫斯科第七次党代表会议上，有代表公然指出新经济政策是"资产阶级邪恶"。另一方面，苏维埃政权的敌对者也直指新经济政策是走向资本主义的"蜕变"，他们寄望资本主义的发展会促使布尔什维主义的告终。孟什维克主义者叫嚷："布尔什维克走回头路，又回到了资本主义，这样他们就完蛋了。"② 国内的"路标转换派"也断言："苏维埃政权在建设什么样的国家呢？共产党人说是共产主义国家，并要人相信这是一种策略：布尔什维克在困难关头把私人资本家糊弄过去，然后再达到自己的目的。布尔什维克可以爱怎么说就怎么说，但实际上这并不是策略，而是演变，是内部的蜕变，他们一定会走向通常的资产阶级国家。"③ 该派代表人物乌斯特里亚洛夫认为，苏维埃政权"正在滚进通常的资产阶级泥潭，那里只不过摇动着几面写着各种空话的共产主义小旗子罢了"，它"踏上了走向通常的资产阶级政权的道路"④。无独有偶，在国际社会上，奥地利马克思主义派的理论家奥托·鲍威尔也认为，苏俄实行新经济政策这一实践，实质上是"资本主义经济的重建"⑤。

　　总之，为了实现苏维埃政权的稳定性，列宁开出了一剂发展"资本主义"的药方，结果却招致国内外一片质疑。围绕"新经济政策是否意味着退向资本主义"这一问题，各种不同的声音四起。

3. 新经济政策引发的学术争论

　　不仅如此，作为首次将市场与社会主义相结合的尝试，新经济政策也经受了学界持续不断的争议。围绕新经济政策中"市场与计划""市场与社会主义"的关系等问题，国际学术界的观点莫衷一是。

---

① 《列宁选集》第 4 卷，人民出版社，2012，第 672 页。
② 《列宁全集》第 43 卷，人民出版社，2017，第 90 页。
③ 《列宁选集》第 4 卷，人民出版社，2012，第 677~678 页。
④ 《列宁选集》第 4 卷，人民出版社，2012，第 678 页。
⑤ 〔奥〕奥托·鲍威尔：《苏俄的"新方针"》，史集译，三联书店，1977，第 25 页。

其一，新经济政策违背了马克思的理论，市场与社会主义之间的冲突难以避免。持此观点的学者从根本上否定了新经济政策引入市场的做法，认为此类举动是对马克思理论的严重"背叛"，并且从理论上去论证市场与社会主义之间的矛盾是根本对立的。英国的历史学专家莫西·莱文曾指出，俄国革命的实际与马克思主义一般通行的解释，存在许多难以吻合的地方，新经济政策实质上就是无产阶级"在经过一场所谓的社会主义革命之后又重新接纳资产阶级"，这明显违反了马克思主义理论①。英国的马克思主义者希勒尔·蒂克庭则分析道，市场社会主义的最初形式就是20世纪20年代作为资本主义和社会主义之间过渡的新经济政策，但是市场与社会主义之间存在必然的冲突，市场社会主义势必在实践上是不可能的，也是不需要的，而且与社会主义无关②。美国的马克思主义经济学家理查德·沃尔夫也提出，20世纪苏联实施的新经济政策本是为社会主义和共产主义而做的努力，"却意想不到地变成了为国家资本主义的努力奋斗"，这其实是抛弃了马克思的革命性观点——超越资本主义③。

其二，新经济政策没有成功处理好市场与计划之间的关系。持此观点的学者坚持社会主义的发展需要利用好市场，他们赞许新经济政策实现了市场与社会主义的结合，但同时也指出在如何实现两者的结合这一关键性问题上，新经济政策是失败的。日本共产党的资深领导人不破哲三认为，列宁是第一个对市场经济与社会主义关系进行理论研究的共产主义者，他最后的精力主要就是要解决市场经济与社会主义的结合问题④。包括巴加图利亚、布兹加林等在内的17位俄罗斯著名中左翼学者则共同指出，布尔什维克的功绩在于自觉地转向了新经济政策，这是第

---

① 〔法〕莫西·莱文:《列宁的最后斗争》，叶林译，黑龙江人民出版社，1983，第81页。

② 〔美〕伯特尔·奥尔曼编《市场社会主义：社会主义者之间的争论》，段忠桥译，新华出版社，2000，第61页。

③ 〔美〕理查德·沃尔夫、斯蒂芬·雷斯尼克:《相互竞争的经济理论：新古典主义、凯恩斯主义和马克思主义》，孙来斌等译，社会科学文献出版社，2015，第411~412页。

④ 曹天禄、夏建义:《不破哲三关于中国社会主义市场经济建设的几点建议》，《国外理论动态》2005年第8期。

一个成功结合了社会主义和资本主义原则的历史模式①。

总的来看，学界围绕新经济政策争论的一个核心问题就在于"市场与社会主义能否结合"。一方面，持否定看法的学者以马克思主义的经典理论为据，断然指责承认和引入"市场"的新经济政策从根本上违背了马克思的本意，他们极力从理论和实践的两重维度去论证市场与社会主义是难以和谐共存的。另一方面，持肯定态度的学者赞许新经济政策利用市场去建设社会主义的创造性做法，并对列宁在此问题上的首创精神给予了高度好评，但同时他们也清楚地认识到新经济政策并非完美无缺。但无论持何种观点，新经济政策无疑是将市场引入社会主义建设中的一次突破性尝试。列宁依据苏维埃俄国的实际而制定的新经济政策，是在充分利用市场关系的前提下，把资本主义最先进的技术与苏维埃政权相结合，它在苏俄经济社会的恢复和发展中起了重要作用。

4. 新经济政策的实质

列宁并没有一味地搬用马克思和恩格斯有关未来社会的设想方案，他从苏俄社会的客观实际出发，不断调整建设社会主义的步伐。早在1918 年春，列宁就已经分析了俄国存在 5 种经济成分：农民的宗法式的自然经济、小商品经济、私人资本主义、国家资本主义和社会主义。5种经济成分可以长期并存，而国家资本主义这一最先进的形式可以作为"中间环节"，实现向社会主义的逐步过渡。而新经济政策思想则是对列宁 1918 年春逐步过渡思想的延续和发展：在多种经济成分并存的条件下，通过经济竞赛和竞争，利用商品、货币、市场等因素，使社会主义的经济成分逐步战胜资本主义的经济成分。

新经济政策的核心内容之一，是利用商品货币关系实现从产品交换到商品交换的转变。一方面，工业和农业之间的联系通过商业而产生，

---

① 〔俄〕巴加图利亚等《十月革命对于我们——俄罗斯和全世界的意义——17 位俄罗斯著名中左学者的声明》，林艳梅译，《国外理论动态》2007 年第 11 期。

这是过渡时期经济建设的中心环节。"新经济政策的基本的、有决定意义的、压倒一切的任务，就是使我们开始建设的新经济（建设得很不好，很不熟练，但毕竟已在完全新的社会主义经济，即新的生产和新的分配的基础上开始建设）同千百万农民赖以为生的农民经济结合起来。"① 其全部意义就在于，而且仅在于"找到了我们花很大力量所建立的新经济同农民经济的结合"②。商业是联系社会主义经济与农民经济的关键纽带，只有利用商业才能建立与农民的紧密联系。另一方面，一切生产单位和供应单位必须在国家指导下，实行"商业化原则"，即根据商品生产和商品流通规律办事。新经济政策实施之初，列宁就提出："应当把商品交换提到首要地位，把它作为新经济政策的主要杠杆。"③此后还多次强调，新经济政策的一个重要方面，就是要"学习管理""学会经商"，国营企业要采用"商业化原则"，实行"经济核算制"，"在相当程度上实行商业的和资本主义的原则"④。也就是说，新经济政策时期的列宁意识到，必须要有计划地利用商品货币关系向社会主义过渡并建设社会主义。例如，日本经济学家佐藤经明所言："列宁比任何人都更早地发现了战时共产主义狂热而引起的'幻想'的这一错误，……他亲自领导了向新经济政策的转变，并且第一个为过渡时期利用市场的必然性问题奠定了理论基础。"⑤

（二）新经济政策的缺陷：计划与市场的二元冲突

1924 年 1 月列宁逝世，党内高层围绕新经济政策产生了巨大的分歧。斯大林先是赞同布哈林对新经济政策的支持，将"左"倾反对派打倒。1928 年苏联发生粮食收购危机，斯大林采取了与新经济政策原则相违背的"非常措施"，此后他开始攻击新经济政策的合理性，并以行政

---

① 《列宁选集》第 4 卷，人民出版社，2012，第 662 页。
② 《列宁选集》第 4 卷，人民出版社，2012，第 661 页。
③ 《列宁选集》第 4 卷，人民出版社，2012，第 533 页。
④ 《列宁选集》第 4 卷，人民出版社，2012，第 620 页。
⑤ 〔日〕佐藤经明：《现代社会主义经济》，凌星光等译，中国社会科学出版社，1986，第 43 页。

力量战胜了"布哈林集团"。至此之后，斯大林不断僭越新经济政策的底线，并最终废除了这一政策。作为社会主义与市场相结合的一次突破性的首创，不过才 8 年光景，新经济政策就不幸"夭折"。至此之后苏联社会主义建设的航向，就发生了严重偏转。因此深究新经济政策终结的原因，就成了有关其研究中的一个重点议题。在我们看来，新经济政策会"戛然而止"，原因是错综复杂的。

1. 改革步伐缺少同步协调

新经济政策是苏联历史上的首次改革。而改革是一项整体性展开的事业，即经济体制的改革离不开政治体制、文化体制、社会体制等多方位改革的协调和支持。尤其是其中的政治体制改革如果远落后于经济体制改革，就会对经济体制改革构成阻力和障碍，从而可能造成经济体制改革难以为继的后果。新经济政策承认了商品、货币和市场的合法性，这就要求政府要尊重市场规律而非过度依赖行政手段。然而新经济政策主要是在经济领域的革新，但战时共产主义政策时期形成的政治体制却延续下来，并未得到过多的调整和更改。正如列宁在 1922 年 3 月的俄共（布）第十一次代表大会上所言："党同苏维埃机构之间形成了一种不正常的关系，这一点是我们一致承认的。我方才举了一个例子，说明有些具体的小事都要弄到政治局去解决。从形式上规定不许这样做是很困难的，因为在我国是唯一的执政党在进行管理，而且不能禁止党员提出申诉。于是一切问题都从人民委员会弄到政治局来了。在这一点上我也有很大的过错，因为人民委员会和政治局之间很多事都是通过我个人来联系的。一旦我离开工作，两个轮子立刻就不转动了，为了保持这种联系，加米涅夫就不得不加倍地工作。"[①] 在这一政治体制下，就连购买罐头这种小事竟然都需要苏维埃政治局下发指令，需要加米涅夫这样高级别的官员来加以干预。可见当时新经济政策在具体执行过程中会遭遇多少政

---

① 《列宁选集》第 4 卷，人民出版社，2012，第 696 页。

治上的阻碍。

列宁晚年逐渐意识到改革的步伐不应该局限于经济领域。在给党的第十二次代表大会的信中，他提出要对苏维埃的政治制度实行一系列的改变，他竭力试图全面分析国家的综合状况，并企望制定出一套详细具体的行动计划。但历史留给列宁的时间太短了，要对苏维埃政权进行大刀阔斧的政治体制改革，他显然是心有余而力不足的。之后随着社会革命党被取缔，以及党内的各种活动派别被逐一取消，布尔什维克逐渐演变成了一个不受监督和约束的政党。在这种权力高度集中的政治体制之下，主要领导人的一纸命令就可以决定一项对国家发展走向影响重大的政策的生死存亡。因此，正是苏维埃俄国的政治体制没有与经济体制同步进行改革，使得经济体制的改革难以寻得配套的政治体制的支持和庇佑，最终酿成改革成果被政治因素所吞噬的悲剧。

2. 党内意见缺乏共识定论

作为一项危机倒逼之下的突破性应急举措，新经济政策没有获得党在理论和思想上的强力支撑，从而招致巨大的争议和质疑。任何一项事关重大的国家政策要出台，必须要有科学的理论来论证和支持其合理性。即便是在紧急战争环境和物资匮乏条件下采取的战时共产主义政策，也参照了马克思恩格斯设想的取消商品、货币、市场，把生产和分配集中于国家，以及直接向共产主义过渡的计划。然而，新经济政策实施伊始，俄共领导人大多将其当作一种权宜之计，是对农民的暂时性妥协让步，是为了防止"苏维埃政权和无产阶级专政的垮台"①。作为政治经济局面严重紧张情况下的应急之举而非预设方案，它没有获得科学理论的论证和支撑。虽然随着苏俄经济实践的发展，新经济政策在实践中找到了自身合理性的依据，但由于理论和思想上的认识不足，党内对此难以达成稳固共识。

---

① 《列宁专题文集 论社会主义》，人民出版社，2009，第199页。

　　1921 年 10 月底，列宁在莫斯科省第七次党代表会议上谈到"党内有很多人对新经济政策还不那么清楚"①，对前期经济政策的错误没有明确的定位，也没有意识到新经济政策代替战时共产主义政策是一种正确合理的举措。列宁认为，这种状况使党不能顺利完成自己的任务，即"给新经济政策打基础并最终确定新经济政策的方向"②。没有深厚的科学理论为基础，因此党内多数人对新经济政策的认识不够深刻，对于该政策的认识和觉悟存在与新经济政策的必要性不相适应的状况，从而影响了这一政策的最终走向。列宁在总结实践经验和教训的基础上，不断根据实际情况调整对社会主义的理解和认识。然而在列宁逝世之后，俄共的后继者们对新经济政策的理解存在不同程度的偏差，对此问题没有形成定论和共识，斯大林本人更是对新经济政策存有误读和曲解，这在很大程度上影响了新经济政策的稳定性。

3. 实际成效并非尽如人意

　　新经济政策实施后，俄国的经济恢复工作取得了显著的效果，农业生产面积扩大、粮食产量锐增，工业总产值迅猛增长。但同时，新经济政策的实际效果和预先设想相比，也存在一些偏差和问题。1922 年 3 月 27 日，在俄共（布）第十一次代表大会上，列宁总结了一年来新经济政策的实施情况，他将新经济政策比作"一辆不听使唤的汽车"，这辆车"不是开往要它去的地方"，"不完全按照，甚至常常完全不按照掌握方向盘的那个人所设想的那样行驶"，是"非法活动分子，不法之徒，投机倒把分子""私人经济资本家"③ 掌控了新经济政策。不仅如此，作为新经济政策中被寄予厚望的租让制，在实际执行中的效果也与预期设想存在差距。1921 年 10 月在全俄政治教育委员会第二次代表大会上，列宁提到与外国资本家"已经签订的合同还很少，特别是同我们提出的建

---

① 《列宁选集》第 4 卷，人民出版社，2012，第 594 页。
② 《列宁选集》第 4 卷，人民出版社，2012，第 594 页。
③ 《列宁选集》第 4 卷，人民出版社，2012，第 671 页。

议相比"①。1922 年 11 月在共产国际第四次代表大会上，列宁强调"还没有一个有利可获的租让项目"②。1923 年 1 月在《论合作社》中，列宁指出："租让在我国并未得到多大的发展。"③ 据统计，苏维埃 1922～1924 年收到外国企业 1200 多份承租提议。然而，1921 年只签订了 5 份合同，1922 年 10 份，1923 年 37 份，1924 年 32 份。1925 年前只有 14 家企业着手工作，1925 年又有 17 家开始工作。截至 1925 年 4 月 1 日，在工业中有 91 份租让合同生效④。

此外，在新经济政策实施期间还相继发生过不同程度的危机。例如，由于农产品和工业品价格之间存在的强势"剪刀差"而引发的 1923 年春、秋两季的"销售危机"，1925～1926 年冬出现的粮食收购"危机"，1928 年因粮价不合理而再次出现的收购危机等。这些危机的爆发直接反映了新经济政策存在的问题。更重要的是，这无疑会严重影响到无产阶级和农民的"结合"，威胁到工农联盟的稳固。因为"新经济政策的实质是无产阶级同农民的联盟，是先锋队无产阶级同广大农民群众的结合"⑤，所以新经济政策实施期间发生的数次危机必然就会使其在稳固工农联盟作用上的有效性大打折扣。新经济政策是一个在实践中不断试错、纠错的社会主义建设方案，中间历经几次政策的调整，再加上这些不时发生的危机，就给有意要终结新经济政策的决策者留下了借以发挥的理由，从而使其难以被顺利执行下去。

4. 计划与市场的二元冲突

新经济政策是社会主义与市场结合的首次尝试，可谓预先既没有理论的论证，也缺乏实践的检验。社会主义与市场的实验性结合，不但掀

---

① 《列宁选集》第 4 卷，人民出版社，2012，第 671 页。
② 《列宁选集》第 4 卷，人民出版社，2012，第 724 页。
③ 《列宁选集》第 4 卷，人民出版社，2012，第 772 页。
④ 苏联科学院经济研究所编《苏联社会主义经济史》第 2 卷，生活·读书·新知三联书店，1980，第 316～317 页。
⑤ 《列宁全集》第 42 卷，人民出版社，2017，第 358 页。

起了理论上的争论，而且带来了一系列实践性难题。未能妥善处理好社会主义与市场的关系，这对新经济政策来说是致命的。

分析马克思主义学派重要代表人约翰·E.罗默分析道，有关苏联经济的失败原因至今并没有一个完全满意的解释，但是废除市场似乎是一个重要的因素。虽然，新经济政策时期苏联的经济一次又一次地利用市场，但由于没有给予市场运作的自由，从而引起创新的缺乏致使苏联经济失败①。

作为日共资深的领导人和理论家，不破哲三在《马克思的"科学观"——21世纪的资本主义和社会主义》中谈及，马克思恩格斯并未在社会主义与市场经济的关系问题上作出理论研究，列宁是首个迎接这一理论挑战的共产主义者。"战时共产主义政策"时期，列宁坚信引进市场经济会导致资本主义的蓬勃发展，会成为社会主义建立的巨大障碍。但列宁于1921年实施了具有市场经济性质的"新经济政策"。列宁本人也从一个消极看待市场经济成为一个积极通过市场经济发展社会主义的领导者。在逝世的前3年，列宁的主要精力就是解决市场经济与社会主义的结合问题②。

俄罗斯科学院经济研究所负责人沃耶伊科夫从经济学视域对十月革命后新生的苏维埃政权，在社会经济发展的方向以及内部策略上的分歧、斗争和选择等问题进行了深入研究。他指出，按照马克思的历史唯物主义观点，一个国家的社会经济发展道路要依据其独特的社会现实基础。但是20世纪的俄国却面对一个两难的处境：一方面，掌握国家权力的马克思主义无产阶级政党要求建立一个社会主义国家；另一方面，要想成为一个经济独立、自给自足的现代民族国家，经济文化相对落后的俄国就必须要认清客观现实去发展机械大工业，即发展资本主义。因此，十月革命胜利后，布尔什维克不得不对苏维埃国家的经济发展战略作出选择。列宁逝世以后，围绕一国能否建设以及如何建设社会主义的核心问

---

① 〔美〕约翰·E.罗默：《社会主义》，魏海琪译，《国外理论动态》2008年第4期。
② 〔日〕曹天禄、夏建义：《不破哲三关于中国社会主义市场经济建设的几点建议》，《国外理论动态》2005年第8期。

题，布尔什维克内部出现了路线的分歧。关于新经济政策的发展方向、模式和结构等问题，斯大林、布哈林与托洛茨基发生了激烈的论证和斗争。然而，市场和计划的二元经济结构贯穿了整个苏联经济史，从而导致了经济政策的极端化、不稳定性，以及社会经济结构的失衡和畸形发展，致使俄国在现代化的进程中为经济发展付出了巨大的社会成本①。沃耶伊科夫认为，列宁的思想充满矛盾性和复杂性，这种矛盾性就反映在了列宁对待市场经济的态度上。起初，列宁和俄国（布）的领袖都把新经济政策视为暂时性"退却"；但实践的发展改变了列宁，新经济政策被当作建设社会主义的必由之路。该政策的理论前提是社会主义和市场经济能否结合的问题，虽然列宁为资本主义在俄国推行的可行性做了大量的理论论证，但在现实中无法回避计划与市场、社会主义与资本主义对立的二元经济结构，从而引起了苏联经济政策的极端化、不稳定性。在沃耶伊科夫看来，在社会主义体制下如何处理好公有制和私有制、市场和计划之间的关系，这是社会主义国家不得不面对的尖锐问题②。

作为一个在正统的马克思主义理论指导下建立的政党组织，布尔什维克党的意识形态既包括了经典的马克思主义观，尤其是关于"直接过渡"等思想，同时又带有俄国传统的反商品、反市场思想的烙印。而新经济政策的实施意味着货币关系的确立、商品交换的合法以及市场体制的建立，这些现象直接与布尔什维克党的意识形态产生了矛盾。党一方面出于恢复和发展生产力的需要强调必须要发展资本主义和扩大市场，但同时受党意识形态支配下的俄共领导者又认为"计划性仍然是社会主义经济的标志"③，这种贯穿新经济政策过程中的二元冲突，在某种程度上决定了它的半途而废。

---

① 复旦大学国外马克思主义与国外思潮研究国家创新基地、复旦大学当代国外马克思主义研究中心、复旦大学哲学学院编《国外马克思主义研究报告 2012》，人民出版社，2012，第195 页。

② 复旦大学国外马克思主义与国外思潮研究国家创新基地、复旦大学当代国外马克思主义研究中心、复旦大学哲学学院编《国外马克思主义研究报告 2012》，人民出版社，2012，第197~198 页。

③ 孙来斌：《"跨越论"与落后国家经济发展道路》，武汉大学出版社，2006，第215 页。

首先，既要积极发展小农经济，又强调防止资本主义的滋长。

在《论粮食税》中列宁预见粮食税会导致自由贸易的生长，故打算采用租让制以确保资本主义纳入国家资本主义的轨道。此时，他指出："租让也是一种斗争形式，是阶级斗争在另一种形式下的继续。"① 在新经济政策实施一年后的俄共（布）第十一次代表大会上，列宁在提到国营企业同资本主义企业的竞赛时指出，这场竞赛是"同从小农经济中成长起来的、得到小农经济支持的俄国资本主义进行这种斗争"②，"是两个不共戴天的敌对阶级的又一斗争形式。这是资产阶级同无产阶级斗争的又一形式"③。这些论断表明苏共对俄国小农经济演变成资本主义一直持有一种担忧、警惕、质疑、防范的复杂心理。深受固有意识形态的影响，俄共领导人一直把农民视作滋生资本主义的小生产。自然，小生产会演变为资本主义，继而成为对抗无产阶级专政的力量，此类担忧也一直存在。

其次，既要采用商业原则，又要限制商品发展。

在首次承认局部的产品交换失败，还要继续"倒退"到商品买卖和货币时，列宁预断："资本主义的恢复、资产阶级的发展和资产阶级关系在商业领域的发展等等，这些就是我们目前的经济建设所遇到的危险，就是我们目前逐步解决远比过去困难的任务时所遇到的危险。"④ 继而他又指出，采用商业原则既是迫于周围环境以及当前条件，也"是为了使大工业迅速恢复并且尽快同农业结合起来，以便实现正常的产品交换。"⑤ 列宁还说道："经济建设促使我们不仅需要采取出租这种不愉快的手段，而且需要搞做买卖这套讨厌的玩意儿。"⑥ 尽管发展商业是必要的，也是必然的，但对"出租"或是"做买卖"的做法仍持反感的态

---

① 《列宁选集》第 4 卷，人民出版社，2012，第 506 页。
② 《列宁选集》第 4 卷，人民出版社，2012，第 669 页。
③ 《列宁选集》第 4 卷，人民出版社，2012，第 681 页。
④ 《列宁选集》第 4 卷，人民出版社，2012，第 608 页。
⑤ 《列宁全集》第 42 卷，人民出版社，2017，第 248 页。
⑥ 《列宁全集》第 42 卷，人民出版社，2017，第 247 页。

度。在《论合作社》中，列宁谈道："改行新经济政策时做得过头的地方，并不在于我们过分重视自由工商业的原则"①，而在于对合作社的作用估计不足。而之所以强调要把合作社的地位提到社会主义的意义上来，就是为了利用合作社来限制商业买卖自由的发展。合作社的发展不仅有建设社会主义经济基础的意义，同时也是为了将商品买卖的发展限定在可控范围之内。

最后，既要实行"退却"，又要准备"进攻"。

迫于现实政治和经济压力，俄国不得不实行"退却"战略，但是党及其领导人头脑中却从没忘记要"进攻"。1921 年 10 月底在莫斯科省第七次党代表会议上，有人提出"新经济政策退到何时、退到哪儿为止"的问题，列宁强调，"什么时候为扎实地转入进攻作好了准备，我们就什么时候停止退却。"② 针对党内对于战略退却滋生的沮丧感，列宁强调退却虽有必要，但只是为进攻做铺垫的手段。在《论黄金在目前和在社会主义完全胜利后的作用》中，列宁指出改良是当时一种更合适和必要的方式，改良"退得虽远但退得适度，能及时停下来并重新转入进攻"③，退却无须引起担忧和惊慌。他还指出，退却可能在不久之后会停止，"退却进行得愈自觉，愈协调，成见愈少，那么，我们就会愈快停止退却，而随后的胜利进击就会愈有把握，愈迅速，愈波澜壮阔。"④ 其中"退却"和"进攻"孰轻孰重一目了然。1922 年 11 月 20 日，在莫斯科苏维埃全会上的讲话中列宁再次强调：退却的目的是更有利于向前跳，"只是在这一条件下，我们才在实行新经济政策时向后退。"⑤ 可以说，忽略或者抛弃了这一点，新经济政策就没有任何意义可言。

也就是说，尽管新经济政策在实践上对社会主义与市场之间的关系有所突破，但是"经过战时共产主义时期又加强了的、关于'真正'的

① 《列宁选集》第 4 卷，人民出版社，2012，第 768 页。
② 《列宁全集》第 42 卷，人民出版社，2017，第 250 页。
③ 《列宁选集》第 4 卷，人民出版社，2012，第 617 页。
④ 《列宁选集》第 4 卷，人民出版社，2012，第 617~618 页。
⑤ 《列宁选集》第 4 卷，人民出版社，2012，第 617~618 页。

社会主义就是非市场的集权经济这一传统观念，在新经济政策时期并没有得到纠正，而是原封不动地保留下来了"①。1928年，共产国际的纲领性文件——《共产国际纲领》颁布，其中关于社会主义与商品货币的关系问题包含两点基本内容：一是商品、货币关系对于社会主义而言，是"外部"的东西；二是计划的有效范围与商品、货币关系发生作用范围成"反比"，即计划与市场"不能并存"。由此自然可以得出以下结论：只要条件允许，应该尽早地消灭市场。

概而言之，新经济政策将市场引入社会主义的举措，对苏俄的经济恢复和发展至关重要。新经济政策实施后，很快在实践中取得了明显成效，对于恢复和发展国民经济、提高人民的生活水平、改善工农关系、巩固工农联盟和苏维埃政权，都发挥了积极的作用。更重要的是，这也是社会主义建设史上首次尝试在社会主义中引入市场因素。尽管由于种种主客观因素，特别是由于其中蕴含着市场与计划的二元冲突，致使新经济政策未能一直被顺利执行下去。但其独特的首创精神以及典型的历史教训，无论是对马克思主义政治经济学的理论创新，还是对此后社会主义国家经济建设的实践发展，均有非同寻常的借鉴意义。

二　斯大林社会主义经济模式：否定和排斥市场经济

列宁逝世后，苏联社会主义建设之路依旧在艰难曲折中前行。随着新经济政策被废止，20世纪30年代，苏联逐步建立了高度集中的中央计划经济体制。这一体制以完全的社会主义公有制为基础，实行高度集中的指令性计划，否认市场经济在国民经济中的调节作用。关于社会主义和商品、市场的关系问题，斯大林在晚年也做出了一些有益的探讨，主要体现在《苏联社会主义经济问题》一书中。总体而言，斯大林的社会主义经济模式是斯大林在教条式地、片面地理解马克思主义的基础上，

---

① 〔日〕佐藤经明：《现代社会主义经济》，凌星光等译，中国社会科学出版社，1986，第43页。

结合当时苏联社会主义经济建设的实践而形成的。它是在没有任何前人经验可以借鉴的情况下，对社会主义经济理论和实践的一种宝贵探索。可以说，斯大林有关社会主义与市场经济的探讨既"留下了一些有价值的理论遗产，也留下了一些不良的理论教条"①。

（一）斯大林经济模式的确立：新经济政策的废止

1924 年 1 月列宁逝世，此后新经济政策对苏联经济社会的恢复和促进作用仍在继续。然而，关于新经济政策的争论一直都存在，这种思想分歧就在于如何看待社会主义条件下的市场经济。尤其是随着一些严重的社会问题的出现，特别是粮食收购危机愈演愈烈，对苏联的工业化目标造成了威胁。为此，以斯大林为首的苏联领导人采取了一些强制性措施，缓解了迫在眉睫的社会危机，但也影响了国家经济战略的转变。由此，新经济政策走向了终结的命运，而斯大林经济模式则在此过程中逐渐成形。

列宁之后，苏共党内高层围绕着新经济政策依旧存在巨大的分歧和争论。其中一个重要问题就是，新经济政策是否还要继续下去。双方争论的焦点在于，市场是否必然与计划、与社会主义对立。实质上，争论的是新经济政策的存废问题。尤其是这些经济路线的争论和政治权力的争夺相互交织在一起，更加快了新经济政策被终止的步伐。一方面，以托洛茨基和普列奥布拉任斯基为代表的左派认为市场与计划之间是相互敌对的，存在非此即彼的冲突。托洛茨基把市场视作同资本主义斗争的主要场所。他并不否认市场的解决办法是可能的，甚至认为市场是可以成功的，但托洛茨基却坚持认为市场是与社会主义相对抗的。因为农民资本的增长会导致农村中资本主义的发展，而在俄国孤立的小农经济条件下农民资本需要商业资本，如此一来商业资本则会与国际资本进行贸

---

① 顾海良、张雷声：《从马克思到社会主义市场经济》，北京出版社，2001，第 207 页。

易。在这种情况下，国际资本必然处于支配的地位。① 另一方面，布哈林则不认为市场必然与计划相对抗，或与走向社会主义的进程相对抗。但他也不认同在社会主义社会还将存在市场的观点。起初，斯大林赞同布哈林的观点，认同计划与市场能以某种形式而共存的观点。他分析道："新经济政策是我们经济政策的基础，而且在相当长的历史时期中不会改变。"② 针对一国能否建成社会主义的争论，斯大林指出："革命获得胜利的国家的无产阶级既然已经巩固自己的政权并领导着农民，就能够而且应当建成社会主义社会。"③ 斯大林结合苏联当时的状况，认为要防止资本主义的入侵则必须迅速实现社会主义工业化，而工业化的前提是实现农业集体化。

1927～1928 年苏联发生粮食收购危机。由于农民拒绝以低价售粮，国家就出现了粮食短缺危机。这导致城市工人的粮食缺乏供应，以及国家缺乏可供出口的粮食以换取外汇。于是，依赖从国外购买工业设备和技术的工业化战略，也难以继续实施。斯大林就此分析，粮食收购危机所反映的是，苏联国内的"农村资本主义分子在新经济政策的条件下，在我国建设的最重要问题之一即粮食收购问题上，对苏维埃政权发动的第一次严重进攻"④。为此，斯大林采取了与新经济政策原则相违背的"非常措施"⑤，即强行征粮的办法。这种强制性措施不仅在全国很快被推广开来，而且还多次被使用。虽然新经济政策此时仍然存在，但这一措施无疑是"抛弃"新经济政策的第一步。此后，斯大林不断僭越新经

---

① David Schweikart, James Lawler, Hillel Ticktin and Bertell Ollman, *Market Socialism*: *The Debate among Socialists* (NY：Routledge, 1998), pp. 73-75.

② 《斯大林全集》第 11 卷，人民出版社，1955，第 15 页。

③ 《斯大林选集》上卷，人民出版社，1979，第 213 页。

④ 《斯大林选集》下卷，人民出版社，1979，第 19 页。

⑤ 1927 年召开的联共（布）十五大，并未通过采用暴力剥夺解决粮食问题的办法。但在随后召开的政治局会议上，包括斯大林、布哈林在内的所有政治局委员，经过争论后同意实施俄罗斯社会主义共和国刑法第 107 条，该条规定：对从事粮食投机倒把和囤积居奇的分子予以严惩，本人交法庭判刑罚款，粮食由国家没收。其实就是暴力征粮的办法。详见陈之骅主编《苏联史纲（1917—1937）》，人民出版社，1991，第 463～465 页。

济政策的界限。1929 年，集体化运动在全国大规模开展。斯大林认为：
"从 1929 年夏季起，我们进入了全盘集体化阶段"。① 因此，新形式的集体农庄取代了新经济政策下的农业经济组织。1929 年底，在马克思主义者土地问题专家代表会议上，斯大林断然指出："我们所以采取新经济政策，就是因为它为社会主义事业服务。当它不再为社会主义事业服务的时候，我们就把它抛开。列宁说过，新经济政策的施行是认真而长期的。但他从来没有说过，新经济政策的施行是永久的。"② 就此，斯大林宣布"退却"已经结束，必须进行"全面反攻"。这意味着新经济政策就此走向了终结。

与此同时，新的经济体制即斯大林经济模式也正式在苏联确立起来。
1929 年 5 月，苏维埃第五次代表大会批准了一个具有指令性质的方案并在全国被加以实施，即"一五"计划，这是计划经济体制的初步形成。
1929 年 12 月，联共（布）中央发布的"关于改组工业管理"决议，规定企业实行三级式的严格管理制度，即最高国民经济委员会-联合公司-企业。1930~1933 年，苏联政府通过对信贷、税制和工资的改革，加强了对工商业的严格计划管理。1935 年，苏联通过第一个《农业劳动组合示范章程》，将之前已经形成的集体农庄制度确定下来，建立了严格的农产品义务交售制，以确保粮食生产和分配的各个环节的管理权力掌握在国家手中。总之，此时苏联逐步建立对工商业、农业严格的计划管理体制，对私人工商业予以取缔，市场商品流通也被排斥，高度集中的计划经济体制就此初步形成。

1930 年，在联共（布）十六大上，斯大林初步确定了苏联经济体制的基本轮廓。苏维埃经济制度就是："（一）资产阶级和地主阶级的政权已经被推翻而代之以工人阶级和劳动农民的政权；（二）生产工具和生产资料即土地和工厂等已经从资本家那里夺过来并转为工人阶级和劳动农民群众所有；（三）生产的发展所服从的不是竞争和保证资本主义利润的原则，而是计划领导和不断提高劳动者物质和文化生活水平的原则；（四）国民收入的分配

---

① 《斯大林全集》第 12 卷，人民出版社，1995，第 157 页。
② 《斯大林全集》第 12 卷，人民出版社，1995，第 151 页。

不是为了保证剥削阶级及其为数众多的寄生仆役发财致富，而是为了不断提高工农的物质生活和扩大城乡社会主义生产；（五）劳动者的物质生活状况的不断改善和劳动者的需求（购买力）的不断增长既然是扩大生产的日益增长的源泉，因而也就是保证劳动者免遭生产过剩的危机，免受失业增长的痛苦和贫困的痛苦；（六）工人阶级和劳动农民是国家的主人，他们不是为资本家而是为自己劳动人民做工的。"① 1936 年，苏联颁布新宪法，以法律形式确认了生产资料所有制结构和以部门为主的经济管理体制的合法性、正当性。至此，斯大林经济模式基本全面确立。

（二）斯大林经济模式的实质：高度集中的计划经济体制

斯大林经济模式的实质就是高度集中的计划经济体制。在这种体制下，国家是经济活动的主体，采取国家所有制、集体所有制两种形式的生产资料公有制，依靠自上而下的行政命令或指令性计划的方式，对整个经济进行直接全面严格的干预和调节，并且排斥、否认商品货币关系和市场的调节作用。根据经典社会主义的相关理论，社会主义经济制度的本质规定是以指令性计划为基础的计划经济，市场机制则被认为是社会主义的对立面而加以限制；价值、价格、货币等价值范畴仅仅被当作核算的符号。斯大林经济模式是斯大林片面、机械式地理解马克思主义的产物，也是斯大林结合苏联当时的实际情况企图高速实现社会主义工业化和农业集体化的产物。斯大林高度集中的计划经济模式主要有以下两点表现形式。

1. 采取单一的生产资料公有制

斯大林在实现社会主义工业化的初期就明确指出："苏维埃政权和社会主义建设决不能无止境地即过于长期地建立在两个不同的基础上，建立在规模最大的联合的社会主义工业的基础上和最分散最落后的小商品农民经济的基础上。"② 也就是说，社会主义不可能建立在公有制和私

---

① 《斯大林全集》第 12 卷，人民出版社，1955，第 280~281 页。
② 《斯大林全集》第 11 卷，人民出版社，1955，第 218 页。

有制并存的基础上。鉴于此，在实施高速工业化和农业集体化运动的过程中，斯大林对城市资本主义经济成分以及农村中的资本主义成分即富农经济采取了限制、排挤并最终消灭的政策。1936 年前后，苏联基本形成单一的社会主义公有制，即国家的全民的形式和集体农庄的形式①。

　　一方面，追求高纯度的社会主义公有制。随着工业化和农业集体化的推进，斯大林认为"资本主义制度在苏联已被消灭"，这表明"社会主义制度在苏联已经胜利"②。因此，在 1936 年关于苏联宪法草案的报告中，斯大林宣布："生产工具和生产资料的社会主义所有制已经确立而成为我们苏联社会不可动摇的基础。"③ 为了实现高纯度公有制的比例，必须加快实现社会所有制的大变革。在这一理念的引导下，苏联的工业和农业在短期内迅速进行了所有制的变革。在工业方面，随着第一、二个五年计划的顺利完成，苏联创建了一大批国营大工厂。同时，城市资本主义工商业逐渐萎缩直至消失，工业几乎全部成为社会主义公有经济。在农业方面，之前的"小生产者的海洋"已汇集成为集体农庄。到 1931 年 3 月 10 日，苏联主要谷物区集体化的水平已达 74%，该年的 6 月，中央宣布主要谷物区农户集体化水平在 80% 以上，到 1934 年 7 月 1 日，全苏农户集体化水平达到 71.6%，耕地集体化水平达到了 88.5%④。在联共（布）十七大上，斯大林宣布在苏联宗法式的自然经济、私人资本主义和国家资本主义这几种社会经济成分"已经不存在了在"，小商品生产也"已经被铁路排挤到次要地位"⑤。不仅如此，斯大林甚至在撰写《苏联社会主义经济问题》时，认为集体农庄在当时已经成为苏联经

---

① 虽然当时的社会仍存在一些归居民或庄员个人所有的辅助经济，如宅旁园地，但这只是计划经济的补充，而且这些形式的数量和规模都受到严格限制，根本影响不到公有制在苏联所有制结构中的地位。而且，1936 年苏联宪法规定，居民可以占有一定的个人消费品和个人住宅，其中包括"公民的劳动所得的收入和储蓄、住宅、家庭副业、家庭日常用品、个人使用与享受的物品，以及公民个人财产的继承权"。但这些"个人财产"都只是消费性的，并非能够进行再生产的私有生产资料，丝毫不会改变苏联所有制性质。

② 《斯大林文集》，人民出版社，1985，第 109 页。

③ 《斯大林文集》，人民出版社，1985，第 102 页。

④ 沈志华：《新经济政策与苏联农业社会化道路》，中国社会科学出版社，1994，第 419 页。

⑤ 《马克思恩格斯全集》第 46 卷，人民出版社，2003，第 84 页。

济发展的阻碍，因此要把"集体农庄所有制提高到全民所有制的水平"①。

另一方面，不允许其他经济成分的存在。斯大林认为社会主义经济是最统一、最集中的经济，"国家的即全民的所有制以及合作社-集体农庄的所有制"，即公有制是苏联社会的基础②，但私人经济则是走向社会主义的障碍。因此，商品流通被排斥、限制甚至是取消，发展市场经济近乎成为非法行为。结果就是到 20 世纪 30 年代中期，外资合营的企业基本全被取消。据 1936 年的统计，国家所有制与合作社-集体农庄所有制所占的比重，在全国生产基金中分别是 90% 和 8.7%；在工业产值中是 97.3% 和 2.6%；在农业产值中是 76% 和 20.3%③。留给其他经济成分的生存空间，可想而知。而且这些私人经济在整个所有制体系中也没有合法地位，只是被当作"特殊情况"而暂时得以存在。

2. 实行高度集中的指令性计划

斯大林明确提出社会主义经济是计划经济的思想，并在这一思想的指导下，建立了以指令性计划为特征的高度集中、无所不包的经济体制。其实，计划经济体制本就是苏联建设社会主义的一项历史传统。早在十月革命之后，苏联就曾建立了计划经济体制。例如，1920 年制定的全俄电气化计划，1921 年成立的苏维埃国家计划委员会。但是，斯大林开始领导苏联建设社会主义之后，就逐步走向了高度集中、全面直接的指令性计划经济。1926 年召开的共产国际执行委员会第七次扩大全会上，斯大林在提及苏联的社会主义建设时就指出，"社会主义经济是最统一最集中的经济，社会主义经济是按计划进行的"④。到 1927 年 12 月的联共（布）第十五次代表大会上，斯大林进一步提出，社会主义经济是"指

---

① 《斯大林文集》，人民出版社，1985，第 650 页。
② 《斯大林文集》，人民出版社，1985，第 92 页。
③ 刘克明、金挥主编《苏联政治经济体制七十年》，中国社会科学出版社，1990，第 363~364 页。
④ 《斯大林选集》上卷，人民出版社，1979，第 599 页。

令性计划"的思想①。

斯大林指出："我们的计划不是臆想的计划，不是想当然的计划，而是指令性计划。这种计划各领导机关都必须执行。这种计划能决定我国经济在全国范围内将来发展的方向。"② 有计划、按比例分配社会劳动，被斯大林概括为国民经济有计划发展的规律。这是社会主义特有的经济规律，"是作为资本主义制度下竞争和生产无政府状态的规律的对立物而产生的。它是当竞争和生产无政府状态的规律失去效力以后，在生产资料公有化的基础上产生的"③。1926年之后，苏联开始制定国民经济年度控制数字，即简单预测一年之后的国民经济发展状况。然而，苏联在联共（布）十五大上就制定了第一个五年计划。1929年批准的第一个指令性计划，规定了近50个工业部门的具体任务。1931年，苏联开始制定年度计划和季度计划，按计划分配的资金已占到苏联国民收入总额的2/3。1933年，第二个五年计划开始实施，其中囊括了一切国民经济部门，有120个工业部门被包括在计划之中。

苏联的指令性计划，具有两个鲜明特点。一是"计划就是法律"。这就意味着指令性计划一旦通过，就具有法律效力，国家的各个部门以及各个企业必须严格执行。如果执行不当，则会受到严厉惩罚。当时苏联国家计划委员会主席沃兹涅辛斯基提出计划作为经济政治指令，具有法律的效力。对于苏联的计划经济，斯大林曾强调："我们的计划不是臆测的计划，不是想当然的计划，而是指令性的计划，这种计划各领导机关必须执行，这种计划能决定我国经济在全国范围内将来发展的方向。"④ 二是排斥市场调节。国家经济的发展完全听令于指令性计划，那么市场调节自然就被排斥在外。国家直接控制全部生产资料，直接组织生产、分配，并且统一编制经济计划、统一决定经济决策。因此，为确

---

① 《斯大林全集》第10卷，人民出版社，1954，第280页
② 《斯大林全集》第10卷，人民出版社，1954，第280页。
③ 《斯大林文集》，人民出版社，1985，第602页。
④ 《斯大林全集》第10卷，人民出版社，1954，第280页。

保全社会的经济机构和管理部门能够有效运转，国家经常采用强制式、行政命令式甚至是暴力式的方法，而不依据经济发展的客观规律。虽然当时生活消费用品被允许用来交换，但是商品经济仍然被当作资本主义的因素，不能见容于社会主义社会。虽然农村保存着集市贸易这种有限的市场，农产品通过市场流通转移到其他消费者手里，国家供应给农民、市民的日常生活用品也通过市场转移到消费者手里，但是生产资料不再通过市场流通，而且通过市场流通的生活消费品，其生产数量和出售价格也都是由国家统一规定，价值规律不起任何调节作用。价值、价格、货币、利润等虽然保留着"外壳"，但实际上根本不能发挥经济杠杆的调节作用。

在斯大林的领导下，20世纪30年代的苏联社会主义虽然取得了"社会主义体系在国民经济一切部门中的完全胜利"[①]，但还不是一切生产资料归全社会所有的公有制社会；虽然"人剥削人的现象已被铲除和消灭"[②]，但并不是一个无阶级社会。这既非马克思所言的共产主义第一阶段，也非恩格斯和列宁所讲的社会主义社会。1936年，斯大林在《关于苏联宪法草案》的报告中宣告："苏联社会已经做到在基本上实现了社会主义，即实现了马克思主义者又称为共产主义第一阶段或低级阶段的制度。这就是说，我们已经基本上实现了共产主义第一阶段，即社会主义。"[③] 斯大林混淆了苏联现实的社会主义与马克思设想的共产主义第一阶段，模糊了现实的社会主义社会的根本性质。1939年，苏联在初步完成了社会主义工业化和农业集体化后，斯大林就急于宣布苏联已经完成了无剥削阶级社会主义社会的建设并进入从社会主义逐渐过渡到共产主义的阶段。他将社会主义这一长期的、复杂的历史阶段短暂化和简单化，犯了急于向共产主义过渡和直接过渡的错误。在这种错误思想的引导下，斯大林所建立的高度集中的计划

---

① 《斯大林文集》，人民出版社，1985，第102页。
② 《斯大林文集》，人民出版社，1985，第102页。
③ 《斯大林选集》下卷，人民出版社，1979，第399页。

经济体制，就把社会主义与市场经济对立了起来，不仅给苏联的经济发展带来后患，还对其他社会主义国家的建设发展造成了深远的影响。

（三）斯大林经济模式下的理论遗产：《苏联社会主义经济问题》

关于社会主义的商品货币关系以及价值规律问题，是苏联经济学界在 20 世纪 30~50 年代初比较关注的一个理论问题。尽管当时的主流观点对社会主义与市场经济的关系是持否定态度的，即认为社会主义条件下不存在商品、货币这些要素，但也存在一些不同的声音。其中，斯大林为社会主义与市场经济的关系作出了重要辩护。

20 世纪 30 年代初期，在苏联经济界占统治地位的观点是社会主义就是自然经济。因此，人们把新经济政策下的商品货币关系看作一种"倒退"。当新经济政策终结时，苏联的许多理论家就顺势提出要消灭商品货币关系，认为价值、货币等范畴与苏维埃经济是不相容的。而斯大林此时是承认社会主义中存在商品货币关系的，尽管他只是从流通角度来认识。1934 年 1 月，在联共（布）党的第十七次代表大会上，斯大林批驳了那种社会主义就应该马上取消货币的观点，认为这是小资产阶级"左派"的空谈。他指出："货币在我们这里还会长期存在，一直到共产主义的第一阶段即社会主义发展阶段完成的时候为止。"[1] 同时，斯大林也批评了一些共产党员轻视商业的价值、对商业持高傲、鄙视态度的现象，强调了推进苏联商品经济的必要性和重要意义。这就否定了那种认为社会主义与商品货币关系不相容的观点。

当时在苏联经济学界还有一种流行观点，即苏维埃经济中不存在价值规律。因为劳动的直接社会性使生产产品所用的劳动不表现为产品的价值，价值仅仅表示私人商品生产者之间生产关系的范畴，而价值规律也只是商品资本主义的范畴。苏联的政治经济学教科书初稿，既阐释了

---

[1]　《斯大林全集》第 13 卷，人民出版社，1956，第 304 页。

苏维埃经济中商品货币关系的特点，又否认价值规律在经济中的作用。对此，斯大林明确指出，社会主义阶段仍然存在价值规律，但它在苏联经济中是以改造过的形态在起作用。斯大林这些观点"对进一步探讨计划与市场之间的关系问题无疑具有重要的推动作用"①。

20 世纪 50 年代初期，斯大林从理论上确认社会主义制度仍然存在商品生产和价值规律，并在《苏联社会主义经济问题》中系统阐述了社会主义条件下为何存在商品生产、社会主义商品和商品生产的特点以及价值规律的作用等问题。

首先，社会主义条件下商品生产存在的原因、范围和性质。由于社会主义条件下不同所有制形式并存，社会主义条件下的商品生产仍然有存在的意义，但是它只包括个人消费品而不包括生产资料。更重要的是，社会主义条件下的商品生产，与资本主义商品生产存在本质的区别。

第一，商品生产在当前"仍是必要的东西"。当时苏共党内有些同志断定，在赢得政权且将生产资料收归国有之后，商品生产就没有继续存在的必要，而应加以消除。这些人还引证恩格斯在《反杜林论》中的话予以证明："一旦社会占有了生产资料，商品生产就将被消除，而产品对生产者的统治也将随之消除。"② 对此，斯大林直言："这些同志是大错特错了。"③ 他分析指出：恩格斯所指的是资本主义和生产集中无论是在工业中还是在农业中都充分发达的国家，这种国家可以在无产阶级取得政权后，剥夺一切生产资料，并将其转为全民所有，同时消除商品生产。但问题在于，虽然在无产阶级取得政权以后工业中具备使生产资料转归社会所有的条件，但在农业中仍然存在人数众多的中小私有生产者，无法做到将这些中小生产者的生产资料公有化。也就是说，俄国的无产阶级获得政权以后，并没有能立即实现一切生产资料的公有化，因

---

① 　顾海良、张雷声：《20 世纪国外马克思主义经济思想史》，经济科学出版社，2006，第 298 页。
② 　《马克思恩格斯全集》第 20 卷，人民出版社，1971，第 307 页。
③ 　《斯大林文集》，人民出版社，1985，第 604 页。

此自然也无法立即消灭商品生产。

当时还有人认为：既然苏联已经确立了生产资料公有制的统治地位，而且也消灭了雇佣劳动制度和剥削制度，因此商品生产就失去了存在意义而应该被消除。斯大林认为这也是不对的。因为在苏联社会主义经济中，仍然存在两种社会主义生产的基本形式：国家的即全民的形式和集体农庄形式。其中，国家企业的生产资料和产品属于全民财产。在集体农庄中，虽然包括土地和机器在内的生产资料属于国家，但由于劳动和种子是自己所有的，因此生产出的产品是归属于各个集体农庄自己所有。因此，国家所能支配的只是国家企业的产品，而集体农庄的产品则是自己所有、自己支配。但由于集体农庄在交换需要的各类物品时，只愿意通过商品买卖的方式。也就是说，除了经过商品联系外，集体农庄不接受与城市的其他经济联系。因而，需要在个人消费品领域保留有限的商品生产与市场交换。如斯大林所说："商品生产和商品流转，目前在我国，也象大约30来年以前当列宁宣布必须以全力扩展商品流转时一样，仍是必要的东西。"①

但斯大林并不认为商品、货币关系会一直存在下去。他认为，当"一个包罗一切而有权支配全国一切消费品的生产成分"②，取代国营成分和集体农庄这两种基本生产成分以后，商品流通、货币就会成为经济中的不必要因素而趋于消失。在此之前，"只要还存在着两种基本生产成分，商品生产和商品流通便应当作为我国国民经济体系中必要的和极其有用的因素而仍然保存着"③。

第二，苏联社会主义制度下的商品仅限于个人消费品，而不包括全民所有制企业中的生产资料。因为斯大林认为，苏联存在商品生产的唯一原因就是两种生产资料公有制形式的存在。而生产资料是在全民所有制内部调拨的，所有权仍然属于国家所有，因此生产资料是被排除在商

①　《斯大林文集》，人民出版社，1985，第609页。
②　《斯大林文集》，人民出版社，1985，第609页。
③　《斯大林文集》，人民出版社，1985，第609页。

品范畴之外的。在公有制条件下，生产资料并不用来出售，而是由国家分配给自己的企业。而且作为生产资料的所有者，国家尽管将其交给企业，但仍然持有对生产资料的所有权。企业从国家获得了生产资料，但只是依照国家制定的计划来使用生产资料，并不具有所有权。如斯大林所说："无论如何不能把我国制度下的生产资料列入商品的范畴"①，它"脱出了价值规律发生作用的范围，仅仅保持着商品的外壳（计价等等）。"② 斯大林甚至认为，农机机械不能售于集体农庄，否则集体农庄会成为基本生产工具的所有者，就会因巨量的农业生产工具投入商品流通领域而"扩大商品流通的活动范围"③。如此一来，只会阻碍苏联向共产主义前进，造成远离共产主义。

第三，商品生产与资本主义生产存在根本区别，社会主义的商品生产是特种的商品生产。当时有人提出无论在何种条件下，商品生产一定会引向资本主义，斯大林指出这一看法是不对的。斯大林强调："不能把商品生产和资本主义生产混为一谈。"④ 两者是极为不同的两种事物。斯大林认为，商品生产不是在任何时候或是在任何条件下都会引向资本主义。商品生产绝不是脱离具体的经济条件而独立自在的。商品生产的发展远远早于资本主义生产，后者是前者的最高形式。无论是奴隶占有制度还是封建制度，商品生产都曾存在过，但也都未引向资本主义。在生产资料私有制条件下，作为商品的劳动力出现在市场中，并被资本家所购买到，从而在生产过程中被剥削。也就是说，只有出现了资本家剥削工人的制度时，商品生产才会导向资本主义。因为当生产资料集中到私人手中时，丧失生产资料的工人就只能出卖劳动力给资本家，这就开始了资本主义生产。在资本主义条件下，商品生产的发展是漫无限制的，它包罗一切地扩展着。

---

① 《斯大林文集》，人民出版社，1985，第638页。
② 《斯大林文集》，人民出版社，1985，第638页。
③ 《斯大林文集》，人民出版社，1985，第670页。
④ 《斯大林文集》，人民出版社，1985，第607页。

与之相对比，苏联已经建立了生产资料公有制，消灭了雇佣劳动制度、剥削制度等，这些条件定会使商品生产的发展受到严格限制。因此，斯大林认为商品生产在一定时期内能为苏联的"社会主义社会服务而并不引导到资本主义"①。苏联的"商品生产是和资本主义制度下的商品生产根本不同的"②，前者是"特种的商品生产"③。由于资本家不参与商品生产，资本家剥削雇佣工人的制度自然也就不存在，苏联社会也必然不会走向资本主义。而且社会主义制度下的商品生产，基本是由联合起来的社会主义者，即国家、集体农庄、合作社所生产的商品，活动范围也仅限于个人消费品。这种商品生产不仅不会演变成资本主义生产，而且"它注定了要和它的'货币经济'一起共同为发展和巩固社会主义生产的事业服务"④。

其次，价值规律的作用和范围是有限的。商品生产和商品流通存在的事实自然证明了价值规律的作用是不可避免的。但社会主义制度由于采用生产资料公有化和经济计划化，价值规律作用的范围是有限制的，即价值规律只在商品流通范围内起调节作用，而对商品生产只是起一定的作用。

一方面，斯大林认为价值规律在流通领域，特别是个人消费品的交换过程中，发挥着一定的调节作用。社会主义制度不仅存在价值规律，而且它还发生作用。因为只要存在商品、商品生产，就必然存在价值规律。但苏联社会主义的商品生产只限于个人消费品，因此"价值规律发生作用的范围，首先是包括商品流通，包括通过买卖的商品交换，包括主要是个人消费的商品的交换"⑤。而价值规律对个人消费品的交换所起到的调节作用，则是被严格地限制在一定范围的，不像在资本主义制度下价值规律有发生作用的广阔场所。在苏联的经济制度下，商品生产被

---

① 《斯大林文集》，人民出版社，1985，第608页。
② 《斯大林文集》，人民出版社，1985，第610页。
③ 《斯大林文集》，人民出版社，1985，第609页。
④ 《斯大林文集》，人民出版社，1985，第609页。
⑤ 《斯大林文集》，人民出版社，1985，第611页。

限制在一定范围内，大部分消费品的价格由国家制定。生产资料公有制、国民经济有计划发展规律以及国民经济的计划化，就限制了"价值规律发生作用的范围及其对生产的影响程度"①。

另一方面，斯大林认为，价值规律对生产领域不起调节作用，但对个人消费品的生产有影响。价值规律起作用的范围受到严格限制，因此它在社会主义制度下"不能起生产调节者的作用"②，在苏联的社会生产条件下，"价值规律不能是各个生产部门间劳动分配方面的'比例的调节者'"③。而且，由于不承认生产资料属于商品范畴，价值规律自然也不会对生产过程有调节作用。当时有人提出，价值规律调节着农业生产中的生产资料价格。斯大林对此反驳道："价值规律对于农业原料价格的影响无论如何不会是调节的影响。"④ 斯大林分析：其一，农业原料的价格是计划规定的固定价格，无法"自由"涨跌；其二，农业原料的生产规模也是计划决定的既定规模，而没有受到竞争和生产无政府状态这些自发或偶然因素的影响；其三，生产农业原料所必需的生产工具集中在国家手中，在计划经济条件下的原料生产依靠计划调节。因此，"价值规律本身也是由社会主义生产所特有的上述事实来调节的。"⑤ 也就是说，价值规律在生产中不会起到调节作用。

但斯大林又认为，价值规律的作用又不限于商品流通领域，还扩展到了商品生产方面。虽然价值规律在社会主义生产中并无调节意义，但仍对商品生产有一定影响，这是因为"抵偿生产过程中劳动力的耗费所需要的消费品，在我国是作为商品来生产和销售的，而商品是受价值规律作用的。也正是在这里可以看出价值规律对生产的影响"⑥。斯大林认为，这是在领导生产时不能不考虑的一点。

---

① 《斯大林文集》，人民出版社，1985，第613页。
② 《斯大林文集》，人民出版社，1985，第613页。
③ 《斯大林文集》，人民出版社，1985，第615页。
④ 《斯大林文集》，人民出版社，1985，第640页。
⑤ 《斯大林文集》，人民出版社，1985，第640页。
⑥ 《斯大林文集》，人民出版社，1985，第611页。

　　此外，企业在生产过程中应该考虑利用价值规律进行经济核算，计算成本、价格和盈利。在《苏联社会主义经济问题》中，斯大林通过总结苏联经济管理的教训，肯定了社会主义制度下价值规律的作用，同时还强调要重视并利用价值规律以便处理经济核算和赢利问题、成本问题、价格问题等。斯大林视价值规律"是很好的实践的学校，它促使我们的经济工作干部迅速成长，迅速变成现今发展阶段上社会主义生产的真正领导者"①。他还批评了当时关于改造社会主义制度下的价值规律的观点，认为"'改造'规律的论点，就是'消灭'和'制定'规律这种不正确公式的残余"②。

　　由此可见，斯大林建立的高度集中的社会主义计划经济体制，不仅是对马克思恩格斯思想的教条式理解，而且也是对列宁新经济政策的否定。虽然列宁在苏维埃政权诞生之初曾设想通过"战时共产主义"政策直接过渡到共产主义社会，即依靠国家强制的力量实现国有化，杜绝商品货币市场等因素，但在实践的验证下，列宁及时转变想法改行新经济政策，试图利用商品货币关系和市场机制走向社会主义。然而，斯大林却罔顾俄国发展的客观现状，直接放弃新经济政策。他以行政的手段将新经济政策时期发展起来的合资的、私有的企业统统收归国有，宣布向资本主义"全线进攻"，建立了大批国有企业，而且以暴力方式剥夺农民，等等。这实际上近乎是倒回到"战时共产主义"。完全排斥市场机制、排斥商品货币关系、排斥价值规律，是一种实质上的"倒退"。

　　斯大林在《苏联社会主义经济问题》中，主要论述了社会主义制度下商品经济的存在原因以及价值规律的有限作用。从其中的论述来看，尽管斯大林承认商品交换的存在和价值规律的作用，但他对商品交换和价值规律持有的却是"限制"的态度。斯大林认识到在社会主义制度下商品经济、价值规律的重要作用，但同时又要严格限制商品生产和商品流通，极力排斥价值规律和市场调节，坚持社会主义的计划经济和计划

①　《斯大林文集》，人民出版社，1985，第612页。
②　《斯大林文集》，人民出版社，1985，第602页。

调节。从根本上，他仍然坚持商品交换和价值规律是与社会主义公有制和计划经济相对立的观点。因此，尽管在马克思主义经济思想史上，《苏联社会主义经济问题》中蕴含的相关思想对进一步探讨社会主义与市场之间的关系问题有所启迪，但是这种理论认识"从总体上看还没有超出传统计划经济的认识框架"，"没有从根本上突破把社会主义同商品经济对立起来的观点"[①]，也没有解决历史上就社会主义与市场关系问题的长期争论。

---

① 颜鹏飞：《马克思主义经济学史》，武汉大学出版社，1995，第217页。

第三章　社会主义与市场经济结合的
国际学术论争

社会主义从理论变为现实以后，建立在对马克思主义传统理解基础之上的未来社会不存在商品货币关系这一观点，不断受到来自理论和实践的双重挑战。现实社会主义国家不断恶化的经济状况促使理论界"频繁地把走市场化道路作为一种救治措施"①。于是，围绕着两者能否结合、为何结合以及何以结合的问题，西方理论界展开过数次理论论战。其中，市场社会主义理论在重重争论中逐步形成、丰富、发展起来。市场社会主义历史上至少发生了三次主要的大论战②，这些争论有的属于不同性质的观点之间非此即彼的论战，有的属于本质上一致但具体表现形式存在差别的论争。相互争论、彼此竞争的观点，引发了人们对社会主义和市场经济关系的持续关注和思考。更重要的是，市场社会主义理论的发展深化了关于社会主义与市场经济结合的理论探索：从最初探索两者结合的可能性，继而到论证两者结合的必要性和重要性，再发展至阐明两者结合的具体可操作性。

一　关于社会主义经济计算与资源配置问题的论战

当社会主义的理想变为现实之后，社会主义经济制度的基本特征大

---

① Wlodzimierz Brus and Kazimierz Laski, *From Marx to the Market. Socialism in Search of Economic System* (Oxford: Oxford University Press, 1991), p. 27.

② 颜鹏飞：《中国社会主义市场经济新形态的再认识》，《马克思主义研究》2003 年第 4 期。

体上被概括为计划经济。因而，关于生产资料公有制以及高度集中的中央计划经济模式，理论界产生了一些大相径庭的观点。以至于在20世纪20~30年代，围绕着"社会主义中央计划经济能否有效运行"的问题，西方的一些经济学家们展开了一场关于社会主义合理经济计算的理论大论战。其中，一方是率先对计划经济极力批判甚至否定的西方自由主义经济学家、奥地利学派的路德维希·冯·米塞斯（Ludwig von Mises）、弗里德里希·冯·哈耶克（Friedrich von Hayek）等人，另一方则是以美国经济学家F.泰勒（Fred Manville Taylor）、波兰经济学家兰格（Oskar Lange）等社会主义理论家为代表。这场争论开启了市场社会主义理论的序幕，其标志性成果就是"计划模拟市场"的兰格模式。正如罗默所讲："'市场社会主义'这个术语来自30年代关于'社会主义的测算'的辩论。"①

（一）社会主义与市场经济"二者必居其一"

第一次世界大战结束以后，大多数中欧和东欧国家的社会主义政党开始执政。如何按照社会主义方式组织生产的实际问题受到理论界的热议。由于在战争年代，国家为应对最主要商品的严重短缺而加强了对食物和原料的行政管理。于是有社会主义者提出，战时形成的特殊计划技能可能同样适应于社会主义经济的永久性管理，中央计划指导甚至优于某一种竞争制度。其中，奥地利社会学家和哲学家纽拉特（Otto Neurath）认为，战争的经验揭示中央计划局应该也可以自然地做出所有计算，可以通过实物而无须按照价值的某些共同单位来进行计算。较之和平时期的市场经济，采用大范围的中央计划能够避免市场经济条件下的生产混乱。因此，纽拉特提议战时经济中的中央计划应该继续保留在和平时期。据哈耶克说，纽拉特这一观点"促使"米塞斯发动了社会主义核算的论战②。

---

① 〔美〕约翰·罗默:《社会主义的未来》，余文烈等译，重庆出版社，1997，第1页。
② 〔美〕布鲁斯·考德威尔:《哈耶克评传》，冯克利译，商务印书馆，2007，第116页。

1. 米塞斯对社会主义经济计算的质疑

米塞斯以发表在杂志上的一篇德文文章开启了这场对社会主义经济计算问题的论战①。1920年，米塞斯发表了有关社会主义条件下不可能进行合理核算的文章。在《社会主义制度下的经济计算》一文中，米塞斯的结论是：要么是社会主义，要么是市场经济，"二者必居其一"②。他认为，社会主义无法实现经济计算，只有依据在生产资料私有制下的市场中所形成的货币价格才能进行计算，而社会主义的"人为"市场显然无法成功替代资本主义自由竞争市场。这就把社会主义与市场经济的关系置于"水火不容"的境地。

首先，社会主义不可能有经济计算，也不存在经济活动。米塞斯论述的一个前提是：社会主义条件下的所有生产要素，均由国家所有，不存在生产要素交易市场。"由于任何生产性商品都不会成为交易对象，所以不可能确定它的货币价值。在社会主义国家里，货币也不可能承担起它在竞争性社会中确定生产性商品的价值的角色。在这里用货币进行核算是不可能的。"③ 社会主义社会中各种生产要素的价格不以货币表现，因此就无法用货币来进行精确的价值计算。社会主义条件下所有的企业都紧密相连，每种商品必须经过一系列企业才能成为消费品。但是在此过程中，生产的产品及其数量和所用的劳动和原材料都无法确定。既无法确定是否需要生产某一产品，也不能确定在生产过程中是否存在劳动和原材料的浪费问题。除此之外，生产的内容以及数量是由中央计划局决定的，生产活动的目的并不是满足消费者的需要。尽管米塞斯承认，一个静态社会可以不需要经济计算，但这仅限于理论，在实际中根本就不存在这种静止状态。对此，米塞斯指出："社会主义就必须在没

---

① 这篇论文于1935年由哈耶克翻译成英文。

② 外国经济学说研究会编《现代国外经济学论文选》第9辑，商务印书馆，1986，第67页。

③ Mises Ludwing von，"Economic Calculation in the Socialist Commonwealth"，in *Collectivist Economic Planning：Critical Studies on the Possibility of Socialism*，ed. F. A. Hayek，Clifton（N. I.：Kelley，1935），p. 975.

有经济计算的罗盘的情况下，横渡可能的或可以想象的各种经济变化的海洋。"①

其次，市场经济可以形成衡量精确的价值体系，进行合理的经济计算。米塞斯指出，任何社会制度下的经济活动都必须解决生产什么、生产多少以及如何生产的问题。在市场经济中，企业为了追求利润最大化，就会尽量在生产要素的无数种可能的组合中，找出预期成本最小的组合。这种最佳投入组合的结果不仅会使资源得到最有价值的利用，而且也有利于整个全社会。为了解决这一难题，企业会借助于能反映生产要素相对稀缺程度的货币价格。在以生产资料私有制为基础的经济体系中，各个独立的个体兼有作为消费者和生产者的双重身份。作为消费者的个体能够对所消费的商品进行评价，而作为生产者的个体则要把所使用的资料用于能获得最高产值的地方。因此，消费、生产两方面都兼顾了经济原则，从而全部生产会依据现有生产条件以及社会需求两方面来衡量。

最后，市场是资本主义的本质，无法与社会主义结合。在米塞斯看来，市场及其价格功能以生产资料私有制为基础，"市场是资本主义社会制度的核心，是资本主义的本质"②。因此在资本主义条件下的市场才可行，而无法在社会主义条件下被"人为"仿制。无论是在哪一种社会制度下，生产消费品的内容和数量都是很容易决定的。但问题在于如何最有效地利用现有生产资料来进行生产，这个问题的解决必须依赖经济计算。"只有用在生产资料私有制社会的生产品市场上形成的货币价格工具，才能进行经济计算。"③ 因此，对于"社会主义社会可以通过建立生产资料的人为的市场来解决经济计算问题"④ 的看法，米塞斯持反对意见。社会主义无法使生产工具的价值以一个共同的价格标准衡量，无法利用价格去了解生产要素是相对稀缺还是丰富。因此，米塞斯的结论

---

① 外国经济学说研究会编《现代国外经济学论文选》第9辑，商务印书馆，1986，第63页。
② 外国经济学说研究会编《现代国外经济学论文选》第9辑，商务印书馆，1986，第64页。
③ 外国经济学说研究会编《现代国外经济学论文选》第9辑，商务印书馆，1986，第67页。
④ 外国经济学说研究会编《现代国外经济学论文选》第9辑，商务印书馆，1986，第63页。

是："在没有自由市场的地方，也没有价格机制；在没有价格机制的地方，也不可能有经济核算。"[①] 这样，米塞斯就把市场与资本主义的关系，看作与生俱来、互为一体。相应地，社会主义与市场是无法相融的，更不可能结合在一起。

2. 哈耶克对中央计划的否定

1935 年，哈耶克编辑出版了《集体主义经济计划》一书，其中包括米塞斯论文在内的四篇译文以及由哈耶克撰写的引言和结语，正式宣告哈耶克接过了同社会主义者之间在经济核算问题上的论战旗帜。他发表的《社会主义的计算（一）：问题的性质和历史》一文将此次论战推向高潮。

如果说米塞斯是从理论方面论证社会主义条件下无法实现资源的配置，那么哈耶克则是从实践方面否认社会主义经济核算"试错法"的可行性。生产资料私有制中的经济问题，是通过价格体系的运作得以解决的。社会主义社会摒弃了市场经济中根据价值进行计算的方法，依据的是某种实物计算方法。哈耶克对这种计划成功的可能性深表怀疑。哈耶克强调，根本问题是在现代社会的复杂条件下，中央计划局是否能在合理的精确程度上，获得等同于或接近于资本主义竞争的成功，进而实现社会主义的目的。只有在生产资料私有制基础上的自由竞争市场，才能有效求解经济均衡，并进行资源的合理分配。市场经济同私有制无法分离，而计划和市场是相对立的，因此社会主义与市场经济也根本不可能结合。

首先，知识的分散性和计算任务的复杂性决定了计划在实践中难以成功。

早在 1854 年，现代"边际效用"学派的先驱者——德国的戈森就已经认识到，中央计划局给自己提出了一个远超于个人能力的任务。但

---

① Mises, Ludwing von, *Nation, State, and Economy: Contributions to the Politics and History of Our Time*, Translated by Leland Yeager (New York: New York University Press, 1983), p. 11.

是，之后的经济家们并未对社会主义经济政策是否可以实施这一问题作出任何实质性的批判性考察。第一次世界大战结束以后，大多数中欧和东欧国家的社会主义政党执政。于是如何按照社会主义方式组织生产的实际问题，引发了理论家们激烈的争论。随着辩论双方的观点此起彼伏，大多数人已经不否认，计划在现代社会的复杂情况下根本无法合理解决经济任务。但仍有社会主义者为"计划"辩护道：某种"原则上的"解决办法总是可以想象出来的①。哈耶克对此评价道：即便存在这种解决办法，实际上也无法施行。关键不是在于能否"作计划"，而是"计划成功的可能性，以及是否能够实现计划所规定的目标"②。哈耶克的结论是：即便在其他环境相似的情况下，由中央权威决定资源使用而形成的产出量，也会低于市场价格机制自动运行所形成的产出量。在许多情形下，中央计划才会运用的最新生产方法，"将会成为资源乱用的症兆而决非成功的证明"③。

在英文文献中，首先迎接针对社会主义计算问题诘问的是泰勒和罗珀。他们分析，假定完全知晓所有的相关资料，就可以确定不同产品生产的数量和价值，完全竞争体系中的价格也是通过这种手段形成的。对此，哈耶克须承认仅从逻辑上看，并非不可能。但逻辑上的可行性，并不证明它是一种现实的解决办法。关键问题是，这种方法应用于实践意味着什么，以便检验出其不可实践性和不可能性。虽然解决方法可以建立在一系列方程的基础上，但是求这种方程体系的数量解答所需信息的数量和性质以及在现代复杂社会下数量解答所涉及的任务规模，都是必须考虑到的。而且，信息的详细程度、计算结果的精确程度以及解答的完美程度都不是关键，"问题在于，这种方法的结果与竞争体制的结果

---

① 〔奥〕冯·哈耶克：《个人主义与经济秩序》，贾湛等译，北京经济学院出版社，1989，第136页。

② 〔奥〕冯·哈耶克：《个人主义与经济秩序》，贾湛等译，北京经济学院出版社，1989，第137页。

③ 〔奥〕冯·哈耶克：《个人主义与经济秩序》，贾湛等译，北京经济学院出版社，1989，第138页。

相比，至少相差多远"①。

哈耶克分析，在中央计划指导下，大量不同单位的情况就需要被纳入计划权威的计算过程进行考虑。因此，数字统计的任务就会远远超过迄今为止的所有同类工作。不仅如此，中央计划权威还需包括对每种产品进行全面的技术性描绘在内的信息。这就引出一个更重要的问题。在解释竞争体制的均衡时，一个理论前提是假定某一类特定的技术知识是"给定"的，即各种技术知识分散于不同人的头脑之中。在市场竞争中恰当使用这些技术知识的人将取得成功，而在中央计划条件中，中央权威的计算只有运用一切知识才可能做出最恰当的选择。这就意味着，中央计划中的一个或极少数实际制定求解方程者的头脑中必须储备这些知识。哈耶克认为，这种想法一定是荒谬的。

哈耶克认为纯经济理论中的关键难题是：经济理论的任务是解释一种经济活动的整体秩序是如何形成的，而这种秩序所需利用的大量知识并非集中于任一头脑之中，而是分散存在于许多不同的头脑中②。个人占有的是正确和错误都有可能的主观数据，而且这些数据还是以分散的形式被不同的人拥有。那么，在数据不断更新的情况下，分散于不同头脑中的知识之间如何协调呢？哈耶克的答案是，自由调整的市场价格的重要性。竞争市场中形成的价格反映了数量庞大的市场参与者的意图和计划，为在复杂市场经济中的进一步决策提供了路标。决策者的行动反映了市场上不同的人所占有的分散的地方性知识，而市场价格使另一些人能够利用这种地方性的知识，因此有助于各种计划的相互协调。尽管在中央计划的条件下，各种计划相协调的状态可以被描述出来，但是现实中并不能解决如何取得协调状态这一问题。

退一步来说，假定这些问题能够用数学方法求解，假定中央权威具有

---

① 〔奥〕冯·哈耶克：《个人主义与经济秩序》，贾湛等译，北京经济学院出版社，1989，第140页。

② Hayek, F. A., "Kinds of Rationalism", in *Studies in Philosophy, Politics, and Economics*, 82-95 (Chicago：University of Chicago Press, 1964), p. 91.

明察任何技术细节的能力。但在制定出恰当的生产方法并计算出生产量之前，还须了解不同种类和数量消费品的重要性。在消费者可以自由选择的社会中，可以借助消费品价格来统计相关数据。这些基于过去的经验得到的数据虽然可以用来预估，但也无法提供全部所需知识。况且，消费者的选择在时时变化，因此各种商品数量的排列也会随之变化。因此，"只是资料的收集这一项任务就已超越了人类的能力"①。

假定解决了主要问题的第一步，即统计技术上的困难，仍需面对具体决策的困难。未知量的数目决定了数学运算的工作量，前者又等于应被生产的产品的数目。因此作出的每一个决策，都要持续依据若干联立微分方程的解。哈耶克认为，以 1935 年的已知手段，这个任务终身都无法完成。此外，除了连续地制定决策，还要迅速将其送至执行者。这些任务都是难以想象的，自然也是难以完成的。本质问题在于，在以上所讨论的有关经济体系中，假定计算可以做到，它也不过是在某种程度上重现一些细小的变化和差异。但实际上这些变化和差异在这种预设的经济体系中被有意地忽略不计了，人们"不可能对所有问题的细节做出理性决策"②，而正是这些细微事件的累积程度决定了生产能否成功。

其次，社会主义者提出的竞争引入计划的观点尚未被证实，计划与竞争无法结合。

哈耶克指出，人们已经普遍承认，由中央政府对所有生产活动进行细致管理的这种社会主义，并不具备理性指导经济活动的任何机制。因此，在社会主义思想家中出现了一种新趋势，即重新在计划中引入一定程度的竞争，目的是克服完全集中的计划所产生的问题。但哈耶克认为这是无法想象的。引入竞争以后的问题，不在于中央计划能否合理决定生产和分配，而在于那些对如何生产并无兴趣的管理者能否使用不属于

---

① 〔奥〕冯·哈耶克：《个人主义与经济秩序》，贾湛等译，北京经济学院出版社，1989，第142 页。

② 〔奥〕冯·哈耶克：《个人主义与经济秩序》，贾湛等译，北京经济学院出版社，1989，第143 页。

自己的生产资料成功作出决策。哈耶克的看法是，计划体制没有将生产要素的效用价值发挥到最佳状态，只是实现了垄断利润的最大化。这种垄断导致部分生产要素未被利用，必定有降低产量的作用。而这并非唯一缺点，"只有经过垄断的产业重组才有可能实现的所谓'经济'，在经过更严密的检验后，被证明完全是浪费"。[①]

当时并不存在具体的市场社会主义方案，因此哈耶克设想了一种自己的对手有可能提出的方案。这就是要求垄断性产业的管理者通过使价格等于边际成本，以此达到竞争条件下的结果。但是，在真正竞争的条件并不具备时，应该如何模拟竞争的作用以及如何使管理者所定的价格相当于竞争条件下的价格。哈耶克指出，虽然这些问题已经得到广泛讨论，但都没有成功解决问题。垄断者无法制定一个竞争条件下所形成的价格，或制定出相等于必要成本的价格。因为缺乏竞争就根本不可能了解必要成本。当生产同一产品还存在其他方法时，这种真实或潜在的竞争会影响价格，才能确定产品的价值。

而且，哈耶克认为在较为充分竞争的条件下，作为引导变化的利润起着十分关键的作用。在这种"竞争"体制下，中央经济权威的权力与在计划体制下几乎一样，而各种变化则与资本主义制度下的变动一样，频繁又难以预料。如果中央权威决定把一定数量的资源委托给谁，则必须依据具有一定可能性的预期收益。那么首先要考虑的问题是如何选择企业家。任何一个企业家都会偶有失误，甚至损失惨重，因此中央就会偏爱那些安全的而非有危险的企业。这样一来，为确保所有投资途径的绝对安全而普遍不愿承受任何商业风险，结果就会是以牺牲一切用创新的方法进行试验为代价。

总而言之，哈耶克认为，计划体制如果实现成功会面临相当大的障碍和极大的困难。新一代的社会主义者提出的竞争引入计划的观点，只不过是试图把问题置于含混之中。而且，"尚没有人论证计划和竞争如

① 〔奥〕冯·哈耶克：《个人主义与经济秩序》，贾湛等译，北京经济学院出版社，1989，第143页。

何合理地结合"①。只要这一论证没有完成，就应该坚持将这两种抉择明确分离开来。之前的相关依据表明，当前人们并不具备通过"计划"改进经济体制的工作状况的知识，而且也没有除了使生产力受到巨大损害以外的其他方法去解决社会主义的问题。"在一个决心实行计划的世界里，没有什么比所得出的结论将不可避免地证明坚持这种计划方法必定会造成经济衰退更具悲剧性的了。"② 因此，哈耶克分析，在未来经济发展仍然朝着计划的方向继续进行的情况下，只有表明有可能并且实际上真能克服计划体制的一些困难，只有证明计划体制是现实的才可以避开灾难。但是，"今天的社会至少不能说，是一个能找到这种解决方法的时代"③。

（二）计划"模拟"市场是可能且可行的

面对奥地利学派向传统社会主义经济发起的挑战，泰勒和迪金森（H. Dickinson）等人坚持认为，传统社会主义经济在理论上能够实现合理经济计算。1928 年，泰勒发表《社会主义国家的生产指导》的演说。其中，他提出社会主义经济可以使用"试错法"，即通过反复试验、纠正错误从而寻求到实现目的的正确方法。泰勒认为计划体制借助于这一方法，结合商品供求实际的状况，可以不断调适价格，直到达到供需平衡的均衡价值。迪金森指出，既然瓦尔拉斯一般均衡理论可以用来描述任何经济体系④，那么自由市场经济中的均衡也可以通过市场竞争达到，

---

① 〔奥〕冯·哈耶克：《个人主义与经济秩序》，贾湛等译，北京经济学院出版社，1989，第162 页。

② 〔奥〕冯·哈耶克：《个人主义与经济秩序》，贾湛等译，北京经济学院出版社，1989，第163 页。

③ 〔奥〕冯·哈耶克：《个人主义与经济秩序》，贾湛等译，北京经济学院出版社，1989，第163 页。

④ 早在 1908 年，巴罗内（E. Barone）在用意大利文发表的论文中就指出，在传统社会主义经济，瓦尔拉斯一般均衡方程组必然也靠试错法来求解。参见 Barone, Enrico, "The Ministry of Production in the Collectivist State", in F. Hayek, ed., *Collectivist Economic Planning* (London: Routledge and Sons, 1935), pp. 245-290.

传统社会主义经济的衡解也可以由中央计划局实现。也就是说，在市场经济中，当任意给定的价格不等于均衡价格时，就会导致供需之间不一致，于是竞争条件下的买卖双方就会改变价格，从而使物价趋向均衡价格。这一试错过程持续下去，整个经济体系最终将达到瓦尔拉斯均衡。当中央计划局对某种生产要素的定价过高或过低时，就会以要素存量过剩或短缺的方式体现，此时中央计划局就会调整价格以便得到恰当的价格。因此，传统社会主义经济中确定价格的方法，与市场经济中的方法是相似的。

20世纪30年代后期，社会主义者的主要发言人是兰格。为了反驳针对社会主义经济的诘问，兰格在《社会主义经济理论》中从理论上论证了，在社会主义条件下经济计算的可能性和可行性。他提出通过"试错法"，即中央计划局模拟市场机制以实现社会主义的经济均衡，证明了在社会主义条件下合理的经济计算并非"不可能"。

1. 计划"模拟"市场从理论上是可能并且可行的

兰格试图建立一种社会主义模式，它保留着市场经济可取的特征，尤其是其中最重要的生产效率，同时消除了市场经济的浪费和不平等。社会主义社会存在消费品和劳动力的自由市场，但由于实行生产资料公有制而取消了资本品的自由市场，也不存在除了劳动力以外的生产资料市场。社会主义以消费者需求价格所表示的消费者偏好作为生产和资源分配的指导标准。而资本品和除劳动力以外的生产资料的价格则是在一般意义上的价格，仅仅是为了计算而制定的各种替代物品的一个指标。社会主义体制下的经济均衡和竞争市场上是一样的，经济均衡的实现需要两个条件。第一，在市场价格（消费品和劳务方面）和计算价格的基础上，消费者、劳动力所有者以及生产和除劳动力以外的资源管理者都要根据一定的原则进行决策。第二，不论是市场价格还是计算价格的制定，都必须在商品的需求量等于供给量这一条件下进行。

社会主义企业和各行业的经理进行决策主要依据两条原则，其一是必须使生产要素的组合达到生产的平均成本最低，其二是边际成本与产品价格相一致，以此来决定其产量。这就确定了每一个企业和行业的产量以及每一行业对生产要素的总需求。而遵守原则的前提则是，生产要素及产品价格是既定的。消费品和劳务价格由市场确定，而其他物品的价格则由中央计划局确定。中央计划局一旦确定了价格，也就确定了产品的供给及其对各种生产要素的需求。兰格认为，这两条原则所发挥的作用与竞争制度中追求利润最大化的私人生产者所发挥的作用是相同的。

兰格分析，自由竞争市场之所以具有客观的价格结构，是因为作为价格参数函数的结果，一般只存在一套能使每一种商品供求相等的价格。其中，竞争市场中的价格参数函数是由竞争者的数量造成的，市场中存在大量的竞争者以至于任何人都无法对价格形成影响。而社会主义经济如果保留价格参数函数，同样也能够得到客观的价格结构。由于在社会主义经济中，生产和除劳动力以外的生产资料是由中央集中管理，经理们的决策就能影响到价格。因此，中央计划局必须规定经理们把价格参数函数作为一条计算原则。中央计划局必须确定价格，并且所有的管理人员都只能依据中央计划局确定的价格进行计算。

每一种商品的供求必须相等是为了确定均衡价格，只有均衡价格才可以保证决策的适宜性。"任何不同于均衡价格的价格都会在计算期末表现为商协的过剩或短缺。"[1] 社会主义经济的计算价格并不是任意决定的，它和自由竞争市场中的价格同样具有客观性质。中央计划确定价格的过程，同自由竞争市场中的价格决定过程十分相似。中央计划局相当于是担负着市场的职能，其中最关键的是中央计划确定价格，从而实现每一种商品的供求平衡。兰格的结论是："以计划代替市场的职能是非常可能和可行的。"[2]

---

[1] 外国经济学说研究会编《现代国外经济学论文选》第9辑，商务印书馆，1986，第74页。

[2] 外国经济学说研究会编《现代国外经济学论文选》第9辑，商务印书馆，1986，第75页。

2. 计划模拟市场的"试错法"可以实现资源的配置

从理论上论述了社会主义经济均衡的可行性之后，兰格接着描述了以价格参数函数为基础的试错法决定均衡的整个过程。起初，中央计划局为所有商品和生产要素随机规定一套临时"价格"，接着经理们以及作为消费者和劳动者的个人都根据这套"既定"价格进行决策，因此就确定了每一种商品的供求量。社会主义的管理者据此价格选择成本最小化的投入组合以及利润最大化的产出水平。其他的计划者则根据实际需要选择扩大或是缩减产业。兰格认为，这样可以复制出与竞争市场条件下相类似的有利效果。

但是中央计划局所定的价格并不能全部精准反映出物品的相对稀缺状态。如果中央计划局没能制定出正确价格，那么就会以商品或资源在实物量上的短缺或过剩这种十分客观的形式表现出来。兰格设想可以借助一种类似于实际市场中的办法，即试错法，出现短缺或过剩时就相应地下调或上调价格。通过对之前的价格进行纠正，最终获得一组"正确的"核算价格，从而中央计划局在此基础上制定新的决策，形成一组新的供求量。通过这个"试验与校正"的过程，均衡价格就能得到最终确定。兰格模式是通过计划模拟市场经济来实现资源配置的。

兰格认为，在竞争市场上决定价格的试错法，同样可以用来确定社会主义经济中的价格。而确定价格时，中央计划局不需要有一个可能在各种价格组合下的所有商品的完整清单，也不需要去求解繁多的方程。唯一需要"求解"的方程是由消费者和生产经理做出的。其中，消费者是靠花费收入得出最大总效用，而生产经理则是靠求得使成本最小化的要素组合以及使边际成本等于价格的产生规模。兰格认为，这些在社会主义经济中需要求解的方程，与在资本主义经济中的相比，无论是在数量还是性质上都是同样的。

不仅如此，社会主义经济中的试错法比竞争市场中的效果还更好。

由于私人企业家掌握的市场和价格知识有限，而中央计划局的成员拥有的知识比单个企业家要多，自然就能做出更好的资本配置决策。对于整个经济体系的运行状况，中央计划局比任何一个企业家要了解得更全面，因此它能通过更快的试错过程获得正确的均衡价格。

（三）"试错法"的不可行性和非适用性

兰格、泰勒、迪金森等社会主义者提出，在计划中引入竞争并以此来确定价值，"试错法"可以获得自由竞争市场同样的最终结果。对此，哈耶克再次给予反驳并否定了"试错法"的可行性和适用性[①]，进而否定社会主义与市场结合的可能性。

1. 试错法难以解决用数学计算都无法解决的问题

哈耶克认为，兰格和迪金森提出的试错法，相当于是任意插入一个试验值，然后反复试验直到解出方程组的答案，但是这个复杂的方程组在合理时间内根本难以计算出来，而且各项数值是一直变化的。哈耶克承认，集体经济的指挥机构能迅速根据所需幅度调整每一种价格，这在逻辑上是成立的。但在现实可能的范围内，这种价格调整机构的效率是值得怀疑的。

试错法过分专注纯粹静态均衡理论问题，忽略了价格调整的频繁性这个十分关键的问题。假如价格体系能在长时期内保持不变，均衡状态确实可以通过反复试验的方法来无限接近。但问题在于这种设想与不断发生变化的现实客观情况相差甚远，"能否达到接近理想的均衡以及离均衡有多远完全取决于所能作的调整的速度"[②]。而且，关键也不在于是否会实现假设的均衡，而在于哪种方法能更快更完全地适应不同地点、

---

① Hayek, Fredrich, "Socialist Calculation: the Competitive solution", *Economica* 7 (1940), pp. 125-149.

② 〔奥〕冯·哈耶克：《个人主义与经济秩序》，贾湛等译，北京经济学院出版社，1989，第170~171页。

不同行业的时刻变化。关于市场决定价格和计划决定价格这两者之间的差异性，哈耶克的结论是，"第二种方法确实比第一种方法差得多"①。

2. 试错法无法适用于中央计划的定价过程

中央计划会因为定价的过程麻烦至极而无限拖延，或者完全流于形式。根据兰格的描述，中央计划局在确定价格时要经常颁布"要素估价表"，也就是除劳动力之外的其他生产资料的价格表。在这张价格表的有效期内，价格是固定不变的，它们是各种交易以及全部计算的唯一基础。但是，兰格和迪金森并未揭示这些价格要固定多久，他们沉迷于静态均衡理论而没有理解价格机制的真正作用。

无论中央计划局以何种方式确定价格，毫无疑问的是：这种价格变化迟于自由竞争市场确定价格的过程，而且不同商品之间的价格差别较小。一方面，中央计划局需要对各种传递上来的信息进行核查以后才会有所行动，并且新的价格在所有当事人都了解情况变化以后才会生效。经济效率要求尽快调整价格，但是中央计划条件下，操作的可行性导致这种价格的变化异常缓慢。另一方面，需要单独定价的商品数量太过繁多，所以定价也仅限于各类商品的统一价格，这就不能体现出在不同时间、地点和质量基础上的价格差别。因此，生产管理者缺少动力去充分利用各种有利的条件，因为这并不会影响到价格，不会被纳入计算。哈耶克的结论是，由于价格的相对固定以及制定的相对简化，"在这个体制中许多价格在大多数时间内部根本不同于自由竞争体制下的价格"②。

此外，哈耶克还指出，社会主义不存在真正的竞争经济，也不存在价格竞争这一使成本最小化的最重要力量。在竞争社会中，最省钱的生产方法是由受到利益驱使的企业家去发现、更新的。正是相互竞争的市

---

① 〔奥〕冯·哈耶克：《个人主义与经济秩序》，贾湛等译，北京经济学院出版社，1989，第171页。

② 〔奥〕冯·哈耶克：《个人主义与经济秩序》，贾湛等译，北京经济学院出版社，1989，第175页。

场才使人们获得最低成本的知识。市场上物品的稀缺或丰盈及其相应程度，必须通过市场竞争才能发现答案。但是，由权威机关来确定价格，这种方法就无法运用了。在社会主义条件下，每一个认为自己能以更低廉的价格生产的局外人，都必须经过中央权威机构的审查和批准。不仅如此，哈耶克还认为中央计划会导致最严重的官僚主义，而且会严重影响进行承担风险的必要投机活动的主动性。更进一步，中央计划无法保障个人自由和政治自由，社会主义必定要走向极权主义。

由于这场争论发生时，西方的市场经济危机重重而苏联的计划经济却蓬勃发展，因此此次论战就以社会主义理论家的暂时胜利告一段落。但是，这场论战所开启的一个根本性问题，即社会主义与市场经济的关系问题，后来一直受到理论家们的持续关注和探讨。这场论战的一项重要理论成果——兰格模式，开了直接讨论社会主义与市场经济结合问题的理论先河，并为市场社会主义理论继续探讨两者的结合问题，奠定了重要的理论前提。

兰格模式从理论上证明了，社会主义条件下市场与计划可以结合起来，这就"成了新近一些试图在理论上结合计划工作和市场机制者的理论基础"①。它将"竞争"引入社会主义经济之中，更新了对社会主义经济模式的传统认知。此外，兰格模式暗含着具体的经济运行机制独立于所有制的思想。"生产资料公有制这一事实本身并不能确定消费品分配和对人们分配工作的体制，也不能确定指导商品生产的原则。"② 公有制并不决定具体的分配体制和商品生产的原则，公有制与计划之间并不是必然一致的关系。这表明公有制条件下的经济运行机制，不一定就采取计划的形式。在某种程度上，这也暗含了具体的经济运行机制可以独立于某一所有制的思想。

总之，作为最先在社会主义计划经济中引进市场的一次理论实验，

① 〔英〕克里·特纳、克莱夫·科利斯：《计划经济学》，林毅夫译，商务印书馆，1982，第18页。

② 外国经济学说研究会编《现代国外经济学论文选》第9辑，商务印书馆，1986，第68~69页。

兰格模式深刻影响了关于社会主义经济模式的理论探索和实践创新。"兰格模式"的提出，标志着市场社会主义的正式诞生。如当代市场社会主义的倡导者詹姆斯·扬克（James A. Yunker）所指出的："兰格的工作'确定'了现代经济学中关于市场社会主义的观念。"[①] 但也必须指出，兰格所提出的计划"模拟"市场这一方案，实质上并未引入真正的市场，也没有彻底脱离传统的社会主义计划经济模式，在这一点上它与后来的市场社会主义方案存在很大不同。兰格模式的主要目的是佐证，社会主义可以实现资源的合理配置，而不是关注经济决策的民主化和分权化。他试图通过模拟市场的方式，实现对价格的合理计算。因此，这是中央计划内的分权过程，而不是真正的以市场为基础的社会主义模式。

二　关于计划机制与市场机制关系的论战

有关未来社会的生产组织形式以及生产资料所有制形式，一直都是社会主义各思想流派之间相互辩驳的焦点。社会主义制度在苏联逐步确立之后，关于以国有化为主要形式的生产资料公有制以及中央计划经济模式，也成为理论界争论不休的论题。20 世纪 80 年代的现实发展又为争论提供了新的动力：一方面，苏联、东欧国家的中央计划经济所暴露的危机愈演愈烈，这些国家开始对所有制结构和经济管理体制进行改革；另一方面，西方发达国家步入长期滞涨阶段，自由经济思潮逐渐替代了战后流行的国有化、国家干预和福利国家主张。于是在 20 世纪 80 年代初期，英国的经济学界掀起了一场自第二次世界大战以来最激烈的理论论战。

20 世纪 80 年代初期已经执政 11 年之久的英国工党在大选中持续失利，因此其智囊机构邀请一些学者对工党的社会主义主张进行了检讨和反省。其中，牛津大学教授戴维·米勒（D. Miller）提出的"市场社会

---

① James A. Yunker, "A New Perspective on Market Socialism", *Comparative Economic Studies* 30 (1989), p. 70.

主义"概念，引起了诸多理论者的关注并由此展开了围绕"计划体制与市场机制关系"的激烈讨论。这场论争的结果是催生了"联姻论"以及"市场主导"的市场社会主义思想，论证了社会主义与市场经济结合的必要性和重要性问题。

（一）以市场来实现社会主义的目的

关于社会主义与市场，人们普遍认为社会主义是以特定目的状态来界定其含义的，它是以目的为导向的理论，其他方面则被视为实现国有化、公有制或社会所有制等目标的手段。与之相比，市场被视为程序性制度，反映了程序性原则。因此，新自由主义者认为社会主义与市场无法结合，作为客观程序性制度的市场根本无法做到有意识地去实现社会主义的目的。

在许多社会主义者看来，市场与社会主义的价值观难以兼容。因为自由市场无法保障社会正义。市场结果具有不可避免的盲目性，市场的自发调控会导致不公正，因此必须通过政府干预市场或者通过政府代替市场来提供社会福利。社会主义者还批评市场使贫困的人被剥夺了自由，即缺乏采取有效行动的资源。

但是在市场社会主义者看来，市场与社会主义可以"联姻"，资本主义与市场可以分解姻缘，这就是"联姻"论。持"联姻"论观点的学者，对"市场"以及"社会主义"进行了一种全新的阐释。他们把市场看作一种实现经济资源配置、经济权力分配和经济决策协调的手段和工具。而社会主义的目的，则是为消除现有社会的严重弊端而要达到的目标，如剥削的消除、个人在收入、福利等方面的平等，等等。所谓"市场社会主义"就是通过市场实现社会主义的目的。市场可以实现社会主义的目的，因而社会主义可以而且必须与市场结合在一起。

1. "资本主义和市场的姻缘可以分解"

市场社会主义者米勒对传统社会主义的观点进行了分析。早期的社会主义者在构想新社会的前景时，往往既要强调物质方面的增长，又要强调社会的和谐与合作，从而取代资本主义经济造成的冲突和竞争。这种构想是将工业化生产的物质利益，与前工业化时期的社会性和人际性利益结合起来。它最关切的是人际关系问题，最深恶痛绝的是追逐利润。但米勒认为这种结合遮蔽了冲突根源，因为它试图把某些仅存在于前工业化经济中的社区形式，与那些工业化经济中所需要的极不相同的社会关系结合起来。这种社会主义不过是意味着"无剥削""无竞争""无等级"等一些否定命题。而且，这一理论缺陷也为之后将社会主义等同于国家计划这一认知奠定了思想基础。后来的社会主义者都倾向于认为："一个社会是不是社会主义社会，乃可以根据国家参与提供商品和服务的程度来衡量。"① 此时，社会主义对资本主义的否定就变成了否定其所依赖的市场。自然地，社会主义的根本特征就是国家供给取代市场供给。但是米勒认为并不能在社会主义与国家供给之间画等号②。

　　资本主义社会存在的诸多问题是由资本主义而非市场造成的，市场与资本主义之间没有本质联系。资本主义虽然依赖市场，但前者最主要的特征在于生产资料私有以及雇佣劳动，而不是市场。因此，对资本主义的否定并不是要对市场完全否定。结论就是资本主义和市场之间的姻缘，可以分解③。虽然资本主义无法离开市场经济，其必备特征一定是市场经济。但市场经济却并非意味着资本主义，它可以脱离资本主义而存在。"市场社会主义既不简单地肯定市场，也不简单地否定市场。"④ 而是选择了一种新的经济模式，即把市场与社会主义结合起来，使之成为实现社会主义目的的手段。

---

① 〔英〕索尔·埃斯特林、尤里安·勒·格兰德编《市场社会主义》，邓正来等译，经济日报出版社，1993，第30页。

② 〔英〕索尔·埃斯特林、尤里安·勒·格兰德编《市场社会主义》，邓正来等译，经济日报出版社，1993，第31页。

③ 〔英〕索尔·埃斯特林、尤里安·勒·格兰德编《市场社会主义》，邓正来等译，经济日报出版社，1993，第1页。

④ 〔英〕索尔·埃斯特林、尤里安·勒·格兰德编《市场社会主义》，邓正来等译，经济日报出版社，1993，第54页。

2. "公有制"不是社会主义的本质

市场社会主义者认为,他们只是"提供了一幅社会蓝图,在这个图景中无剥削、高效率、平等且自由,这就是一种社会主义社会"①。这种社会主义观点的精髓在于,通过使人类能力的平等来满足其需要。社会主义要消除贫穷,使机会更加均等,使自由更加平等。因此,"使受制于平等的人类自由得以充分的实现,才是社会主义的本质,而不是通常所认为的生产性资产社会所有制"②。显然,所有制不是社会主义本质的体现,而是实现社会主义本质的方式。

传统社会主义者之所以反对资本主义经济制度,是从财产权结构的角度出发的。工人受剥削是因为资本家通过直接占有或股份所有制的形式控制了生产资料。约翰·罗默认为当代工业资本主义经济中的剥削产生于两种不平等:一是生产资料的差别占有,二是劳动力市场中的人们所拥有的不同技术。社会主义显然更关注第一种不平等。因此,传统社会主义者希望通过将生产资料变为公有从而消灭剥削,其中国有化是实现目标的主要方法。

所谓国有化,就是全部财产权利交由国家或政府处理。原因在于:首先,人们认为公有制条件下的计划,能有效满足按劳分配这一原则,并最终满足按需分配的原则;其次,马克思的劳动价值学说证明,资本雇佣劳动力的自愿市场契约具有剥削性,是不公正的,这就使左派人士对资本利润的合法性及其动机产生了拒斥,也对生产资料私有制度怀有一种敌意。因此,左派人士认为国有化至少能使利润服务于众人的利益。

但是对于传统理解的公有制,市场社会主义者阿贝尔却持否定态度,

---

① 〔英〕索尔·埃斯特林、尤里安·勒·格兰德编《市场社会主义》,邓正来等译,经济日报出版社,1993,第 26 页。

② 〔英〕索尔·埃斯特林、尤里安·勒·格兰德编《市场社会主义》,邓正来等译,经济日报出版社,1993,第 87 页。

并称之为"令人厌烦且陈旧过时的方法"。① 他反问道，从 20 世纪的经验中能获得什么呢？宣扬国有化、计划以及取消市场能培育出积极自由中的平等吗？阿贝尔认为，生产资料以及交换手段的公有制并没有解释清楚其中的含义，在公平的市场社会主义社会中，"公有制"就是"平等地分配公正的起点能力，弱化财产权利，并相应增加劳动者的权利"。②

阿贝尔分析了英国工党党章中有关所有制问题的规定。其中备受赞誉的第四条规定：工党在生产资料、分配手段和交换手段上实行公有制，对所有产业或服务业实行最有效的公共管理或监督以及实行可行的最公平的分配。这一条款被许多人认为是体现了传统社会主义思想的本质。对此，阿贝尔却认为：这条规定对财产的重视程度优先于分配正义问题。工党更强调的是基于生产资料和交换手段公有制之上进行的公平分配，而不是最公平的分配。③

此外，市场社会主义者戴维·温特也对国有化作出了分析。一方面，社会主义国家往往因国有化付出高昂的代价。国有化的基本问题在于把所有权与控制权相分离："所有权"属于人民、工人阶级或某种其他大集体，而"控制权"属于管理阶层。但两者的利益未必是始终一致的。控制者作为国内合法的垄断者，往往利用手中的经济权力并根据自己的利益去组织生产。另一方面，戴维·温特指出不能彻底否定国有化。国有化是一种消灭私有制从而消灭剥削的方法，但它不是改革整个经济的良方。最主要的原因在于，所有权和控制权分离的结果就是产业将为拥有控制权的人的利益服务。此外，国有化过程不仅费时而且成本极高，它使政府无力关注那些很可能富有成效的长期政策。

---

① 〔英〕索尔·埃斯特林、尤里安·勒·格兰德编《市场社会主义》，邓正来等译，经济日报出版社，1993，第 105 页。
② 〔英〕索尔·埃斯特林、尤里安·勒·格兰德编《市场社会主义》，邓正来等译，经济日报出版社，1993，第 105 页。
③ 〔英〕索尔·埃斯特林、尤里安·勒·格兰德编《市场社会主义》，邓正来等译，经济日报出版社，1993，第 95~96 页。

（二）市场的显著优势与计划的显著弊端

市场社会主义之所以要把市场与社会主义结合起来，是因为市场具有的显著优点。市场与社会主义的结合，具有比在传统社会主义和资本主义社会中更大的优势，这就是市场与社会主义结合所具有的吸引力。与之相对比，计划并不能很好实现社会主义的目的，作为市场主要替代物的中央计划具有诸多失败之处，社会主义与计划的结合存在诸多弊端。

1. 市场与社会主义结合的比较优势

米勒为市场所做的辩护是从市场能实现的价值方面着手的，即福利、自由和民主。但市场所能保障的价值在资本主义社会中会有所减少。而在市场与社会主义结合的条件下，即在市场社会主义社会中，这些价值的实现程度更高。

第一，市场社会主义可以保障更平等的物质福利，其衡量标准是人们享有的商品和服务的数量、质量、范围。市场最大的优势在于，它具有传递信息和提供激励的双重功能。一方面，通过价格信号，商品供应者就能了解消费者对不同商品的具体需求。无须通过中央计划的指令，生产者就能自行对生产作出即时的反应和调整。另一方面，在利润的激励下，商品供应者就会生产那些供不应求的种类。此外为了增加利润，生产者通常会对产品进行创新或革新生产技术。总之，在商品和服务供给方面以及技术和产品的创新方面，市场都是一种高效机制。

但是，资本主义造成的贫富分化，使人们思考究竟应该如何提高物质福利水平，是以其他供给形式全面代替市场，还是重新分配资源从而使市场实现更为平均的福利分配？

如果摒弃市场的信息功能，则需要寻找其他代替途径以协调商品和服务方面的供需关系。现代工业社会所需提供的商品和服务，无论是类型还是数量都十分繁多，那么唯一的办法只能是采取国家计划的形式。但是计划全面取代市场所带来的问题，不仅在理论上悬而未决和具有争论性，而且苏联和东欧国家的实践经验也表明：计划经济在实际中是困难重重。在东欧国家，许多产品总会出现供需不平衡的现象，而且产品质量也参差不齐。经济越是发达，所要提供的商品种类、数量等就会越复杂，那么所需完成的计划任务也就越繁重。因此，计划代替市场无论是理论上还是实践上都具有难度。此外，市场能够提供各种不同的商品和服务，以满足不同消费者的不同爱好。鉴于此，市场社会主义者并不想摒弃市场。

资本主义无法持久地为所有求职者提供就业机会，而且造成不同群体的收入差别，导致福利分配的极度不平等。对此缺陷，市场社会主义者希望能加以纠正。但对市场供给的福利进行合理分配，则需要诉诸公共制度。首先是为保证充分就业而对投资进行公共调节，其次是促进那些基本收入分配较平等的企业发展壮大；最后是通过税收制度来实施再分配措施。因此市场社会主义者试图彻底改造公共制度，以实现在整个社会中平等地分配物质福利。

第二，市场社会主义能更好地保障个人自由，这主要体现在具有实质性的有效选择。社会配置资源的方式，关系到这个社会的自由程度。米勒认为一个自由的社会，必须是市场在其中起重要作用。在市场条件下，人们可以依据自己的意愿进行不同的选择，这是一种消费自由。此外，市场还能实现一些其他自由，如选择哪种工作以及在哪儿工作的自由；与之相比，非市场制度中的就业人员，就必须服从各类指令性安排。除此之外，政治自由，即表达和交流不同政治意见的自由，也是以市场存在为前提的。书刊市场以及其他传媒手段的存在，就确保了言论自由的实现。假如不存在自由出版的市场，那么书刊的出版就会在公共机构的干预下进行，此时公共机构就会选择那些符合统治利益的书籍。但如果存在竞争的市场，人们能接触多样化的传媒，政治自由必然会得到增强。

总之，在市场社会主义条件下，个人的消费选择自由、就业选择自由以及言论自由能够得到更好的保障。由于资本主义中的资本家对雇员的工作具有自由裁量权，社会主义的官员对国家利益受领者具有自由裁量权，它们都无法达到市场社会主义中各种自由的实现程度。

第三，市场社会主义可以实现更高层次的民主。自由主义者的观点是，市场上的个体在做出消费选择时，就是在进行投票。但这一论点的问题在于：个人可投的票数是由其收入多少来决定的，但民主是一种基于政治而非经济平等的制度。米勒指出，民主的形式有两种类型：工业民主和国家民主。

工业民主就是各企业的成员对其工作环境拥有高度决策权，包括生产什么、怎么生产等事项。市场经济中的企业成员拥有这种民主权利。而计划条件下，企业都必须受制于中央规定的投入产出指标，因此就难以享有这种自治权。在市场条件下，工业民主的实现程度取决于企业的结构。米勒认为其中最民主的形式是工人合作社，社会主义市场经济则能够为那些高度重视工业民主的个体提供一个民主的工作环境。

实现国家民主的一个关键问题就是，如何能有效地控制官僚机构的专家行政官员。由于他们可以接触普通人无力获致的大量信息，因此官员们提出的建议也很难被有力反驳。苏联和东欧的实践证明，"计划民主"是不可能的。在这些国家中，制定一项可行的计划必须兼顾原则和细节，这就需要整合大量有关经济现状的信息并预见之后的发展。完成这些任务也就必须依赖一个庞大的官僚机器。由于计划具有内部的相关性，其他各项会随着某一单项的变化而有所变化，所以除了计划官员以外的人，都难以对制定的计划展开讨论。因此，米勒指出，在传统的社会主义国家中，所谓"民主计划"只能是一句口号。

概而言之，米勒证明了在福利、自由和民主这三种价值方面，市场社会主义比资本主义做得更好。他批驳了那种认为社会主义的目标可以更好地以国家为手段来实现的观点，先是肯定了市场与社会主义的结合要比其与资本主义结合更具优势，接着否定了计划与社会主义结合的必然性。

2. 社会主义与计划相结合的诸多失败

市场社会主义的立场是以中央配置资源的失败为基础的。无论是从理论角度还是从苏联、东欧国家的实践经验出发，计划都存在很多的问题。从理论上说，根据中央计划运作整个经济可以说是困难重重。因为计划者没有充足的信息来制定所有计划，但其他行为者，如工人、消费者、企业管理者等，没有充足的动力去提供正确信息或恰当执行计划。而且计划机制的过度集权化，还具有极权主义的倾向。

　　中央计划包括两个典型阶段：第一阶段是拟定计划，即为实现某种确定的目标而协调所有参与者的经济活动，其中需要传递各种关于参与者的相关信息；第二阶段是实施计划，根据计划配置资源也需要进一步协调。其中，第二阶段消耗了计划经济的大部分精力。未来的不确定性造成中央计划常常出错。计划者要掌握当前的以及决定未来状况的各种信息，这不仅艰难而且耗费巨大。为了使计划简单易行，计划者倾向于使生产单位变得庞大单一，但最终可能就会形成垄断趋势。从可行性角度来说，在专门的领域中计划的确可以做好，但经济计划的一个更基本的要求是，计划的目标为整个社会所赞许，这一点是很难的。总之，计划的拟定过程可能是民主的，但有效执行这种计划是有困难的。

　　计划的不可行就可能导致两种不同的后果。第一，修改计划目标，使最终的计划与实际相一致并被顺利执行。这通常需要咨询最初拟定计划的人，但是当涉及集权官僚体制时，这一方式就会遇到诸多困难和阻碍。第二，计划的执行者依据具体情况灵活实现计划，这要取决于计划的性质、执行者所面对的经济环境和激励结构。但如果经济中没有市场要素，这种因地制宜的灵活做法就很难被采用。除个别情况以外，缺乏金钱刺激手段的经济难以在长时期内有效运作，这也是计划的明显缺陷之一。市场体制内的利润通常是刺激机制的基础，而计划体制中则没有类似的成功手段。

　　从社会主义的具体实践来看，苏联和东欧国家为实现社会主义目的而采用中央计划这一手段，但显然这种计划并未实现消灭浪费或促进效率的目标。有研究通过分析苏联及东欧国家在计划方面的经验，认为

"中央计划经济具有任意的甚至是非理性的特征",也存在"无政府状态"[1]。中央计划有着明显的弱点,如资源配置不当、低效率、低质量以及集权官僚制等。为了解决信息和激励因素的问题,计划者试图制订一些达到或超出企业能力极限的计划,但最终的结果是极不理想的。而且,中央计划也存在无政府状态,即固定的卖方市场、黑市腐败和各种投机、巨大浪费和质量低劣的产品。此外,中央计划经济的不平等还体现在消除财富与特权上,甚至在程度上高于资本主义社会中的不平等。因此,尽管市场也存在一些严重的缺陷,但是中央计划也不能提供一种更好的甚至是可行的替代方案。在两害相权取其轻这种理性的计算之下,采纳市场机制应该是一种被迫的次等选择。

(三) 作为主导形式的市场机制与非市场机制相结合

并不存在纯粹的市场或者计划,问题在于这两种调节手段哪一种占主导地位,市场社会主义者显然是支持市场占据主要地位,而计划在必要之时作为补充手段加以运用。市场社会主义者埃斯特林和温特指出,如果市场是经济运行的主要机制,可以在其存在失灵的情况下运用非市场机制。但如果是计划被当作主要经济机制,市场机制的作用就会式微,甚至可能会难以发挥。在中央计划体制下,冒险精神、企业家精神以及竞争精神这些市场的主要特征会受到压制以及破坏。因此,应将市场作为主要交换机制,而非市场机制在必要之时加以补充。把市场作为主要交易机制,如果能够合理分配收入、财富和各种机会,市场将会有助于社会主义种种目标的实现。但是,市场社会主义者也意识到了市场机制所具有的缺陷,因此需要国家加以适度干预。

1. 市场是主导机制

各种经济会同时运用市场也运用计划,其中的关键在于这两种机制

---

[1] 〔英〕索尔·埃斯特林、尤里安·勒·格兰德编《市场社会主义》,邓正来等译,经济日报出版社,1993,第137页。

中何种为分配资源的主要方法。任何现实的经济制度都不是只依赖一种交易方式，其中包括非市场交易形式以及市场交易形式。经济中的交易机制，是传送当前和未来需求信息的一种手段。资本主义经济中会使用计划技术，而市场也为中央计划经济提供一种辅助性制度。对于分别把市场与资本主义以及把计划和社会主义联系起来的这种普遍观念，埃斯特林认为是一种根本误解。资本主义和市场，社会主义与计划之间并非牢不可破的关系，无论是资本主义社会还是社会主义社会都要有运用市场和非市场的交易方式。任何的经济系统中，都存在配置资源的主要机制和非主要机制，其中非主要机制是在主要机制失灵或者运作效果糟糕的一些领域中起作用，两者相互配合。

传统社会主义者认为，社会主义就是通过计划或者国有化来实现平等、消灭剥削，市场社会主义必定会遭遇许多资本主义的罪恶。埃斯特林认为这就混淆了手段与目的的区别。社会主义指的是一种最终的目的，公有制和计划都只是一种手段，并不等同于社会主义的目的本身。而市场也只是一种交易机制和手段。如果市场的运行能保证一个自由、效率和公正的社会，那么就不应存在反对运用市场的意见。因此，在以社会主义为目标的工业社会中，"市场应成为交易机制的主导形式"①。市场结合其他的制度，就能以满意的方式提供信息和刺激，从而实现资源的配置。

自由竞争市场能够提供充分的刺激，促使人们按社会赞许的方式行动。市场具有一种公平的"自然"激励方式，因为物品的相对稀缺程度会体现在价格上，假定这种反映是真实的，那么个人利益的追求与社会利益的追求就会一致。此外，无论是在信息的传递方面还是在使用方面，市场都是高效的。决策者关于每种产品所需收集的信息，都体现在"价格"这个信号上。因此，所有的经济活动参与者只需要获得"价格"这一种信息，便可以运用价格体系。而计划体制下需要传送的消息数量巨

①　〔英〕索尔·埃斯特林、尤里安·勒·格兰德编《市场社会主义》，邓正来等译，经济日报出版社，1993，第107页。

大，必然也会造成高成本。结果就是中央计划成本高昂，而分权决策则非常节约。

只有充分的竞争才能确保市场运行良好。如果市场存在少量的交易者，则容易发生垄断，这就导致对消费者剥削的情况出现，通常是以提高价格为手段。但如果对价格实行管制，则又会出现服务质量降低的局面。但是在市场中，由于存在众多潜在的销售商而不是只有垄断者，那么消费者就拥有了决定与谁进行交易的选择权。总之，市场不仅能带来经济效益，还能带来多样化和个人自由。资本主义社会的吸引力就在于人们可以凭借个人所得买到自己所需的商品和服务，这一点就优于社会主义中央计划中的情形。因此，"在一种可行的社会主义之中，市场必定会起很大的作用"[①]。但由于分配的严重不均会大大抵消这种感受，所以就需要市场以外的制度，尤其是政治制度进行调控分配。

2. 指示性计划作为补充机制

市场机制也具有系统性缺陷。此时，指导性计划就成为市场机制的一种补充方式。为了消除市场失灵所导致的不良结果，市场社会主义者就会寄希望于充分发挥非市场机制的作用，甚至是在必要之时直接运用政府干预的手段。政府干预可以通过创设具有指导性的经济发展方案，即指导性计划。这种计划是一种咨询和讨论的分权、民主程序，而并不像中央计划一样具有贯彻性。指导性计划允许个人在了解各方面信息的情况下自行做出决定，更重要的是，政府干预和协调一系列政策的目的是实现市场所能获取的结果。

传统社会主义者认为，市场加重了资本主义的罪恶，要以中央计划机制取而代之。但是，市场失灵并不等于计划就具有优越性。"市场社

---

① 〔英〕索尔·埃斯特林、尤里安·勒·格兰德编《市场社会主义》，邓正来等译，经济日报出版社，1993，第54页。

会主义的动力，大部分来自对主张中央控制经济的社会主义模式的幻灭感。"① 市场社会主义者对国家的角色进行了全新的认识和定位。他们推崇作为协调分权经济决策中最有效的手段——市场，而对官僚的意图和政府干预效率并不认可。因此强调要限制以集权手段对经济进行干涉的国家行为。以市场机制来实现社会主义的目的，需要一个自由的市场环境以确保有利于人的私有利益，而不是国家强加的公有利益。因此，关键问题在于政府在市场社会主义模式中的性质和作用。

第一，政府对于垄断问题应积极作为。垄断包括天然性垄断和非天然性垄断。如果是天然性垄断行业，比如铁路或供水，则可以通过公有制的方式进行调整。如果不是自然原因，比如少数几家公司联合一致压制竞争，则应当尽量将垄断企业分解成相互竞争的若干单位。此外，政府也必须积极鼓励和支持一些新竞争者进入垄断领域。

第二，政府要在具有外溢效果的产品上发挥作用。所谓外溢效果就是指市场交易中的收益被其他因素的相反作用所抵销。其中包括积极效果和消极效果。普遍的是，市场倾向于限制资源流向外溢效果是积极的产品，比如说医疗、教育、科技创新等；而倾向于把资源流向外溢效果是消极的产品上，其中最明显的就是环境污染。因此，国家必须以税收和补贴等方式发挥重要的调节作用，如以指示性计划的方式建立咨询制度，直接提供私人企业不想经营但又是必需的那些产品和服务，如法律、国防等。

第三，政府要对资本市场加以干预调控。资本市场极易产生严重的配置问题，因为资本积累需要对若干年后的需求状况与成本条件进行判断，但是这一复杂程序需要专门评估、技术知识和预测。此时，市场决策会存在三个主要问题。首先，关于未来，市场难以提供充分的或正确的信息。市场体制中的信息主要来源于价格，但它揭示的只是当前交易的信息，无法提供未来的物资投入、劳动力、利率和生产的商品价格信

---

① 〔英〕索尔·埃斯特林、尤里安·勒·格兰德编《市场社会主义》，邓正来等译，经济日报出版社，1993，第80~81页。

息。其次，市场可能存在投资不足的倾向。投资的巨大不确定性以及人谨慎从事的本性，会造成市场体系中投资不足的趋势，从而减缓经济发展的速度。而且，决策者倾向于投资不确定性程度最低以及风险最小的项目。但往往是风险最大的项目可能会成为经济发展的推动力。因此，市场社会主义中的国家必须对此加以干预，如通过指示性计划提供相关信息，鼓励在风险较大的项目上进行投资等。最后，市场可能会导致过度浪费。资本市场会形成高成本的"市场无政府状态"。当市场上的竞争者接收到价格传递的有利信号时，往往会争先恐后地去满足市场的要求，但其中只有小部分可能会获得利润、取得成功。如果在一些投资项目上投入过多资源，就会付出高昂的经济代价。因此，国家应以指示性计划的方式，对某一部门或某种产品进行投资协调。

第四，政府应对价格机制的迟缓进行调解。市场体系另一个严重的弊病是，它在短时期内能使价格大幅度浮动，并由此产生各种相关的不确定性和浪费问题。从长期来看，价格偏离是一个严重的问题。其中，价格偏离的持续时间与产品数量适应价格信号的速度直接相关。价格偏差持续过久，就会导致产品数量的不正常调整。因此，"市场在对变化中需求和技术的反应方面是卓越的，但在诱导经济结构中大规模的非边际变化方面却并不擅长"①。在供应调适迅速且廉价的条件下，价格机制能很好地对关于产品短缺的信息做出反应。但如果供应调适迟缓，价格的大幅波动以及过分偏离将会持续相当长的时间。因此，市场社会主义国家应发挥作用，通过抑制价格波动及其连带影响，同时要积极为供应调适迟缓的经济部门提供相应的刺激。

第五，政府应对收入分配问题进行强有力的调整。市场经济下，或者是由于个人的主观努力，或者是由于偶然的幸运，必然会产生相对的富裕群体和贫困群体。这种财富差距也许在开始的时候并不明显，但是财富经过一代又一代的继承、积累，差距就会无限扩大。也就是说，市

---

① 〔英〕索尔·埃斯特林、尤里安·勒·格兰德编《市场社会主义》，邓正来等译，经济日报出版社，1993，第117页。

场加剧了个体之间的不平等，尤其是不平等会代际传递下去。因此，分配问题需要解决好财富的代际继承问题，但这一问题在市场经济中并不容易得到解决。而且，计划也不一定能够处理好。在计划经济条件下，一些手握权力的人在积累财富和开发潜能方面，有着比他人更为有利的起点，问题在于这些人的数目是十分有限的。最明显的例子就是东欧计划经济国家，这些国家的财阀精英在计划体制中又再次变成了官僚精英，本质上仍然没有解决这种不平等。因此，政府应该实行强有力的再分配政策，即在相当程度上铲除继承而来的经济特权，这就在很大程度上摧毁了富裕者通过代际继承所积累财富的能力。

简言之，尽管市场社会主义者赞成将市场作为资源配置的主要机制，但由于竞争性市场不仅具有分权和高效的优点，还具有一些严重的缺点，如外溢效果、收入分配失衡等。因此，市场社会主义中的政府就必须在这些领域中采取决定性行动来加以调整，而不是一味地依赖市场的作用。社会主义目标的实现需要政府在经济中起广泛作用：其一，建立使市场能在其间运行的法律框架；其二，干预市场以使其结果与社会主义目标相一致；其三，提供福利服务以弥补市场在此方面的失败。

市场社会主义下的政府干预是以指示性计划的方式，而非中央计划的形式。市场社会主义者充分认识到了市场所具有的优势和弊端，因此在倡导要将市场作为主要经济机制的同时，也强调政府要发挥积极的调节干预作用。市场社会主义者也会建立与苏联、东欧国家极为不同的计划机构，其任务是在信息失误和协调失误时进行补救。但是索尔·埃斯特林和戴维·温特对市场社会主义经济中的计划也作出了较为清楚的说明，这与传统社会主义中的中央计划是截然不同的一种全新的方式。所谓指示性计划，就是对计划进行咨询、讨论的过程，它具有分权性质和民主取向。这一计划从本质上不包含实施的程序。

在发达经济社会中，提供信息是一项复杂、敏感又十分重要的任务。而指示性计划则能够提供一个信息交换的场所，继而减少市场上的某些不确定性。此外，指示性计划能在资源配置方面实现更广泛的社会参与，以及内化外溢效果。通过提供一种分权的计划观，指示性计划就能改进市场的作用。但这并不意味着指示性计划会取代市场作为主导资源配置机制的地位，"指示性计划是对资源配置主要机制——市场的重要补充，而绝不是替代物"①。

三 关于市场社会主义新模式的论争

关于社会主义与市场经济结合的第三次论争，主要集中于 20 世纪 90 年代，深入探讨的是有关两者如何结合的问题。苏联社会主义制度的失败，再次引发新自由主义经济学者对社会主义制度的否定和攻击。同时，也使部分西方左翼理论家重新思考并探索，"应该以市场经济乃至资本主义市场经济的框架为前提……从中来寻找社会主义理念……表现为各种各样的方案，使市场社会主义理论探讨又重新活跃起来"②。西方的一些理论家对于身在其中的发达资本主义环境有着最直接、最真实的观察和感受，他们清醒地意识到市场经济所导致的严重问题，因此对与市场经济联系紧密的资本主义制度表达了深恶痛绝的情感并作了鞭辟入里的批判。他们坚信，社会主义必将代替行将就木的资本主义。但在"市场经济能否继续在社会主义社会存留"的问题上，市场社会主义者与部分左翼学者仍然存在理论分歧。而且，市场社会主义者之间虽然在宏观问题上达成共识，但他们设计的市场社会主义的具体模式形态各异。因此，此次论争既包括本质不同的理论之战，也包括细节之别的模式之争。

（一）市场与社会主义结合的必要性与现实性

复杂、高级的现代经济需要分散决策的制度，这与中央计划存在冲

---

① 〔英〕索尔·埃斯特林、尤里安·勒·格兰德编《市场社会主义》，邓正来等译，经济日报出版社，1993，第 122 页。

② 〔日〕伊藤诚：《市场经济与社会主义》，尚晶晶等译，中共中央党校出版社，1996，第 207～208 页。

突，而与市场契合一致。依靠单一行政命令的苏联经济，根本就无法使复杂经济得到有效运转。市场社会主义者詹姆斯·劳勒甚至提出，市场社会主义概念"最接近马克思和恩格斯关于后资本主义社会本质的观点"①。

然而，曾是市场社会主义赞成者的匈牙利经济学家科尔内后来却断言：市场社会主义"这种制度中存在着相互排斥的因素：公有制的主导地位与市场的运行无法和谐共存"②。社会主义走向衰亡而资本主义就是历史的终结，传统的社会主义以及各种形式的市场社会主义都已失去了生命力，这似乎成为共识。对此，市场社会主义者施韦卡特从理论和实践上进行了驳斥，大批论及代替资本主义市场的学术论著，以及中国颇具活力的经济实践，证明市场社会主义并没有失败，公有制和市场是可以共存的。

首先，市场不等同于资本主义。在市场社会主义者看来，无论是反对社会主义的自由放任主义者，还是反对市场的左翼理论者，都犯了将市场与资本主义等同起来的关键性理论错误。

自由主义者对市场的辩护或者说对资本主义的辩护，主要集中于市场的长处与中央计划的缺陷。这是一种有效却以偏概全的辩护，因为它只是对市场而没有对资本主义的其他两种制度性规定进行辩护。资本主义是"一种以生产资料私有制和雇佣劳动为特征的市场经济"③，供求规律或者市场、生产资料私有以及雇佣劳动构成了资本主义主要的三种制度。因此自由主义者仅仅是对市场而非资本主义的赞同。传统左派理论家则是从市场的罪恶和不合理方面，展开对市场社会主义的批判。但无论是为资本主义辩护因而为市场辩护的自由主义者，还是极力反对市场

① David Schweikart, James Lawler, Hillel Ticktin & Bertell Ollman, *Market Socialism*: *The Debate among Socialists* (NY: Routledge, 1998), p. 24.

② Janos Kornai, *The Socialist System*: *The Political Economy of Communism* (Princeton: Princeton University Press, 1992), p. 500.

③ David Schweikart, James Lawler, Hillel Ticktin & Bertell Ollman, *Market Socialism*: *The Debate among Socialists* (NY: Routledge, 1998), p. 10.

因而反对市场社会主义的左翼理论家，在本质上是一致的，即忽略了市场兼有长处和缺陷的二重性，而把某一方面的特质夸大。为市场辩护者认为反对市场即提倡计划，而攻击市场者认为提倡市场即发展资本主义，两者都把市场与资本主义等同起来了。由于把市场机制与资本主义制度错误地等同起来，因此这两种观点都没有考虑市场机制与资本主义制度脱离，并且与另外一种制度结合起来的时候，会是怎样一种情况。市场社会主义尽管保留了市场机制，但是实行的是国家或者工人所有制，就意味着对私有制的极大限制或者取缔。

其次，作为经济机制的中央计划具有极大的缺陷。中央计划经济具有不可避免的缺陷，尤其是与市场相互比较而言，计划追求稳定性，缺少竞争性。

其一，信息问题。现代工业经济的发展需要处理海量的信息，生产过程中需要考虑的因素十分繁杂。如果国家对一系列事项都一一作出详细计划，如生产的数量和质量、生产中的投入和产出等，那么其中所需处理的信息以及要考虑的因素是根本难以计算清楚的。施韦卡特甚至开玩笑道，星球大战与之相比都不过是儿戏。

尽管苏联的经济发展情况证明了计划能够实现，它也取得过令人震惊的成就，但关键问题在于现实的并不等于最理想的。中央计划弊大于利，不是一种最理想的经济形式。当只需处理有限的信息时，中央计划尚能较为容易地解决这一问题；但是当生产者因需要生产更多更好的商品而不得不处理过量的信息时，中央计划明显就会"力不从心"。施韦卡特的观点是："所有的中央计划经济一旦达到一定的发展水平就不得不被迫引入市场的改革。"① 在理论上计划者可以通过模仿市场以解决信息的问题，即信息问题可能并不是计划的致命性问题，但市场模仿和中央计划还面临另一个严重问题，即激励机制的问题。

---

① David Schweikart, James Lawler, Hillel Ticktin & Bertell Ollman, *Market Socialism: The Debate among Socialists* (NY: Routledge, 1998), pp. 12-13.

其二，激励机制问题。首先，从企业的角度而言：由于产品的数量和质量由计划决定，企业就会失去生产的积极性；而为了使计划更容易完成，企业会设法向计划部门隐瞒自身能力并虚报其需求，以便得到少量的生产任务和充足的资源供应，这必然就造成企业人才的能力以及生产材料的双重浪费。其次，对工人而言：在保证就业以及收入与经营状况无关的条件下，员工会因失去工作动力而出现惰工现象，也是对资源的双重浪费。最后，对计划部门而言：在考虑就业的情况下它就不再会去关闭那些低效或者无效企业。一言以蔽之，无论是企业、员工，还是计划者，都缺乏内在动力去实现生产的高效率。计划不适合在需要竞争的行业存在，缺乏激励必然导致无效和浪费。

其三，集权化倾向。由于计划者掌握着决定生产任务或者产品价格的权力，因此为了减轻企业的生产任务或者提高产品价格以便获得更直接的个人利益，企业就可能会向计划者行贿，因此计划部门腐败的可能性很大。此外，计划与民主也是相悖的。因为计划者想要使庞大的计划更为简单化、更可行，就不可能会把所有民众的意见都考虑、吸纳进去，而且他们也更倾向于和少数、规模较大的企业接触。计划具有复杂性和紧密的关联性，因此假如计划受到批评、修改甚至拒绝，就会给计划的制定和执行带来无数难题。施韦卡特的结论是，假如计划中包括价格、产品、技术等在内的所有问题，都要经过民主讨论的话，那结果很大有可能会是"对引入民主精巧的或不那么精巧的禁止"[1]。

其四，企业创新的问题。一方面，计划经济中不存在消极的失败威胁。由于一切都在计划之中，企业根本无须考虑投入、生产、销售这些问题，也不需要计算成本、利润和收益，各个企业都是计划部门的执行者，而不是相互竞争的关系。因此，企业也就失去了革新技术、创新发明的内在动力。另一方面，计划经济中也没有积极的鼓励方式。创新是要冒风险的，而中央计划者倾向于保守。创新尽管有成功的可能，但是

---

① David Schweikart, James Lawler, Hillel Ticktin & Bertell Ollman, *Market Socialism: The Debate among Socialists* (NY: Routledge, 1998), p. 14.

如果一旦失败则会对计划者的政治地位造成影响，因此计划者会尽量去避免这种风险。当创新的构想来自计划部门中的高层，无论这种创新的优劣，其他人因无须担任责任风险而都不会选择对这种构想加以批判。

再次，一种可行的经济形式根本离不开市场机制，任何代替市场社会主义的形式都是不可行且不被需要的。也就是说，市场是唯一可行和必需的，而其他代替计划的任何形式都有无法解决经济中的问题。非市场的经济形式既是不可行的，也是不合需要的。

最后，市场与社会主义结合的某些模式不仅可行，而且比资本主义更具有优势。市场社会主义者构建了形态各异的具体理论模式①，尽管这些模式存在细节的不同，但本质上都是对社会主义与市场结合的有力论证，从而把问题从论证两者结合的可能性、重要性推向了论证两者结合的具体操作性。

总之，市场社会主义者不仅从反面的立场论证了，脱离市场的社会主义是不可行的，也是不合需要的，即市场与资本主义不是等同的，计划是有很多弊端的，其他类型的社会主义是不可行的；还从正面证明市场与社会主义结合的优势，论证了市场社会主义是一种可行的和合乎需要的选择。通过与资本主义的经济形式以及与其他类型的社会主义经济形式相比较，证实了市场社会主义所具有的独特优势，即市场社会主义的合理性。

（二）市场与社会主义结合的矛盾性与虚幻性

在市场社会主义者看来，市场的存在与资本主义并不完全一致，因此它可以与某种具体的制度相分离。市场社会主义就是普遍国有化与企业市场化并存的一种经济发展模式。然而，马克思主义者希勒尔·蒂克庭和伯特尔·奥尔曼一致认为市场社会主义是一种"乌托邦"。市场作为劳动和资本的特殊社会关系，而不是技术或者手段，根本无法与社会

---

① 关于这一点，之后会另辟一节详细展开论述，此处不再赘述。

主义结合在一起。

1. 蒂克庭对市场社会主义的否定

尽管市场社会主义者对市场与社会主义的联姻寄予厚望，但是蒂克庭认为"如同许多婚姻一样，这种联姻也是基于一系列错觉"[1]。市场社会主义将不可避免地存在冲突和矛盾，"市场社会主义在实践上是不可能的，也不合乎需要，当然与社会主义也无关"[2]。

首先，蒂克庭对"社会主义"提出新的阐释。他提出，国有化不是社会主义，因为理论上只要存在劳动力市场，生产资料完全国有化的国家依然可能是资本主义经济。蒂克庭坚持一种传统的马克思主义观，即社会主义只能在经济高度发达的国家建立起来，社会主义的胜利必定是全球性胜利，此时社会主义具有更高水平的生产能力。因此，社会主义的前提是直接的生产者参与计划并因而支持中央计划者的指示，但"至今还没有任何经济被成功计划过"[3]。苏联经济与计划并不等同，它的失败是因为工人反对中央计划者从而导致计划被曲解和无视。因此，在获取信息、报告的真实性以及决定的贯彻执行三方面都存在冲突。

其次，蒂克庭对"市场社会主义"提出强烈质疑。社会主义及其包含的合作、创造性劳动、以使用价值为目的，与市场及其包含的竞争、等级化分工、利润最大化、以交换价值为目的，是矛盾冲突的，也是难以融合的。因此，"市场社会主义"这一用语就像"油炸冰激凌"[4]。

社会主义意味着对资本主义特征的否定，即对抽象劳动、异化和商品拜物教的取消。社会主义消除了劳动力的市场、资本市场、价值、货

---

[1] David Schweikart, James Lawler, Hillel Ticktin & Bertell Ollman, *Market Socialism：The Debate among Socialists* （NY：Routledge, 1998）, p. 72.

[2] David Schweikart, James Lawler, Hillel Ticktin & Bertell Ollman, *Market Socialism：The Debate among Socialists* （NY：Routledge, 1998）, p. 55.

[3] David Schweikart, James Lawler, Hillel Ticktin & Bertell Ollman, *Market Socialism：The Debate among Socialists* （NY：Routledge, 1998）, p. 133.

[4] David Schweikart, James Lawler, Hillel Ticktin & Bertell Ollman, *Market Socialism：The Debate among Socialists* （NY：Routledge, 1998）, p. 135.

币。工人成为生产劳动的主人，工作成为个体实现人性的手段。社会主义社会区别于其他社会形态，根本在于劳动在整个社会中的地位。"社会主义或共产主义的首要原则是劳动成为人的第一需要"①，劳动的等级分工已被克服，成为一种创造性活动。

但问题在于，"市场的全部特征就在于它使用抽象劳动，工人的劳动力简化为一种商品"②。在市场社会主义社会中，市场仍然是经济的主要运行方式，劳动者在竞争之下却被降低到机器的水平，工人却并未克服异化。此时劳动仍然不是创造的，还必须服从劳动的等级分化。因此，否定抽象劳动的社会主义与使劳动力商品化的市场之间就必然会根本对立。此外，计划是社会主义最根本的必然特征。而作为计划对立面的市场，依赖于自发性及无政府行为。市场与计划也是根本对立的，因此社会主义与市场自然无法结合。

蒂克庭强调："更为根本的是，社会主义社会必须是这样一个社会，其中经济的运行依据对人类需要的直接满足这一原则。"③ 也就是说，经济发展是满足人的需要这一目的的手段。人的需要是全面的，不局限于满足个人消费，它包括从休闲到创造的各个方面。但是在资本主义社会，或者在市场中，生产的目的是获得货币或者说利润，其直接结果是生产资料所有者在物质财富方面的增长，并不会必然导致人们福利的增加。社会主义社会是对人需要的全面满足，然而资本主义社会是存在市场的社会，以赚钱为目标将会极大歪曲人的价值，是不人道的。

总之，在蒂克庭看来，市场社会主义即便可以在过渡期间实现，最终却只会产生一个与社会主义截然对立的社会。只有当工人取得了对社会的绝对控制权，且不存在任何形式的特权以后，一个受到限制且日趋

---

① David Schweikart, James Lawler, Hillel Ticktin & Bertell Ollman, *Market Socialism*: *The Debate among Socialists* (NY: Routledge, 1998), p. 134.

② David Schweikart, James Lawler, Hillel Ticktin & Bertell Ollman, *Market Socialism*: *The Debate among Socialists* (NY: Routledge, 1998), p. 165.

③ David Schweikart, James Lawler, Hillel Ticktin & Bertell Ollman, *Market Socialism*: *The Debate among Socialists* (NY: Routledge, 1998), p. 61.

消亡的市场，才可能会起作用。否则，市场社会主义既会是一种乌托邦，也会是反社会主义的。蒂克庭的结论是：最终，"只有两种可行的制度是可能的，即社会主义和资本主义"①。这似乎与之前米塞斯提出的"要么是社会主义、要么是资本主义"殊途同归。

2. 奥尔曼对市场社会主义的批判

奥尔曼不赞同市场社会主义的思想，即在建设社会主义的同时，作为主要手段的市场将继续保留。因为保留市场也就保留了绝大多数资本主义弊病，包括周期性的经济危机、异化、不平等。

首先，无论是市场社会主义还是资本主义，市场经历都会产生相似的意识形态。尽管在市场社会主义中，资本家阶级已不占统治地位，但商品、劳动力以及货币将继续存在。作为企业的共同所有者，工人将会像资本家一样从事购买原材料、雇佣劳动力以及出售商品的活动。这些经历与资本主义条件几乎别无二致。尽管市场社会主义与市场资本主义之间存在重大不同，但出卖劳动力和购买商品的相似经历，一定也会产生与资本主义条件下相似的意识和思想。

资本家的目的在于获取工人阶级的剩余价值，这一剥削本质决定了要对整个资本家阶级的一切加以批判。但是，"市场化的世界观把异化、剥削和阶级本身完全神秘化了"②。市场对大众世界观的塑造，形成了市场意识形态。市场不是完全透明公开的，它借着公平的口号，掩盖了整个资本家群体对工人阶级的剥削本质。作为个体的工人阶级和资本家有相对的自由，但是作为整个阶级，双方的关系一目了然，即资本家对工人有绝对控制权。在资本主义生产中，作为整体的工人阶级既在经济上受到资本家的剥削，又在被剥削的过程中丧失自我而异化。市场对异化

---

① David Schweikart, James Lawler, Hillel Ticktin & Bertell Ollman, *Market Socialism*：*The Debate among Socialists*（NY：Routledge，1998），p. 63.

② David Schweikart, James Lawler, Hillel Ticktin & Bertell Ollman, *Market Socialism*：*The Debate among Socialists*（NY：Routledge，1998），p. 91.

现象的掩盖就在于，它对异化的分析未能触及它与阶级、与生产资料占有关系之间的联系，因此也就大大弱化了对资本主义的批判。不仅如此，市场意识形态还弱化了工人作为整体的阶级命运和阶级地位。

其次，继续保留市场只会对社会主义的建设造成妨碍。奥尔曼指出，资本主义社会主要是由资本支配的社会，而资本的根本目的在于实现自我增殖，市场则在资本增殖过程中起着重要作用。因此，关键在于资本的力量及其增殖能力，而不在于究竟是资产阶级、国家还是工人阶级掌握着资本。在奥尔曼看来，市场关系与资本主义关系是一致的。资本主义的本质特征在于市场，而不是私有制。因此市场社会主义中的市场并不是中性的，它仍然会造成许多在资本主义社会中出现过的严重问题，如经济危机、失业、贫富分化、生态破坏等。

市场社会主义看似打着社会主义的旗号，却是对资本主义的一种妥协。这一理论的根本性错误在于把资本等同于资本家，而不是一种生产关系。市场社会主义者把市场看成可以产生理想效果的工具。但关键问题是：这一工具更像是我们可以拿在手中的罐头起子还是我们身在其中的绞肉机？奥尔曼的结论是，"市场社会主义者错以为市场是罐头起子，而它真正运作起来却更像是绞肉机"[①]。

最后，奥尔曼对市场社会主义者劳勒的观点作了理论上的批驳。其一，针对劳勒反对计划以及赞同市场社会主义的主要理由（苏联的经济事实），奥尔曼指出苏联并非民主的中央计划，对苏联的否定并不能代表是对中央计划的否定。其二，市场社会主义者对"工人国家制服市场而非取消市场的能力过于乐观"[②]，但是并没有充分阐明国家究竟如何制服市场以及其效果将如何。其三，市场社会主义难以发展成为完全的共产主义。共产主义的实现过程是漫长而艰难的，实现的前提条件必须精

---

① David Schweikart, James Lawler, Hillel Ticktin & Bertell Ollman, *Market Socialism: The Debate among Socialists* (NY: Routledge, 1998), p. 120.

② David Schweikart, James Lawler, Hillel Ticktin & Bertell Ollman, *Market Socialism: The Debate among Socialists* (NY: Routledge, 1998), p. 151.

心培育。市场以及随之而来的危机、竞争、不平等等问题，无法为走向共产主义做好准备。

奥尔曼反问道："作为将对立特性相混合的一种尝试，市场社会主义更像盐和胡椒，还是火和水？"① 社会主义与市场，是如"盐和胡椒"一样能够很好地结合，还是根本就是水火难容？对此，他的态度是否定的："市场和社会主义的特征在任何未来的市场社会主义社会中都无法享有长期的稳定。"② 资本主义的做法、思想、价值及其问题都已包含在市场之中，而市场经历强化的是市场意识形态，这与社会主义的思想、价值是不一致的、难以相容的，因此市场社会主义也就难以持久。

（三）市场与社会主义结合的不同具体模式

20 世纪 90 年代以来，美国加利福尼亚大学戴维斯分校经济学教授、著名的"分析马克思主义"经济学家约翰·罗默所提倡的"证券市场社会主义模式"、美国芝加哥洛约拉大学哲学系教授戴维·施韦卡特所提倡的"经济民主"市场社会主义模式以及美国西伊利诺伊大学经济学教授詹姆斯·扬克的"实用的市场社会主义模式"是美国三大市场社会主义流派。

1. 罗默的"证券市场社会主义模式"

罗默通过深入研究市场社会主义理论和实践，提出代替苏联社会主义和当代资本主义的"证券市场社会主义模式"。这一模式沿用了资本主义经济中的一些微观机制，保留了利润最大化企业、管理企业经营的经理由董事会确定以及一种变形的资本市场。同时，坚持了社会主义利润分配的平等原则。

---

① David Schweikart, James Lawler, Hillel Ticktin & Bertell Ollman, *Market Socialism：The Debate among Socialists*（NY：Routledge, 1998）, p. 103.

② David Schweikart, James Lawler, Hillel Ticktin & Bertell Ollman, *Market Socialism：The Debate among Socialists*（NY：Routledge, 1998）, p. 104.

罗默的市场社会主义模式与当代资本主义相比存在根本性区别。这一模式保留利润最大化的企业，其中企业的经理由董事会成员决定。而作为企业工人和股票持有者的代表，董事会成员则主要是由商业银行的代表构成。同时也存在小型私有企业，但不允许个人投资公共部门的企业，因此就会导致一种平等化的利润分配结果。其中，所有银行实行公共国有化并且为企业提供投资资金以及监督企业的经营管理，而企业的利润则归所有股东。

起初，所有成年公民凭借政府所分配的定额息票或凭单去购买企业股票，并相应地分享该企业的利润。公民不能以货币形式来转卖股票，因此企业的股份，即企业的所有权不可能聚集在少部分阶层手中。但是股票能用"以票换票"的形式交易，结果同样也会使股票市场的价格发生相应的变动。此时，银行就能根据股票价格的变化来判断企业经营的情况，进而对企业的经营管理进行监督、管理。最终，个人死亡之后会将自己所拥有的全部息票上交给国家，国家再次将其分配给新一代的成年人。依此循环往复。因此，"息票体系是让人民在其有生之年分享该经济总利润的机制，同时也利用股票市场具有的优点作为承担风险和监督企业的手段"[1]。

罗默的市场社会主义模式缓和了中央计划经济模式中出现的矛盾和问题。在市场竞争的环境中，企业在计划中所面临的信息、激励机制以及创新问题就能得到解决。而且，不依赖于中央计划局的企业也就不存在集权主义的倾向。此外，与资本主义经济模式相比，这一模式还能保证一种相对的平等，或者说是降低了资本主义社会的不平等程度。资本主义社会存在两个最基本的问题，即经济上的不平等和投资的不合理。罗默模式大大降低了由所有权导致的经济不平等：一方面减少了资本家凭借生产资料私有所获得的收入；另一方面全体公民大体上平等享有集体财产以及剩余产品，而且股票交易中产生的经济不平等也会像资本主

---

① 〔美〕约翰·罗默：《社会主义的未来》，余文烈等译，重庆出版社，1997，第45页。

义社会中产生的一样得到积累和集中。

此外，罗默模式还提到了对投资不合理的管控。市场是使经济短期内发展最有效的机制，但是它在决定长期、持续、合理的投资方面却未必如此，这就需要政府调控来对市场调节加以补充。罗默的证券市场社会主义模式比当前的资本主义经济中需要更多的计划，特别是投资计划。但也不能过分重视政府调控这一"看得见的手"，罗默对此的解决办法是控制利率。

罗默模式通过改造并利用资本主义的微观机制以保持高效，又通过变革资本主义财产分配方式以实现平等。但罗默模式中也存在一些有待商榷的问题，例如如何实现效率与平等的统一、如何确保对经理的有效监督、如何形成有效的资本市场等。这些难题无疑弱化了罗默"证券市场社会主义模式"的现实性。

2. 施韦卡特的"经济民主的"市场社会主义模式

施韦卡特提出的"经济民主"市场社会主义模式，"建立在工人自我管理、有点限制性的市场、社会化的投资基础上"①。施韦卡特认为这一模式不仅在经济上充满活力，具有可能性，并且在经济上也是有效率的，因而合乎需要。区别于资本主义的雇佣劳动、生产资料私有制以及商品、服务、资本和劳动力市场，"经济民主"市场社会主义模式的三个基本经济制度包括企业的工人自我管理、商品和服务市场以及投资的社会控制。这一模式具有以下三大基本特征。

其一，工人对所有生产性企业实行民主管理，这是最核心的特征。每一个企业都实行民主管理，所有工人通过工人委员会合法拥有选举和监督企业经理的权利。关于企业的组织纪律、生产工艺、生产任务、收益分配等问题的决策，都由工人来民主地决定。即便是大规模的企业需要授权工人委员会或总经理来进行决策，工人委员会或总经理的人选也

---

① 〔美〕戴维·施韦卡特：《反对资本主义》，李智、陈志刚等译，中国人民大学出版社，2013，第67~68页。

由工人选举产生。但是工人只负责管理企业，而生产资料属于社会集体财产。劳动者掌控着作为集体财产的国家基本财产，因此"一个企业并非归它的工人所有，而是由他们控制的联合体"①。

其二，实行市场经济，即原材料和消费品的交易价格是由供求力量决定的。中央计划助长了无效率现象，缺乏反映供求关系的价格机制，生产者或计划者很难做出最有效的生产活动或计划。因此，社会主义经济必须要实行市场经济，即消费品和资本的配置是由市场决定的。市场有它独特的优势以及缺陷，"诀窍在于恰当地使用这个工具"②。资本和劳动市场存在诸多自发性问题，而市场社会主义因取消了资本和劳动力市场就能消除由此导致的后果。"工人自我管理的目的在于打破劳动力的商品特性及其伴随而来的'异化'。"③ 因此，这一模式比资本主义经济更平等、更民主，也不会具有资本主义因资本过度流动所带来的毁灭性特征。同时，因存在其他形式的市场，经济无须服从无所不包的计划。但对市场的倚重并非意味着对计划的完全舍弃。建设民主经济的过程是要使计划和市场一体化，即"只有可以有效地规划的才是计划的，其余的则属于市场"④。

其三，社会调控投资，这是一个关键性特征。资本主义制度的强大激励机制就是实现资本价值的增长，因此资本家会把大量利润用于再投资。但"经济民主"市场社会主义模式不存在这种扩张压力，自然也就不存在"资本"。投资的社会调控缓解了资本主义生产的无政府状态。其中，投资基金的产生和分配是通过民主协商的方式进行的。它源自资本财产税而非私人储蓄的利息，即中央政府对资本资产征税，税率是由

---

① David Schweikart, James Lawler, Hillel Ticktin & Bertell Ollman, *Market Socialism: The Debate among Socialists* (NY: Routledge, 1998), p.17.
② 〔美〕戴维·施韦卡特:《反对资本主义》，李智、陈志刚等译，中国人民大学出版社，2013，第 64 页。
③ 〔美〕戴维·施韦卡特:《反对资本主义》，李智、陈志刚等译，中国人民大学出版社，2013，第 64 页。
④ 〔美〕戴维·施韦卡特:《反对资本主义》，李智、陈志刚等译，中国人民大学出版社，2013，第 337 页。

民主的方式而不是市场的方式决定的。施韦卡特认为，向私人支付利息是资本主义不平等的根源，依赖私人储蓄就是使经济依赖储蓄者、投资者，而收税则避免了这些问题。然后，银行以企业的盈利状况为标准将其分配给企业用于新投资。

尽管施韦卡特从理论上充分论证了"经济民主的"市场社会主义模式所具有的众多优势和特点，但是如何将这些具体的制度设计加以实践性的运作，他并未提供令人信服的实现路径。而且，"经济民主"市场社会主义在一些方面也没有充分发挥市场经济的主导性作用，例如不允许社会主义企业参与国际竞争从而避免市场的某些缺陷，这可能也会限制市场机制发挥其作用。

3. 詹姆斯·扬克的"实用的市场社会主义模式"

作为美国最早提出经理管理型市场社会主义模式的经济学家之一，扬克在20世纪70年代就提出了著名的"实用的市场社会主义模式"。该模式的宗旨是实现比现代资本主义经济体系更高的经济效率以及更平等和公正的财产收入分配体系。区别于资本主义社会的所有权收益归属于个人所有，在实用的市场社会主义模式中，所有权收益归公共所有局所有，即国家的政府代理机构。公共所有局的主要任务是监督经理以效率原则经营企业以及平等分配利润。

其一，坚持利润导向原则，实现高效发展。公共所有局包括国家公共所有局、地方公共所有局以及公共所有局代理人，"每一个公有公司只对唯一一个公有制局的代理人负责"[1]。而公共所有局的目的，则是监督和激励公有企业的经理实现利润最大化。它只负责管理人员的选任、监督和解雇工作，而被禁止向企业经理发布具体的操作指示[2]。但社会

---

① James A. Yuncker, "Capital Management under Profit-oriented Market Socialism: An Explicit Function Approach", *Southern Economic Journal* 63 (1996), pp. 18-35.

② James Yuncker, "Post-Lange Market Socialism: An Evaluation of Profit-Oriented Proposals", *Journal of Economic Issues*, No. 3 (1995), pp. 683-717.

中的小型企业，仍然依照原来的方式运行。而对于所有的大型、固定企业，则由公共所有局接管并依据合理的管理章程监控这些公司的运营状况。

其中，国家公共所有局的责任包括负责管理公有公司的收入和分配社会红利，同时判断企业经营运作状况并确定任免企业经理的标准。为确保监控的有效性，地方公共所有局的主要责任是从经验丰富的企业高级管理人员中选任一些代理人来对企业实施监督。其中，为了增加代理人职位的吸引力，其收入与其监督的公有公司的利润相关。代理人的主要责任是监督所负责企业的经营状况，并据此决定企业经理的任免以及另聘新人。公共所有局代理人承担了资本主义公司中董事委员的责任，其收入与企业的运行状况直接相关。因此代理人会在激励之下有效行使对企业的监督权，而代理人也会受到公共所有局中央管理人员的监督。这种设置的目的是重新分配所有权收益而同时保留资本主义的高效。

其二，消除资本所有权收入，确保分配平等。为了避免资本主义社会中生息资本所有权导致的分配不公现象，扬克主张将规模大型的生产资本私人所有制转为公共所有制。公共所有局本身就是行使公有财产或生产资料公有制权利的机构。因此由它来接管股票、债券以及私人所有的金融工具。"在实用的市场社会主义下，所有公共公司的具有投票权的股票都归于公有制局。"[①] 此外，扬克的"实用的市场社会主义模式"还保留着小私营企业，而且也不限制私营企业的规模，但要向公共所有局缴纳资本使用税。

公共所有局的重要责任是将公有企业的利润，以社会福利的形式分配给全体社会成员。作为股票和债券的所有者，公共所有局将所征收的红利和利息在扣除5%的行政开支以后，再以社会福利的形式用以公共开支从而归还于公众。而社会成员所得红利则是依据其劳动收入。

扬克的"实用的市场社会主义模式"不仅保存了当代资本主义的效

---

① James Yuncker, "Post-Lange Market Socialism: An Evaluation of Profit-Oriented Proposals", *Journal of Economic Issues*, No. 3 (1995), pp. 683-717.

率，而且还消除了在各种非劳动财产收益方面的分配不平等。这一模式的各种制度和日常经营，与资本主义经济都非常相似。但与资本主义相比，这一模式因将所有权收益分散于全社会而更显平等，因为公共所有局的监督而使经济效率更高。然而，对于扬克的"实用的市场社会主义模式"，施韦卡特认为其缺点在于缺乏工厂民主，因此也就不具备与工厂民主相关的各种优点，如"重要的未知的高效率、更多地参与自治、更合理的劳动力市场、经济上对非理性的倡导性消费和经济增长的更少依赖"①。更重要的是，施韦卡特认为实现从"实用的市场社会主义模式"向其他模式转变的现实可能性很小，转变问题"是扬克模式中的阿基里斯足踵"②。相对而言，实用的市场社会主义模式既不是最理想的，也非更现实的目标。

市场社会主义理论的核心就是将两者相结合，以市场机制来实现社会主义的目的。它是一种发展性理论。通过对资本主义社会经济事实以及社会主义国家经济模式的批判，对自由主义者与传统马克思主义者之间持续性争论的总结、完善，市场社会主义理论随着时代发展不断获得新的思想内容，这一理论体系也得到了丰富、发展、创新。布鲁斯和拉斯基就指出，市场社会主义理论令人心动并由此获得支持的原因在于，"它的明显的开放性质，这就使它能够充分灵活地根据实际生活所确认的迫切需要而发生变动"③。从兰格的计划模拟市场引出社会主义与市场结合的可能性问题，到英国的"联姻论"市场社会主义证明社会主义与市场结合的必要性问题，再发展到多重模式阐明社会主义与市场结合的可行性问题。市场社会主义理论为人们勾勒了经济效率与社会平等共存的美好蓝图。尽管仍然存在诸多歧见，但当前已经形成的共识是：作为

① 〔美〕戴维·施韦卡特：《反对资本主义》，李智、陈志刚等译，中国人民大学出版社，2013，第304页。
② 〔美〕戴维·施韦卡特：《反对资本主义》，李智、陈志刚等译，中国人民大学出版社，2013，第305页。
③ Wlodzimierz Brus and Kazimierz Laski, *From Marx to the Market.* "*Socialism in Search of Economic System*" (Oxford: Oxford University Press, 1991), pp. 151-152.

资源配置方式的计划和市场，能够脱离或者结合某种具体的社会制度；社会主义经济的发展离不开市场与计划的双重调节作用，其中市场机制在经济中发挥着主导性作用。这就为此后社会主义与市场经济相结合的具体实践提供了必要的理论铺垫。

第四章　社会主义与市场经济结合的中国实践

　　新中国成立之初，中国依照对马克思主义经典作家有关未来社会设想的理解，以及对第一个社会主义国家苏联经济模式的借鉴，建立了高度集中的计划经济体制，并将其作为社会主义基本经济制度。随着旧的经济体制的弊端渐露，中国开始在社会主义基本制度的基础上探寻新的经济体制，重新选择配置资源和组织社会经济活动的方式。20世纪50年代中期以后，以毛泽东为核心的党的第一代中央领导集体试图以行政分权的方式来改革旧的经济体制。尽管产生了一些富有创造性观点，但由于没有对社会主义与市场经济的关系进行根本性变革而导致最终收效甚微。党的十一届三中全会开启了中国经济体制改革的新时期。在此后的经济体制改革实践过程中，中国不仅以一种渐进、稳健、有效的方式建立了社会主义市场经济体制，而且在社会主义与市场经济的关系问题上，从理论上超越了传统的社会主义理论、西方主流经济学以及市场社会主义理论，也超越了苏东社会主义国家经济体制改革的理论和实践。

一　社会主义市场经济体制形成的基本脉络

　　中国在新中国成立之后曾照搬苏联模式，建立起高度集中的传统计划经济体制。从20世纪50年代中期开始，中国尝试采取行政分权的方式，改革传统计划经济体制。但由于并未触动计划经济体制的根本，收效甚微。从 1978 年起，中国真正启动了经济体制变革的全新进程。与苏联和东欧国家的激进变革不同，中国的经济体制改革采取的是一种渐进、稳健、有效的方式，最终踏上建立社会主义市场经济体制的道路。从计划经济向市场经济的转变经历了几个主要阶段。

（一）"计划经济为主、市场调节为辅"

新中国成立初期之所以实施计划经济，是由于国外影响和国内环境的双重驱使。一方面，西方屡次爆发的经济危机将市场经济的缺陷暴露无遗，之后传统市场经济国家纷纷采用经济手段、行政手段甚至国家计划来调控经济，试图通过经济计划的方式将国家从危机的泥潭中救出。与市场经济不尽如人意的表现不同，计划经济却在苏联表现出巨大的优越性。苏联不仅在短时期内就成为欧洲第一工业强国，而且还在第二次世界大战中击溃了此前战无不胜的德国。于是，高度集中的计划经济体制成为吸引社会主义国家的唯一模式。另一方面，新中国成立之初，面临经济十分落后的现状以及国外敌对势力的威胁甚至入侵。缓和并稳定国内经济局势，以及迅速发展重工业以尽快实现工业化目标的需要，也促使中国要建立高度集中的计划经济体制。因此，根据对马克思主义经典作家有关未来社会思想的传统理解，在模仿苏联计划经济模式的基础之上，通过借鉴党在革命根据地和解放区所实行的战时经济管理体制，中国在实施第一个五年计划期间建立了高度集中的计划经济体制。

计划经济体制的主要基本特征大致包括以下方面：其一，国家所有制居主导地位；其二，国家掌握着经济决策权，其中包括宏观的资源分配以及微观资源的配置；其三，国家通过自上而下的命令协调经济活动；其四，市场机制在经济发展中的作用微乎其微。尽管这种体制能够最大限度地动员和集中资源，从而实现国家紧急的和压倒一切的需要。新中国成立初期确立的高度集中的计划经济体制，确保了中国国力薄弱情况下能够将有限的资源用于重点发展，从而建立了相对独立的国民经济体系。然而，计划经济体制却存在内生性的缺陷，最根本就在于它将市场的力量排除在外。这就导致这一体制具有不可避免的低效性。试图通过无所不包的计划来实现资源的优化配置，注定是失败的，"这不是计划技术问题，而是一个基本的、哲学意义上的方法论问题"①。

随着经济的恢复和发展，传统计划经济体制的弊端日益显露，管理方面的权力过分集中以及政企不分导致企业缺乏提高劳动生产率的积极性，分配方面的吃大锅饭和严重的平均主义使企业和职工丧失生产的积极性、主动性和创造性，从而造成重复生产、重复建设等资源浪费的现象，也难以促进技术进步和劳动生产力的提高。总之，高度集中的计划经济体制的弊端日益显露，难以继续推进生产力的发展和现代化的建设。对此，以毛泽东为核心的党的第一代中央领导集体已经有所察觉。1956年，毛泽东在《论十大关系》中直接指出："最近苏联方面暴露了他们在建设社会主义过程中的一些缺点和错误，他们走过的弯路，你还想走？过去我们就是鉴于他们的经验教训，少走了一些弯路，现在当然更要引以为戒。"② 针对高度集中的计划经济体制所引起的一些弊端，毛泽东等人也曾提出了改革的设想。他们不仅对社会主义条件下的商品经济问题提出了一些富有启发性的观点，而且还对既有的经济体制做出了一些调整。但是，这些改革仅限于中央和地方的分权，没有从计划体制的根本上有所突破，对社会主义与市场经济的关系问题所做的探索只是初步的。

党的十一届三中全会开辟了一个新的历史时期。改革开放以后，人民对经济发展日益高涨的诉求，以及对计划与市场之间关系的重新认识，为加速传统计划经济体制的改革提供了社会基础和思想基础，也为突破原有经济体制的桎梏做了充分准备。改革开放伊始，邓小平就指出党和政府在相当长的一个历史时期的主要任务就是实现现代化建设，"为了有效地实现四个现代化，必须认真解决各种经济体制问题，这也是一种

---

① 景维民等：《经济转型的理论假说与验证——市场社会主义的传承与超越》，经济科学出版社，2011，第30页。

② 《建国以来重要文献选编》第8册，中央文献出版社，1994，第243页。

很大规模的很复杂的调整"①。因此，深入改革传统计划经济体制以及建立新的经济体制，就成为中国社会主义现代化建设的一条必由之路。

党的十一届三中全会回顾了新中国成立以来中国经济建设的经验教训，深刻剖析了计划经济体制的"严重缺点"，即"权力过于集中"，并提出了改革高度集中的计划经济体制的重要内容，主张应该让企业在计划指导下掌握更多的自主权，"应该坚决实行按经济规律办事，重视价值规律的作用"②。十一届三中全会以后，陈云在一次讲话中再次指出，苏联和中国计划经济中的缺点就是没有在社会主义制度下实行市场调节，即按价值规律调节。他肯定了计划经济与市场可以结合的观点，强调整个社会主义时期必须存在两种经济：一种是作为基本的、主要部分的计划经济，另一种是作为次要的、从属而又必需的市场调节部分，这种部分经济同时并存具有必然性和必要性③。

在 1979 年 6 月召开的五届人大二次会议上，《政府工作报告》中就提出要对现行的经济体制实行全面改革，提出了要逐步建立起计划调节与市场调节相结合的体制，以计划调节为主，同时充分重视市场调节的作用。1980 年 1 月，邓小平在中央召集的干部会议上指出，在发展经济方面，正在寻找一条合乎中国实际又够快一点、省一点的道路，其中包括"在计划经济指导下发挥市场调节的辅助作用"④，这就明确表达了要把计划调节与市场调节相结合的思想。1981 年 6 月，党的十一届六中全会通过的《关于建国以来党的若干历史问题的决议》明确肯定，计划调节与市场调节要结合。《决议》指出，社会主义生产关系的发展模式不是固定不变的，要根据生产力的发展要求创造出与之相适应的生产关系的具体形式。强调要"必须在公有制基础上实行计划经济，同时发挥市场调节的辅助作用"，"要大力发展社会主义的商品生产和商品交换"⑤。

---

① 《邓小平文选》第 2 卷，人民出版社，1994，第 161 页。
② 《三中全会以来重要文献选编》上，人民出版社，1982，第 6~7 页。
③ 《三中全会以来重要文献选编》上，中央文献出版社，2011，第 63 页。
④ 《三中全会以来重要文献选编》上，中央文献出版社，2011，第 272 页。
⑤ 《三中全会以来重要文献选编》下，中央文献出版社，2011，第 169 页。

1981 年 11 月，五届人大四次会议的《政府工作报告》明确指出，中国基本的经济形式是公有经济，而一定范围的个体经济则是其必要补充，必须要大力发展社会主义的商品生产和商品交换。此次报告还强调：中国经济体制改革的基本方向之一就是"在坚持实行社会主义计划经济的前提下，发挥市场调节的辅助作用，国家在制定计划时也要充分考虑和运用价值规律"，同时把正确认识和处理计划经济和市场调节的关系问题看作改革中的一个关键问题①。

最终于 1982 年 9 月，党的十二大确立了"计划经济为主、市场调节为辅"②的原则，指出正确贯彻这一原则"是经济体制改革中的一个根本性问题"③。党的十二大报告指出，中国实行的是在公有制基础上的计划经济。其中，国民经济的主体是有计划的生产和流通，而部分不作计划的生产和流通则由市场调节，即价值规律在国家计划划定的范围内自发起调节作用。对于主体而言，这一部分是属于从属、次要但又是必需、有益的补充。为了确保经济发展的集中统一与灵活多样，计划管理要依据不同的情况采取指令性计划和指导性计划这两种形式。"计划经济为主、市场调节为辅"这一改革原则的确立，就成为此后几年中国经济体制改革的指导性思想。党的十二大之后，中国先后在农村和城市开启了对高度集中的计划经济体制的改革步伐。

党的十一届三中全会之后，经济理论研究围绕着社会主义经济问题取得前所未有的突破性进展，尤其是社会主义商品经济问题，它直接关系到社会主义经济体制模式选择的重大问题。当时理论界已经肯定社会主义经济也是商品经济，社会主义计划经济要以社会主义商品经济为基础。关于计划和市场的关系，也已经突破了两者互不相容的观念④。但是，本质上仍然没有突破"计划经济为主、市场调节为辅"的范围。党

① 《三中全会以来重要文献选编》下，人民出版社，1982，第 1028 页。
② 《十二大以来重要文献选编》上，人民出版社，1986，第 22 页。
③ 《十二大以来重要文献选编》上，人民出版社，1986，第 23 页。
④ 本刊记者：《中国社会主义经济理论的回顾与展望》，《经济研究》1985 年第 6 期。

的十二大也并没有提出"商品经济"的概念，尽管在此之前理论界对此已有讨论，甚至有人还提出了"社会主义市场经济"的概念①。

（二）"有计划的商品经济"

20世纪80年代初，邓小平分析了中国计划经济的利弊："优越性就在于能做到全国一盘棋，集中力量，保证重点。缺点在于市场运用得不好，经济搞得不活。"② 基于此，他强调只有解决好计划与市场的关系问题，才能更好地发展社会主义的经济。这就将正确认识和处理计划与市场关系的问题，与社会主义经济发展的前景联系起来，充分表示了对这一问题的重视。

1984年10月，党的十二届三中全会通过《中共中央关于经济体制改革的决定》，在分析总结中国农村和城市经济体制改革的成就和经验基础上，构设了经济体制深入改革的新目标，即"建立自觉运用价值规律的计划体制，发展社会主义商品经济"③。《决议》指出，社会主义经济较资本主义经济更优越的根本标志之一，在于生产资料公有制基础上的计划经济。社会主义计划经济"是在公有制基础上的有计划的商品经济"④。充分发展的商品经济，是社会经济发展中不可逾越的一个阶段，大力发展商品经济是实现经济现代化的必要条件。但发展社会主义的商品经济，需要在有计划的指导、调节和行政管理之下进行。计划经济包括指令性计划和指导性计划两种具体形式。计划经济体制改革的一个方向，就是渐进恰当地缩小指令性计划的范围，而适当扩大指导性计划的范围。社会主义与资本主义的根本区别，并不是商品经济存在与否或者价值规律是否发挥作用。因此，改革计划体制的思想前提，就是突破传统观念的束缚。也就是说，计划经济与价值规律、商品经济并非互相排

① 刘国光：《关于社会主义市场经济理论的几个问题》，《经济研究》1992年第10期。
② 《邓小平文选》第3卷，人民出版社，1993，第16~17页。
③ 《十二大以来重要文献选编》中，人民出版社，1986，第567页。
④ 《十二大以来重要文献选编》中，人民出版社，1986，第568页。

斥、相互对立的，而是可以结合在一起的。

　　社会主义有计划商品经济理论对社会主义经济做了新的科学概括，不再将其看作纯粹的计划经济，突破了对社会主义经济的传统认知，这是对马克思主义商品经济理论的重大突破，是"马克思主义基本原理和中国社会主义实践相结合的政治经济学"①。将商品经济纳入社会主义经济体制改革的目标之中，就为中国经济体制的改革提供了基本的理论依据。对于党的十二届三中全会通过的《决定》所提出的社会主义有计划商品经济理论，邓小平评价道："这次经济体制改革的文件好，就是解释了什么是社会主义，有些是我们老祖宗没有说过的话，有些新话。我看讲清楚了。过去我们不可能写出这样的文件，没有前几年的实践不可能写出这样的文件。写出来，也很不容易通过，会被看作'异端'。我们用自己的实践回答了新情况下出现的一些新问题。"②

　　1987 年 10 月，党的十三大报告提出："社会主义有计划商品经济的体制，应该是计划与市场内在统一的体制。"③ 报告指出，要科学理解经济体制改革的性质。发展各种类型的市场等措施并非要发展资本主义，这些措施可以而且应当被社会主义所利用，同时其消极作用也会在社会主义社会中被限制。所谓"计划与市场内在统一的"经济体制，意味着以下三个方面。

　　第一，计划调节和市场调节只是两种形式、手段，并非社会主义和资本主义的本质区别。计划调节是自觉调节社会劳动分配的一种形式，这种形式依据的是社会经济活动的整体统一性，以及社会经济利益的共同一致性。而市场调节或者说价值规律调节，则是通过市场机制影响生产者的经济利益来实行资源的合理配置。新经济体制要把市场调节和计划调节这两种方式内在地结合在一起。社会主义商品经济的发展必须要利用市场调节，但这并不意味着要发展资本主义。以公有制为基础的社

---

①　《邓小平文选》第 3 卷，人民出版社，1993，第 83 页。
②　《邓小平文选》第 3 卷，人民出版社，1993，第 91 页。
③　《十三大以来重要文献选编》上，人民出版社，1991，第 26 页。

会主义商品经济，其目的是灵活运用不同的手段来实现国民经济的协调发展。

第二，应建立以间接管理为主的宏观调控体系。国家对企业的管理应逐步由指令性为主的直接管理，转向以间接管理为主，并利用商品交换和价值规律的作用。以指令性计划为主的直接管理，无法适应社会主义商品经济的发展，因此要逐步缩小其范围。但对于某些至关重要的建设工程、特殊企业以及稀缺性商品，仍然需要进行必要的直接控制，但尽量要以恰当的方式来加以控制。

第三，新的经济运行机制应当是"国家调节市场，市场引导企业"。[①] 实现资源的优化配置，需要将市场和自由竞争的作用与国家的计划调节结合起来。其中，通过经济的、法律的以及必要的行政手段，国家对市场的供求、运行、价格等方面进行调节，为企业创造适宜的社会经济环境；市场通过价格机制、竞争机制等，引导企业自主进行生产、经营以及投资的决策。国家和企业之间、计划与市场之间、宏观与微观之间，紧密联系组成一个有机的整体。

总之，从党的十二届三中全会提出"有计划的商品经济"，到党的十三大提出"计划与市场内在统一的"经济体制，从实践上推动了中国经济体制改革的深入发展。中国逐步脱离旧的计划经济体制的窠臼，并确立起具有中国特色的新的经济体制。但是，对于计划、市场与社会制度的关系问题，人们并未脱离传统观念的束缚而形成全新认识；对于究竟是计划还是市场主导资源配置这一问题，也没有形成一种清楚的认知。

（三）"社会主义市场经济体制"

党的十二届三中全会加速了中国经济体制改革的整体步伐，但经济快速发展的同时，产业比例关系失调、效益效率低下、物价上涨、通货膨胀等问题也相继出现。为此，党的十三届三中全会强调，此后两年改

---

① 《十三大以来重要文献选编》上，人民出版社，1991，第 27 页。

革的重心是整治经济环境和整顿经济秩序。与此相适应，有计划商品经济的改革目标就是逐步建立计划经济与市场调节相结合的机制。1990年3月，七届人大三次会议再次指出经济体制改革的主要目标，并强调"正确认识和贯彻计划经济与市场调节相结合的原则，是深化和完善改革的关键问题"①。治理整顿尽管有利于坚定中国经济体制改革的基本方向，但是其中个别政策措施，尤其是过多的行政措施偏离了既定的改革目标。因此，邓小平告诫全党不能再以原来的方式继续下去了，必须要通过深化体制改革的方式来解决遗留任务和新生问题。

　　1992年初春，邓小平在南方视察过程中发表了具有里程碑意义的重要讲话。针对当时由于姓"社"姓"资"的抽象争论所致的改革迈不开步子这种状况，邓小平准确判定并高度概括了社会主义本质与计划、市场之间的关系。他从具体社会制度中，把计划和市场这两种经济手段"剥离"出来，为经济体制改革最终目标的确立铺设了理论基调。其实早在"南方谈话"发表之前，邓小平就已经表明市场经济并非资本主义专属，社会主义也可以发展市场经济，两者之间并不存在根本性的矛盾冲突。而且，只有将两者结合起来才会促进生产力发展。邓小平关于社会主义与市场经济关系的认识，为经济体制改革目标的确立奠定了认同基础，成为确定社会主义市场经济体制改革目标的理论先声。

　　1992年6月，江泽民强调指出："建立新经济体制的一个关键问题，是要正确认识计划与市场问题及其相互关系，就是要在国家宏观调控下，更加重视和发挥市场在资源配置上的作用。"② 这次讲话高度强调了市场作为资源配置方式的有效性，把市场的地位提升到了一个新的高度。通过回顾十一届三中全会以后，党对于计划与市场问题及其相互关系的发展性认识，提出把"社会主义市场经济体制"作为要建立的社会主义的新经济体制③。

---

① 《十三大以来重要文献选编》中，人民出版社，1991，第973页。
② 《十三大以来重要文献选编》下，人民出版社，1993，第2069页。
③ 《十三大以来重要文献选编》下，人民出版社，1991，第2073页。

1992 年 10 月，在党的十四大报告中，江泽民明确提出了中国经济体制改革的目标模式，即"建立和完善社会主义市场经济体制"①。报告指出经济的发展不能被姓"社"姓"资"这类抽象争论束缚住，社会主义要吸收、借鉴、利用一切反映现代化生产和商品经济一般规律的方式、方法，这将有利于社会主义的经济发展。中国经济体制改革的目标模式"关系整个社会主义现代化建设全局"②，其核心就在于正确认识和处理计划与市场的关系问题。1993 年 11 月，党的十四届三中全会通过《中共中央关于建立社会主义市场经济体制若干问题的决定》，目的是要贯彻、落实党的十四大确立的经济体制改革任务，把改革的目标和原则加以系统化、具体化。它概述了经济体制改革所面临的新形势和新任务，勾勒了从计划经济体制过渡到市场经济体制的总体框架，回应了若干当时较受关注的重大理论和实践问题。

从党的十一届三中全会开始提出要改革高度集中的计划经济体制，直至党的十四大正式确立社会主义市场经济体制的改革目标模式，充分展现了探索改革的目标模式是一个长期而又艰难的历程。中国特色社会主义市场经济体系的建立过程呈现出三方面的主要特征：第一，渐进性。一方面，社会主义市场经济体制的建立，是在保持基本制度不变的前提下进行的，这为渐进推动经济体制的改革创新提供了稳定的制度环境。另一方面，经济体制改革的目标模式是在不断探索过程中最终确立起来的，只有随着改革实践的逐步推进，人们的思想意识发生转变之后，经济体制改革的方位才最终明确。第二，连续性。新经济体制的确立并不是一蹴而就的，也不是在完全否定、摒弃计划经济的基础上建立起来的。经济体制的改革采取的是对旧体制的改造与新体制的创新相结合的方式，在此过程中经济体制实现了连续性发展。第三，系统性。作为社会主义与市场经济之间的有机结合，社会主义市场经济是一种系统的经济体制。中国的经济体制改革尽管先后提出过不同的思路，然而总体上都是在计

---

① 《十四大以来重要文献选编》上，人民出版社，1996，第 497 页。
② 《十七大以来重要文献选编》上，中央文献出版社，2009，第 800 页。

划经济体制的基础上，试图将计划与市场结合起来。但最终改革的步伐并未止步于此，而是建立了社会主义市场经济体制。

社会主义市场经济体制的改革新目标，全面突破了局限于计划经济体制框架内的传统改革模式，深刻革新了社会主义与市场经济难以相融的传统社会主义观念。这是对中国社会主义经济体制改革实践探索的科学总结，也为中国经济体制的改革开创了一种全新的思路。

二　社会主义市场经济理论的确立和发展

社会主义市场经济体制的建立与完善，一方面源自对经济体制改革实践经验和教训的提炼、总结，另一方面，也是极为重要的，是以社会主义市场经济理论的形成和发展作为思想基础的。中国发展市场经济体制是人类历史上前所未有的伟大创举。其中，首先要解决的理论难题就是对社会主义、市场经济以及两者关系的科学理解。中国共产党人对社会主义市场经济理论的形成、发展和丰富，作出了重要的历史性贡献。

（一）毛泽东关于"社会主义商品经济"的初步性探索

从社会主义改造基本完成之后，社会主义是否允许发展商品经济、价值规律是否仍起作用等问题，一直都是以毛泽东为核心的党的第一代中央领导集体思考的重要问题。其中，毛泽东在20世纪五六十年代曾对社会主义的商品生产和价值规律等问题作出了集中系统地研究和阐述。他关于商品经济的思想主要集中在《关于社会主义商品生产问题》《价值法则是一个伟大的学校》《读〈苏联社会主义经济问题〉谈话记录》等文章中。在"大跃进"和人民公社化运动时期，针对一些人极力否定商品经济并要求取消商品经济直接过渡到共产主义的错误认识和看法，毛泽东认真研读了《苏联社会主义经济问题》《政治经济学教科书》等著作。在此基础之上，他对社会主义的商品经济等问题作出了较为系统又富有创见的阐述。

1. 社会主义时期发展商品经济的历史必要性和重要性

首先，商品经济不能过早废除。1958 年 11 月 2~10 日，毛泽东在一次工作会议上围绕社会主义的商品生产问题发表了重要讲话，其中主要批评了急于向共产主义过渡并企图废除商品生产等错误主张。他指出，不少人对商品和商业问题避而不谈，经济学家们也不谈论价值法则，好像是认为谈论商品生产就不是共产主义社会，反对商品经济就是共产主义了，但实质上两者相差甚远。

毛泽东斥责了那种认为国家在占据部分生产资料的情况下就废除商品生产和商品交换而实行物资调拨的想法，认为这种做法是在剥夺农民。"我国是商品生产很不发达的国家，比印度、巴西还落后。"[①] 针对中国生产力水平不高、商品经济比较落后的实际状况，毛泽东强调要继续发展商品生产，将其视作发展社会主义经济的一个重大原则。中国面对问题不是要使商品生产消亡，而是要大大发展商品生产。因此，毛泽东劝诫党内同志切莫着急要取消商品，强调这是不现实的。过早地取消商品生产和商品交换以及否定商品、价值、货币的积极作用，是极不利于社会主义建设发展的，也违背了经济发展的客观规律，因此必然是不正确的。

其次，废除商品经济是需要条件的。毛泽东指出商品流通消失是有条件的，那就是必须在产品充分发展之后。只有当社会产品十分丰富，并且一切生产资料都在国家的占有之下，才有可能废除商业商品生产和商品交换，才有可能过渡到产品交换的阶段。当一切产品都处于国家支配时，商品经济才可能会是不必要的。毛泽东强调："商品生产的命运，最终和社会主义生产力的水平有密切关系。因此，即使是过渡到了单一的社会主义全民所有制，如果产品还不很丰富，某些范围内的商品生产和商品交换依然有可能存在。"[②] 也就是说，向共产主义的过渡不是轻而

---

① 《毛泽东文集》第 7 卷，人民出版社，1999，第 435 页。

② 中共中央文献研究室：《毛泽东著作专题摘编》，中央文献出版社，2003，第 997 页。

易举就能实现的，必须要有步骤地进行。其中一个重要方面就是发展商品生产，"需要有一个发展商品生产的阶段"[①]。

　　毛泽东要求把商品生产作为一种有利的工具。一方面，尽管当时劳动成果、土地等都归属于人民公社，但是除了商品交换以外，农民并不会允许以其他方式来将其所生产的产品拱手交出。因此，必须要充分考虑到商品流通的必要性。这就是说，"只要存在两种所有制，商品生产和商品交换就是极其必要、极其有用的"[②]。因此，必须要发展社会主义的商品生产和商品交换，肯定其积极作用。另一方面，社会主义发展商品经济的消极作用已经得到了限制。当时有些人对共产主义充满向往并极力主张要消灭商品生产，他们认为商品生产就是资本主义的东西。对此，毛泽东认为他们是"没有分清社会主义商品生产和资本主义商品生产的区别，不懂得在社会主义条件下利用商品生产的作用的重要性"[③]。这种错误看法既没有意识到客观法则的存在，也没有认识到农民问题的重要性。因为脱离资本主义经济基础之后，商品生产就能够服务于社会主义，它就成为引导广大农民走向全民所有制的有力工具，为此应充分利用商品生产以发展社会主义的生产。要把商品生产和交换、价值法则当作能为社会主义所服务的有用工具，同时要限制商品生产的消极影响。

　　总之，社会主义过渡时期必须要利用商品生产来团结广大农民群众。1950 年中国遇到过城乡商品流通中断的危险，毛泽东认为应该积极借鉴苏联历史上面临类似困境时列宁大力提倡的发展商业的做法。他坚持主张人民公社阶段更要大力发展商品生产、商品交换，"要有计划地大大发展社会主义的商品生产"[④]。

　　再次，人民公社要发展商品生产。毛泽东强调："人民公社必须生产适宜于交换的社会主义商品"[⑤]，他要求人民公社应有计划地发展两方

---

① 《毛泽东文集》第 7 卷，人民出版社，1999，第 436 页。
② 《毛泽东文集》第 7 卷，人民出版社，1999，第 440 页。
③ 《毛泽东文集》第 7 卷，人民出版社，1999，第 437 页。
④ 《毛泽东文集》第 7 卷，人民出版社，1999，第 437 页。
⑤ 《毛泽东文集》第 7 卷，人民出版社，1999，第 434 页。

面的生产以便于满足整个社会的需要。一方面，要大力发展直接满足公社自身需要的自给性生产；另一方面，为满足国家以及其他公社的需要，要尽可能广泛地发展商品性生产。公社的生产要尽可能地丰富一些，不能只生产自己所需的产品。如果只偏顾自给性这一方的生产而忽视了商品生产和商品交换，那么农民就不可能将其生产的农产品直接与工人生产的工业品交换，结果是就会影响到农民和工人双方的生活，甚至整个国家的发展和建设都会受到影响。因此，既要发展自给性生产又要多多发展商品生产和商品交换。公社社员的需要是多种多样的，整个社会的需要就更是如此。因此尽可能多地生产产品、交换产品，才能不断满足公社持续增长的需要，以及满足整个社会日益增长的各种需要。

最后，要利用价值法则来服务于社会主义建设。毛泽东指出，在向共产主义逐步过渡的时期之内，要充分利用价值法则这一经济核算的工具。他将客观存在的价值法则比作"一个伟大的学校"，强调只有利用价值规律才有可能建设社会主义和共产主义，否则一切都不可能[①]。毛泽东在《读斯大林〈苏联社会主义经济问题〉谈话记录》中谈到，无论是国营企业还是集体企业，这些社会主义的经济单位都要利用价值规律，要以此作为经济核算工具，"以便不断地改善经营管理工作，合理地进行生产和扩大再生产，以利于逐步过渡到共产主义"[②]。

2. 判断商品生产性质的客观标准

毛泽东强调："商品生产不能与资本主义混为一谈。"[③] 针对中国当时的社会主义政治经济发展，他断定社会主义条件下的商品生产和商品流通，与资本主义的存在本质区别，并且为了服务社会主义的建设而提出要发展商品生产的任务。

毛泽东分析，中国已经实行了全民所有制，因此在商品生产和商品

---

① 《毛泽东文集》第 8 卷，人民出版社，1999，第 34 页。
② 《毛泽东著作专题摘录》上，中央文献出版社，2003，第 981 页。
③ 《毛泽东文集》第 7 卷，人民出版社，1999，第 439 页。

流通领域中，占主导地位的不再是资本家，而是国家、人民公社。在社会主义条件下发展商品生产和商品交换，由于已经脱离了资本主义制度，也不存在资本家剥削工人的情况。因此，中国的商品生产、商品流通与资本主义的具有根本性区别。那种对商品生产的惧怕，从根本上是对资本主义的惧怕，因此必须要严格区分商品生产与资本主义的关系，不能将两者混为一谈、视为一体。

那么判断商品生产性质的标准是什么？对此，毛泽东提出："商品生产，要看它是同什么经济制度相联系，同资本主义制度相联系就是资本主义的商品生产，同社会主义制度相联系就是社会主义的商品生产。"① 他强调："不能孤立地看商品生产"②，商品生产的历史源远流长，自古就已经存在，绝不是资本主义才出现的独特现象。并且，毛泽东也比较赞同斯大林所提出的商品生产并非不依赖于经济环境和条件而独立存在这一看法。这就从本质上区分了资本主义商品生产和社会主义商品生产。

3. 社会主义商品经济的范围

在阅读斯大林的《苏联社会主义经济问题》一书时，毛泽东要求广大干部也要认真研究此书，尤其是其中的第一章、第二章、第三章。对于《苏联社会主义经济问题》中有关商品和价值法则的许多观点，他都持赞成的态度，但同时也指出斯大林的一些看法存在含糊或是有所不妥。关于商品经济的适用范围，斯大林就认为生产资料不是商品。对此，毛泽东具体分析了中国的经济发展状况。在中国，生产资料既是商品又不是商品。其中很大一部分并不是商品，因为这些生产资料都是在全民所有制的范围内进行调拨，并没有发生买卖的行为和所有权的转变。同时也存在一部分生产资料属于商品，比如出售给公社的拖拉机等农业生产资料以及部分工业生产资料。这些由国家出售给人民公社的产品，发生

---

① 《毛泽东文集》第 7 卷，人民出版社，1999，第 439 页。
② 《毛泽东文集》第 7 卷，人民出版社，1999，第 439 页。

了所有权的转让和变更，而且在公社之间还能继续进行转让。毛泽东指出在中国，不仅是个人消费品，农业和手工业的生产工具也是商品。但这并不会导致资本主义。

总而言之，毛泽东充分肯定了社会主义条件下发展商品生产以及利用价值规律的重要性和必要性，严重批评了主张消灭商品和商品生产的错误认识和做法，清楚区分了商品生产与资本主义的关系，并且明确规定了商品经济具体性质的考量标准。他对商品生产与具体经济体制之间关系的界定和区分，为此后中国共产党认识和区分市场经济的性质提供了直接的理论指引。可以说，毛泽东的重大理论贡献在于，"他在科学社会主义史上第一次对社会主义商品生产和资本主义商品生产的根本区别做了科学的说明"[①]。但不可否认的是，毛泽东关于商品经济的认识没有突破"社会主义经济是计划经济"的传统理念。关于社会主义根本经济制度与具体经济体制之间的关系问题，依然没有得到解决。在他看来，商品生产只是社会主义条件下可以利用的一种工具。在这一理念主导下，中国始终未能突破苏联的计划经济模式，社会的一切经济活动依然在国家计划的轨道运行。

（二）邓小平关于"社会主义的市场经济"的开创性探索

西方经济学早就提出市场经济与资本主义私有制是统一的，且与社会主义相对立的观念。在此问题上，传统马克思主义经济学与西方经济学存在罕见的"共识"。但传统经济理论中的这一认识"误区"，却在实践上阻碍了人们对社会主义经济体制改革进行更深入地思考。社会主义市场经济体制的确立，突破了传统经济学的思想束缚，创新了马克思主义经济学的理论。在这一理论创新过程中，最关键的是把市场经济与资本主义私有制分离开来，从对资本主义依附关系中脱离出来的市场经济，不再具有制度性规定而是具有体制性规定的抽象范畴。

[①] 吴易风：《从社会主义商品生产到社会主义市场经济的理论发展轨迹》，《当代中国史研究》2005年第5期。

　　经济体制是对社会经济运行模式的总体概括。从经济体制上来考察市场经济，体现的是市场经济的一般规定。邓小平首先从"体制性"范畴出发来解释市场经济，市场经济不属于"制度性"范畴，仅仅是一个"体制性"范畴。这就确立了市场经济并非专属于资本主义，社会主义同样也能发展市场经济的全新理念，突破了国内关于姓"社"姓"资"的抽象争议，破除了以往市场经济与资本主义等同、计划经济与社会主义等同的传统认知。在社会主义市场经济理论的创新进程中，邓小平"解决了市场经济与社会主义是否相容这一世界性难题"[①]，作出了最具开创性的重大贡献。

1. 对社会主义本质的深刻认识

　　中国要实现从计划经济转向市场经济，首先就要从思想上实现转变，必须要破除视计划经济为社会主义本质特征的传统观念。这就关系到如何认识社会主义这一重大理论问题。邓小平从"重新认识社会主义"入手，将马克思主义经典作家设想的未来社会与现实的社会主义进行了比较，并依据社会主义建设的历史经验教训以及世情国情的具体发展，提出了社会主义的社会本质论。"社会主义的本质，是解放生产力，发展生产力，消灭剥削，消除两极分化，最终达到共同富裕。"[②] 关于社会主义本质的科学论断，从根本上纠正了长期以来将社会主义拘泥于具体模式的错误思想。邓小平关于社会主义本质的理解和阐释，是他论述社会主义的市场经济这一问题的基本前提。而且，也突破了把计划经济视为社会主义本质特征，以及把市场经济视为资本主义本质特征的传统思想的框定。

2. 对市场经济的体制性规定

　　邓小平从方法、体制的角度来对市场经济加以界定，他多次强调计

---

① 余逊达：《邓小平和中国经济制度创新》，《杭州大学学报》（哲学社会科学版）1994 年第 4 期。
② 《邓小平思想年谱（一九七五——一九九七）》，中央文献出版社，1998，第 460 页。

划、市场都是经济手段，是实现资源配置的两种不同方式，并不直接体现社会经济制度的性质。他要求人们必须从理论上明确，"资本主义与社会主义的区分不在于是计划还是市场这样的问题。社会主义也有市场经济，资本主义也有计划控制。资本主义就没有控制，就那么自由？最惠国待遇也是控制嘛！不要以为搞点市场经济就是资本主义道路，没有那么回事。计划和市场都得要"①。这就明确指出，不能把计划和市场作为区别社会经济制度性质的标志，两者只是调节经济运行的手段和发展生产力的方法，因此无论是资本主义制度还是社会主义制度都可以利用计划和市场。

1979 年 11 月，中国尚处于探索经济体制改革的起步阶段，邓小平在会见美国、加拿大的理论工作者时，就开始谈论到了"社会主义也可以搞市场经济"这个重要问题。关于社会主义与市场经济之间的关系问题，此时邓小平提出要站在"方法"的立场上去考虑。他认为，作为一种促进生产力发展的方法，市场经济不存在资本主义和社会主义的制度区分；市场经济在资本主义社会存在，但这并不意味着社会主义不能发展市场经济；利用市场经济，并不会影响到中国的社会主义性质，也不会使其发展为资本主义社会。邓小平指出，社会主义的市场经济在"方法上基本上和资本主义社会的相似"②。也就是说，作为一种经营管理办法和发展生产力的办法，市场经济无论是与资本主义还是社会主义这两种不同社会制度相结合都是"相似"的。这一洞见就清晰地"揭示了市场经济作为经济运行'方法'所具有的体制性的规定"③。

1987 年 2 月，在党的十三大召开前夕，邓小平再次明确了市场作为方法的体制性规定，发展市场只是为了实现生产力发展这一目的。体制性范畴只有与具体的制度范畴联系起来，才具有根本性的内涵。正如邓

---

① 《邓小平文选》第 3 卷，人民出版社，1993，第 364 页。
② 《邓小平文选》第 2 卷，人民出版社，1994，第 236 页。
③ 顾海良：《中国特色社会主义经济学的时代篇章——新时期中国共产党对马克思主义经济学的创新》，《经济理论与经济管理》2011 年第 7 期。

小平所强调的"计划和市场都是方法嘛。只要对发展生产力有好处，就可以利用。它为社会主义服务，就是社会主义的；为资本主义服务，就是资本主义的"①。

20世纪90年代之后，中国经济体制深化改革的实践发展，使人们再次从理论上深入思考市场机制在社会主义经济中的地位和作用。1992年春，邓小平在视察武昌、深圳、珠海、上海等地时发表的谈话中，清晰、精炼地阐述了市场经济与社会主义基本制度之间的关系问题。他指出："计划多一点还是市场多一点，不是社会主义与资本主义的本质区别。计划经济不等于社会主义，资本主义也有计划；市场经济不等于资本主义，社会主义也有市场。"② 这就更加明确表达了将市场经济视作体制性范畴的思想，解除了视其为基本制度范畴的思想约束，是在计划和市场关系问题上的一次突破性发展。将市场经济明确视为一种体制性规定，从根本上突破了一直以来把市场经济与资本主义等同起来、与社会主义割裂开来的错误观念，充分肯定了市场经济能够与社会主义结合的全新观念。

3. 利用市场经济发展社会主义生产力

新中国发展经济的历史证明，只实行计划经济无法解决发展生产力的问题，无法实现社会主义的目标，因此必须要对这种经济体制进行革新。在对社会主义本质以及市场经济的体制性内涵清晰认识的基础上，邓小平多次肯定了市场经济对促进生产力发展的效用，因此指出社会主义要利用市场这一方法，积极发展市场经济。

1985年10月，邓小平在会见美国高级企业家代表团时就指出："社会主义和市场经济之间不存在根本矛盾。问题是用什么方法才能更有力地发展社会生产力。"③ 生产力水平是社会主义本质和优越性的根本体

---

① 《邓小平文选》第3卷，人民出版社，1993，第203页。
② 《邓小平文选》第3卷，人民出版社，1993，第373页。
③ 《邓小平文选》第3卷，人民出版社，1993，第148页。

现，也是邓小平考察市场经济与社会主义关系问题的基本出发点。他根据中国经济建设发展的历史经验教训以及客观现实，提出社会主义的本质就是发展生产力，这也是社会主义制度优越性的最终衡量标准。但是传统的计划经济体制并没有解决发展生产力的问题，因此就要"吸收资本主义中一些有用的方法来发展生产力。……搞计划经济和市场经济相结合，进行一系列的体制改革，这个路子是对的"①。在邓小平看来，市场经济与社会主义的结合不存在根本矛盾，发展市场经济只是将其当作一种方法来用，最根本是在于"计划经济和市场经济结合起来，就更能解放生产力，加速经济发展"②。

邓小平明确指出，无论是计划还是市场，"只要对发展生产力有好处，就可以利用"③。"社会主义和市场经济之间不存在根本矛盾。问题是用什么方法才能更有力地发展社会生产力。我们过去一直搞计划经济，但多年的实践证明，在某种意义上说，只搞计划经济会束缚生产力的发展。"④

他把经济体制的改革比作一场"新的大革命"，其目的就是解放和发展生产力。"离开了生产力的发展、国家的富强、人民生活的改善，革命就是空的。"⑤ 中国不能走向资本主义，但是也绝对不能建立一个贫穷的社会主义，而是要建立"发达的、生产力发展的、使国家富强的社会主义"⑥。社会主义比资本主义的制度优越性就体现在它有更好的条件去实现社会生产力的发展。但由于之前对社会主义存在各种错误理解，实行计划经济导致社会生产力的发展进程推迟。因此，邓小平提倡要利用资本主义国家先进的经营管理方法，要利用市场经济发展社会主义的生产力。

---

① 《邓小平文选》第 3 卷，人民出版社，1993，第 149 页。
② 《邓小平文选》第 3 卷，人民出版社，1993，第 148~149 页。
③ 《邓小平文选》第 3 卷，人民出版社，1993，第 203 页。
④ 《邓小平文选》第 3 卷，人民出版社，1993，第 148 页。
⑤ 《邓小平文选》第 2 卷，人民出版社，1994，第 231 页。
⑥ 《邓小平文选》第 2 卷，人民出版社，1994，第 231 页。

4. 社会主义的市场经济必须要坚持社会主义基本原则

邓小平既肯定了作为体制性的市场经济可以与社会主义结合，又强调中国发展市场经济体制必然要与社会主义的基本经济制度相结合，从而提出社会主义的市场经济的新观念。作为体制性范畴，市场经济并不是一个抽象的范畴。但市场经济体制只有与具体社会基本经济制度结合起来，才会是充分的、现实的。关于市场经济的体制性规定，存在一种不可取的认识：市场经济是可以脱离于社会经济基本制度而独立地存在的"中性"范畴，其性质与社会制度无关，因此"社会主义市场经济体制"的概念中的"社会主义"没有任何实质性意义。中国建立与发展市场经济的前提，在于它必须要与社会主义基本经济制度相结合。

当时存在姓"资"姓"社"的争议，一个重要原因在于，人们将市场经济与资本主义等同起来，误认为发展市场经济就是走资本主义道路，就是对社会主义的背离。对此，邓小平不仅将市场经济从资本主义中剥离出来，更强调了社会主义条件下发展市场经济，必须要坚持社会主义的基本原则。这就不仅为社会主义与市场经济的结合提供了理论支撑，而且也打消了人们对社会主义市场经济存在的种种怀疑和忧虑。这意味着，从所有制关系角度，与不同社会制度相结合的市场经济，也是极为不同的。

邓小平指出，社会主义的市场经济与资本主义的市场经济相比，存在一定的相似性，但更存在根本性的区别。社会主义的市场经济，是"计划经济为主，也结合市场经济"[①]。它与全民所有制之间、集体所有制之间以及外国资本主义都存在关系，但这些所有制关系"归根到底是社会主义的"[②]。中国发展市场经济并不违反社会主义的基本原则，因为它坚持了两条原则："一条是公有制经济始终占主体地位，一条是发展经济要走共同富裕的道路，始终避免两极分化"[③]。邓小平强调，发展市

---

① 《邓小平文选》第 2 卷，人民出版社，1994，第 236 页。
② 《邓小平文选》第 2 卷，人民出版社，1994，第 236 页。
③ 《邓小平文选》第 3 卷，人民出版社，1993，第 149 页。

场经济必须以不影响公有制经济的主体地位为基本点，而且利用市场机制、发展市场经济归根到底是要发展社会生产力、社会主义经济，强化公有制经济的地位。经济的发展要始终以公有制为主体，而社会主义的目的是实现共同富裕，而不是两极分化。邓小平指出，必须要坚持公有制的主体地位和共同富裕，避免两极分化。

总之，邓小平不仅将市场经济限定为一个体制性范畴，从而明确了市场经济体制能够与社会主义制度结合起来；而且，也强调了市场经济体制必须要和社会主义的基本经济制度结合起来。中国的社会主义市场经济体制，吸收、借鉴了市场经济中具有共同标志和共同规定的东西，但中国利用和发展市场经济的根本是为了促进生产力的发展，是为了实现社会主义的发展。

（三）江泽民关于社会主义市场经济理论的发展性探索

自邓小平在"南方谈话"中从方法角度认识计划与市场以来，中国经济市场化进程得到快速发展。但此后，理论界关于中国的新经济体制存在诸多不同意见和提法，主要包括社会主义商品经济体制、社会主义有计划的市场经济体制以及社会主义的市场经济体制。对此，江泽民指出，对一些重大问题往往要经过多次反复的认识和讨论，并在实践中不断总结提高，才能有比较科学的认识。1992年10月，结合邓小平"南方谈话"的精神以及中国的实践，江泽民在党的十四大会议上正式提出中国经济体制改革的目标，即建立社会主义市场经济体制。至此，社会主义市场经济体制的概念，正式在全国范围内统一确立起来。江泽民在坚持和继承邓小平关于社会主义与市场经济关系的思想基础之上，结合中国特色社会主义市场经济的实践经验，对社会主义市场经济理论作出了发展性探索。

1. 社会主义市场经济体制的建立和完善是一个长期过程和系统工程

江泽民多次强调："建立和完善社会主义市场经济体制，是一个长期发展的过程，是一项艰巨复杂的社会系统工程。"① 从计划经济体制到市场经济体制的转变过程不可能一蹴而就。一方面，人们要在思想意识上做进一步的松绑，要对市场经济形成一个全面、正确的认识，而且更要正确认识市场经济与计划经济的关系。社会主义市场经济既不是全面否定计划经济，也不是照抄照搬资本主义的市场经济体制，而是融入了计划与市场的双重优势。另一方面，在具体的实践过程中，如何正确处理好计划与市场之间的关系，关涉到市场体制的建立、健全以及政府职能的转变、完善，这就需要进行系列配套的体制改革和政策调整。为此，江泽民提出："既要做持久的努力，又要有紧迫感；既要坚定方向，又要从实际出发，区别不同情况，积极推进。"② 社会主义市场经济兼具计划与市场的两重优势，因此从理论上会比资本主义市场经济发展得更好。但在实际的运转过程中，社会主义市场经济体制的完善需要一个比较长的探索过程。

2. 社会主义市场经济体制是与社会主义基本经济制度结合在一起的

首先，"社会主义"点明了社会主义市场经济的性质。社会主义市场经济体制，既具有市场经济的一般共性，又有中国特有的显著特征。江泽民明确指出市场经济中存在共性的东西，"许多西方市场经济中符合规律的、行之有效的东西，而且不跟社会制度有联系的，都可以拿过来"③。但更重要的是，中国的市场经济与社会主义紧密结合在一起。1992 年时，江泽民就强调中国要搞的市场经济是社会主义市场经济，"社会主义"几个字不能去掉。到 1994 年时再次重申："我们搞的是社会主义市场经济，'社会主义'这几个字是不能没有的，这并非多余，并非画蛇添足，而恰恰相反，这是画龙点睛，所谓'点睛'，就是点明

---

① 《江泽民文选》第 1 卷，人民出版社，2006，第 227~228 页。
② 《江泽民文选》第 1 卷，人民出版社，2006，第 228 页。
③ 江泽民：《论社会主义市场经济》，中央文献出版社，2006，第 28 页。

我们的市场经济的性质。"① 中国的市场经济要学习和借鉴西方市场经济符合社会化大生产和市场一般规律的东西，但它是在社会主义制度下进行的，这正是中国特色社会主义市场经济具有创造性和特色的地方。这就明确指出"社会主义市场经济"这一特有经济范畴和概念的性质。市场经济与社会主义的结合，从根本上就是市场经济关系内在于社会主义公有制之中。

其次，社会主义市场经济的本质特征，在于它是以社会主义基本经济制度为基础。在党的十五大的政治报告中，江泽民指出："公有制为主体、多种所有制经济共同发展，是我国社会主义初级阶段的一项基本经济制度。"② 首次提出了社会主义基本经济制度这一概念，不仅包括公有制经济，而且还前所未有地将个体经济、私营经济等非公有制经济形式列入社会主义基本经济制度中。其中，公有制经济包括了国有经济、集体经济，以及混合所有制经济中的国有成分、集体成分。作为社会主义市场经济的重要组成部分，个体、私营等非公有制经济有助于促进国民经济的发展。

最后，坚持公有制的主体地位是社会主义市场经济的基本标志。以往的所有制结构主要是由单一的公有制构成，这严重不符合社会主义初级阶段的生产力发展水平，因此必须要对社会主义的经济制度进行变革。但这绝不意味着要否定社会主义公有制本身。社会主义基本经济制度，是以公有制为主体、国有经济为主导、多种经济形式共同发展的经济制度。其中，公有制是主体和核心，江泽民高度强调公有制的主体地位对社会主义市场经济的重要性。"坚持公有制的主体地位，是社会主义的一项根本原则，也是我国社会主义市场经济的基本标志。在整个改革开放和现代化建设的过程中，我们都要坚持这项原则。"③ 如果公有制的主体地位有所动摇或者被放弃，那么党的执政地位就难以得到巩固和加强，

① 江泽民：《论社会主义市场经济》，中央文献出版社，2006，第203页。
② 《江泽民文选》第2卷，人民出版社，2006，第19页。
③ 《江泽民文选》第1卷，人民出版社，2006，第468页。

社会主义的方向无疑也会被改变。

改革开放以来，公有制经济在整个国民经济中的比重明显下降，但"比重减少一些，也应该有个限度、有个前提，就是不能影响公有制的主体地位和国有经济的主导作用"①。此外，公有制的主体地位与国有经济的主导作用，是就全国范围而言，具体到各个地方、不同产业可以有所差别，没必要整齐划一。为了更好地发挥公有制的优越性，要积极探索各种不同的公有制实现形式，大胆利用一切反映社会主义生产规律的经营方式和组织形式。

3. 社会主义市场经济体制是使市场在国家宏观调控下对资源配置起基础性作用

首先，中国的国情及其所处的经济发展阶段，决定了既要发挥市场机制的作用，又要加强和完善宏观调控的作用。这是社会主义市场经济体制的本质要求。社会主义初级阶段，奠定了市场经济运行的现实空间。江泽民在党的十五大政治报告中明确提出了"社会主义初级阶段"的科学概念，对社会主义初级阶段的状况与使命作了深刻描述，并指出实现初级阶段使命的历史进程需要一个较长的奋斗时期。尽管中国已经是社会主义国家，但处在社会主义的初级阶段，生产力层次较低，发展水平落后，与发达国家的差距极其巨大。"这就决定了必须在社会主义条件下经历一个相当长的初级阶段，去实现工业化和经济的社会化、市场化、现代化。这是不可逾越的历史阶段。"② 总结十一届二中全会前社会主义建设中的教训，就是没能认清当时生产力的发展水平，因此提出了一些超越社会主义初级阶段所能承受的任务和政策。与之相对比，改革开放以后经济建设所取得的成功，根本原因之一是摒弃了此前提出的那些超越发展阶段的非理性观念和政策。既依据国家的实际状况大力发展了市场经济，又坚持了社会主义的基本制度，没有离开社会主义。

---

① 《江泽民文选》第 3 卷，人民出版社，2006，第 72 页。
② 《江泽民文选》第 2 卷，人民出版社，2006，第 14 页。

与此同时，江泽民还明确指出："我们的国情和目前所处的经济发展阶段，要求我们必须搞好国家宏观调控。"① 中国属于发展中的社会主义大国，生产力相对落后且经济发展很不平衡。当前处于由计划经济体制向市场经济体制转轨时期，但是又缺乏社会主义市场经济建设的实践经验。江泽民对体制转变时期政府的宏观调控能力，作出了清醒的判断："在发展社会主义市场经济条件下如何搞好宏观调控，我们的知识和实践都还不足。"② 长期以来，计划经济时代的政府已经习惯了运用指令性计划调控这种强硬的方式。而市场经济条件下的宏观调控手段主要是以经济调控这种间接方式，这对政府来说是一个新事物，需要一个熟悉的发展过程。从计划经济体制转向市场经济体制，两种不同经济体制之间如何有效衔接、更替，存在诸多复杂情况和突出矛盾。而且转轨过程需要一系列相应的体制改革和政策调整，需要从总体上协调好各方面的利益关系，因此就极为需要加强和改善国家的宏观调控。

其次，充分发挥市场在资源配置方面的基础性作用，这是社会主义市场经济区别于计划经济的最大特点。江泽民提出，建立社会主义市场经济体制，"就是要使市场在社会主义国家宏观调控下对资源配置起基础性作用"③。市场经济通过价值规律对社会资源起配置和调节作用，充分发挥市场的基础性作用就要重视价值规律、依据规律办事。价格是市场发育和经济体制改革的关键因素，因此必须要"建立起以市场形成价格为主的价格机制"④，要加快市场体系的培育与发展。为此，在党的十四大报告中，江泽民明确指出要加快市场体系的培育，加强市场体系建设，"尽快形成全国统一的开放的市场体系"⑤。

最后，国家宏观体系是社会主义市场经济体制的重要组成部分，必须要加强国家对市场的宏观指导和调控。

---

① 江泽民：《论社会主义市场经济》，中央文献出版社，2006，第118页。
② 江泽民：《论社会主义市场经济》，中央文献出版社，2006，第200页。
③ 《江泽民文选》第1卷，人民出版社，2006，第226页。
④ 《江泽民文选》第1卷，人民出版社，2006，第229页。
⑤ 《江泽民文选》第1卷，人民出版社，2006，第229页。

一方面，江泽民充分认识到了市场经济的双重作用，尤其是其消极作用。市场在发展生产力方面具有明显的优势，但它并非全面、万能的灵药，也存在显而易见的缺陷、弱点和局限性。"市场不可能自动地实现宏观经济总量的稳定和平衡；市场难以对相当一部分公共设施和消费进行调节；在某些社会效益重于经济效益的环节，市场调节不可能达到预期的社会目标；在一些垄断性行业和规模经济显著的行业，市场调节也不可能达到理想的效果。"① 在这些市场调节不力以及消极作用明显的领域和环节中，就需要利用计划调节的优势来实现资源的配置以保证整个经济的健康发展。强调发展市场经济不是意味着完全放任自流、随心所欲，"所有这些市场的培育和管理，都必须运用政策、法律、法规等手段，规范其行为"②。既要充分发挥市场的基础性作用，但也要充分认识到市场经济具有自发性、盲目性、滞后性等缺陷。因此，市场经济的发展需要在宏观调控之下进行，以此来弥补和克制市场的弱点和不足。

另一方面，江泽民充分肯定了宏观调控的普遍性和重要性。宏观调控作为对经济发展的一种调节手段，是普遍存在的。"在当今世界上，尤其是经济发达国家，没有哪一个国家的市场经济是不受政府干预和调控的。"③ 无论是资本主义国家还是社会主义国家都存在对经济的宏观调控。但是，由于在计划经济条件下，宏观调控基本是由政府直接发布指令。而在市场经济条件下，政府需要按照价值规律的作用来进行宏观调控。"市场经济比计划经济对政府的要求更高。"④ 市场经济条件下的政府，要及时掌握市场的发展变化情况，需要借助调控方式与手段去实现调控的目的。而且，为了确保国民经济在新旧经济体制转换的过程中能够稳定协调地发展，就必须要尽快建立健全适应社会主义市场经济体制的宏观经济调控体系。

---

① 《江泽民文选》第 1 卷，人民出版社，2006，第 201 页。
② 江泽民：《论社会主义市场经济》，中央文献出版社，2006，第 103 页。
③ 江泽民：《论社会主义市场经济》，中央文献出版社，2006，第 102 页。
④ 江泽民：《论社会主义市场经济》，中央文献出版社，2006，第 199 页。

此外，江泽民还指出，宏观调控的方式是多样的，最重要的是计划、金融和财政。国家对经济进行宏观调控应该要以经济的和法律的间接手段为主，同时必须根据经济体制转轨时期的经济运行情况，综合运用包括必要的行政手段在内的各种手段。其中，"国家计划是宏观调控的重要手段之一"①。社会主义市场经济体制的建立意味着要对传统的计划经济模式加以改革，但改革不是要完全否定并清除计划，计划在社会主义市场经济体制中仍然发挥着重要作用。即便是西方市场经济国家也非常重视计划在经济中的作用，社会主义国家就更有必要正确运用计划手段。因此，"在进一步改革中要很好地发挥计划的功能和作用"②，要根据新经济体制的要求，更新计划的观念，改进计划的具体方式。建立并完善以经济、法律手段以及必要的行政手段这些间接手段为主的宏观调控体系。

（四）胡锦涛关于社会主义市场经济理论的丰富性探索

随着社会主义市场经济体制的建立，市场经济得到飞速发展，市场化改革取得了令人瞩目的成就。但成就之下也潜藏着深层的矛盾和冲突。与扩张型增长相伴随的是发展失衡、差距过大、环境危机、改革滞后等问题，从而严重影响了中国经济的持续、稳定和协调发展。正因如此，也有一些争论改革成败、否定市场经济的声音不时出现。胡锦涛对此指出，作为一场新的伟大革命，改革开放不可能一帆风顺、一蹴而就。"最根本的是，改革开放符合党心民心、顺应时代潮流，方向和道路是完全正确的，成效和功绩不容否定，停顿和倒退没有出路。"③ 因此，必须要坚持改革开放，"要始终坚持社会主义市场经济的改革方向"④。这一改革的目标模式，解决了一个事关社会主义现代化建设全局的重大问题。

---

① 《江泽民文选》第 1 卷，人民出版社，2006，第 227 页。
② 江泽民：《论社会主义市场经济》，中央文献出版社，2006，第 31 页。
③ 《十七大以来重要文献选编》上，中央文献出版社，2009，第 8 页。
④ 《十七大以来重要文献选编》上，中央文献出版社，2009，第 801 页。

1. 以科学发展观统领社会主义市场经济体制的改革，加快完善社会主义市场经济体制

鉴于中国的基本国情没有改变，社会主要矛盾没有发生改变，国际地位也没有改变，因此以经济建设为中心是兴国之要，发展才是解决问题的关键所在，这就必须要毫不动摇地坚持发展是硬道理的战略思想。胡锦涛指出："在当代中国，坚持发展是硬道理的本质要求就是坚持科学发展。"[①] 经济体制的转型必然面临许多新旧交织的矛盾和问题，针对社会主义市场经济体制改革和发展过程中涌现出来的新情况、新矛盾，胡锦涛指出经济体制的改革就是要加快建立落实科学发展观的体制机制。科学发展观的重要理论，指明了新时期社会主义市场经济发展的方向和目标。

新时期经济改革的重大目标，是建立更加完善、成熟的社会主义市场经济体制。尽管随着实践的推进，社会主义市场经济体制在中国已经确立起来，但是一些关键领域的市场化改革尚有待进一步推进。新时期存在市场扭曲的现象，经济发展偏重数量扩张，新旧体制之间的冲突还比较明显。在市场经济条件下，企业在追求自身利益的同时能够促进整个社会经济的发展，但部分企业却忽视外部影响和社会责任。其中，比较突出的现象就是不注重节约能源资源，甚至破坏生态环境。无论是对当前经济社会的发展，还是之后的长期可持续发展都会造成严重影响。这些问题的有效治理，都需要建立更加完善、更加成熟的市场体制结构，从而充分发挥市场机制的调节作用。胡锦涛在党的十七大上指出："着力构建充满活力、富有效率、更加开放、有利于科学发展的体制机制，为发展中国特色社会主义提供强大动力和体制保障。"[②] 并将科学发展观确立为新时期社会主义市场经济体制改革的指导思想。

"科学发展观"这一概念的首次被提出，就是为了进一步发展、完

---

①　《十八大以来重要文献选编》上，中央文献出版社，2014，第462页。
②　《十七大以来重要文献选编》上，中央文献出版社，2009，第14页。

善社会主义市场经济体制。在党的十六届三中全会上通过的《关于完善社会主义市场经济体制若干问题的决定》中，正式提出了科学发展观这一理论，而且还提出了完善社会主义市场经济体制的目标和任务，并确立了社会主义市场经济体制改革的原则和方向。其目标就是按照科学发展观的要求，更大程度发挥市场的作用并健全国家宏观调控。体制改革的原则就是"坚持社会主义市场经济的改革方向，注重制度建设和体制创新。……坚持以人为本，树立全面、协调、可持续的发展观，促进经济社会和人的全面发展"①。这既是对社会主义市场经济实践经验所作的理论反思，也是对社会主义市场经济发展规律的认识深化。

总结社会主义市场经济的实践经验，可以看出：社会主义与市场经济的结合，发挥出了社会主义制度的优越性，以及市场经济的体制优越性。正因如此，中国经济走上了高速发展的道路。中国的实践充分证明社会主义与市场经济的结合是成功的，因此必须要坚定社会主义市场经济的道路和方向。但社会主义与市场经济的结合不是完美无缺的，经济社会高速发展的同时伴随着发展不平衡、不协调的问题。重要的原因在于，中国特色社会主义市场经济体制还不完善、不健全。在一些领域中，市场的作用尚未得到充分发挥；而在另一些领域中，市场经济则表现为盲目性、滞后性、无序性的突出特点，从而导致两极分化、生态危机等社会问题。因此要建立健全促进经济社会可持续发展的体制机制。

如何在坚持社会主义制度的前提下，既充分发挥出市场经济的有效功能，又能对其缺陷和弊端加以限制，这是社会主义市场经济所面临的时代难题。对此，胡锦涛提出的解决之道是"以科学发展观统领经济社会发展全局"②。科学发展观的第一要义就是发展，因此必须坚持发展社会主义市场经济，这是对中国社会主义建设过程中理论探索和实践发展的科学总结；其核心是以人为本，因此发展社会主义市场经济的目的要为了人民，实现人民的共同富裕；其基本要求是全面协调可持续，因此

---

① 《十六大以来重要文献选编》上，中央文献出版社，2005，第465页。
② 《十六大以来重要文献选编》下，中央文献出版社，2008，第24页。

对社会主义市场经济的基本要求也要以此为准则；其根本方法是统筹兼顾，因此这也是发展社会主义市场经济的根本方法。总之，要以科学发展观为指导，完善社会主义市场经济体制，注重体制改革创新的全面性，又要对一些重要领域和关键环节有所侧重，"着力构建充满活力、富有效率、更加开放、有利于科学发展的体制机制，为发展中国特色社会主义提供强大动力和体制保障"[①]。

2. 要不断深化对市场经济规律的认识，不断增强驾驭社会主义市场经济的能力和本领

随着世界范围内经济全球化愈演愈烈，中国参与全球化的程度越来越深，全面对外开放的程度也越来越高，因此与世界经济的互动和联系也日益增强。社会主义市场经济也会不可避免地出现周期性增长和波动，从而可能导致通货膨胀或者通货紧缩现象。而人们对经济发展规律的认识水平和运用能力，在一定程度上可以影响到经济增长时间的长短和波动程度的大小。胡锦涛要求要准确把握世界经济发展的总态势和新特征，尤其是在国内外经济形势发生深刻变化的条件下，充分认识金融危机的突发性和风险性，高度注重防范经济风险的发生。为了提高应对经济波动的预见性和针对性，胡锦涛提出要不断深化对市场经济运行规律和特点的认识，不断增强驾驭市场的能力和本领。

尽管社会主义市场经济体制在中国已经初步建立，但是经济社会生活中存在许多有待解决的深层次矛盾和问题，影响经济发展和社会进步的体制性障碍并未消除。全面建设小康社会、加快推进社会主义现代化的时代任务还比较艰巨。由于体制机制的不完善、法律法规的不健全以及增长方式的不先进，经济发展存在盲目投资、低水平重复建设以及片面追求速度等现象。对此，胡锦涛强调必须要汲取实践中的经验教训，"进一步深刻认识我国经济发展的特点和规律，不断提高驾驭社会主义

---

① 《十七大以来重要文献选编》上，中央文献出版社，2009，第14页。

市场经济的能力"①。总之，面对世界经济发展的新趋势和中国体制改革的新形势，胡锦涛要求党和政府在发展社会主义市场经济的实践中，不断深化对市场运行规律的认识，不断提高自觉运用市场机制的能力，不断增强驾驭社会主义市场经济的本领。

随着社会主义经济体制改革的实践发展和理论创新，人们逐步把握了社会主义市场经济的运行特点和发展规律，驾驭经济发展的能力和本领也逐步增强。但是作为具有世界意义的创新实践，社会主义与市场经济的结合究竟能否会成功，仍然是新时期需要破解的一项难题。中国特色社会主义市场经济仍处于实践探索和制度创新阶段，仍需加快体制改革和制度创新的进程。为此，经济体制改革必须要坚持社会主义市场经济的方向，在宏观调控下发挥市场对资源配置的基础性作用，不断完善社会主义市场经济体制。要始终坚持市场经济改革的社会主义方向，充分发挥社会主义市场经济的制度优势和体制优势。

要把社会主义制度的优越性与市场配置资源的有效性充分结合起来，并且以社会主义制度的优越性来克服市场的内在缺陷，进而促进社会生产的良性健康发展。胡锦涛指出："要把坚持社会主义基本制度同发展市场经济结合起来"②，对经济体制进行全面而深刻的改革，必须要以社会主义基本制度为前提，同时要坚持经济建设的中心任务，确保经济运行必须要遵循价值规律。要不断增强市场的竞争能力，"逐步形成结构合理、集约经营、充满活力的微观基础"③。坚持和完善基本经济制度，是社会主义市场经济体制的必然要求。要不断增强国有经济的活力和竞争力，也要引导和促进非公有制经济的健康发展。坚持对公有制经济和非公有制经济的两个"毫无动摇"，即"毫不动摇地巩固和发展公有制经济，毫不动摇地鼓励、支持和引导非公有制经济发展"④，从而形成公

---

① 《十六大以来重要文献选编》中，中央文献出版社，2006，第310页。
② 《十七大以来重要文献选编》上，中央文献出版社，2009，第102页。
③ 《十六大以来重要文献选编》下，中央文献出版社，2008，第681页。
④ 《十六大以来重要文献选编》中，中央文献出版社，2006，第684页。

有制经济与非公有制经济平等竞争、相互促进、共同发展的新格局。要创新公有制的多种实现形式并使其适应市场机制；对国有企业和公司进行股份制改革，以优化国有经济的结构和布局，从而提升其竞争力、控制力和影响力。

3. 形成有利于科学发展的宏观调控体系

胡锦涛提醒全党要清楚认识到，之前宏观调控所取得的成效是初步的、阶段性的，而当前宏观调控的任务则具有艰巨性和复杂性。经济运行中的突出矛盾和问题没有得到根除，对经济发展造成影响的深层次矛盾和问题尚未得到根本解决。确保国民经济总量基本平衡，调整、完善经济结构以及保持经济运行平稳发展，都离不开有效的宏观调控。因此必须要切实贯彻各项政策措施从而加强和改善宏观调控。更重要的是，加强和改善宏观调控，不仅是为了使经济能够得到平稳快速的发展，而且也是"实现好、维护好、发展好人民群众根本利益的重要基础"[①]。宏观调控的一个重要目标，就是要改善人民生活质量、维护好人民群众的切身利益、解决好事关其利益的突出问题。

为确保经济能实现持续、快速、协调、健康地运行和发展，在社会主义市场经济运行的整个过程中要把健全的市场机制，与有效的宏观调控统一起来，两者互为依托、相辅相成、缺一不可，都是社会主义市场经济体制的重要组成部分。"只有正确处理发挥市场机制作用和加强宏观调控的关系，才能既保持经济发展的活力，又保持经济运行的平稳，促进国民经济持续快速协调健康发展。"[②] 要在对社会主义市场经济规律深入认识和把握的基础上，"从制度上更好发挥市场在资源配置中的基础性作用，形成有利于科学发展的宏观调控体系"[③]。

一方面，既要始终坚持市场调节的基础性地位，发挥市场机制在配

---

① 《十六大以来重要文献选编》下，中央文献出版社，2008，第69页。
② 《十六大以来重要文献选编》中，中央文献出版社，2006，第455页。
③ 《十六大以来重要文献选编》上，中央文献出版社，2009，第17页。

置资源过程中的积极作用而尽力防范其自身对经济造成的消极影响，进一步克服影响经济社会发展的体制性障碍，使市场为经济发展和社会全面进步，注入源源不断的动力；另一方面，也要根据实时变化的发展情况以及经济运行的实际需要进行宏观调控。新时期，不合理的经济结构以及粗放型的增长方式制约了中国经济提高发展质量和效益，也制约了中国经济的持续健康发展。因此，要加强和改善宏观调控，从而优化经济结构和调整经济增长方式。胡锦涛指出："加强和改善宏观调控的过程，实质是加深理解和全面落实科学发展观的过程。"[①]

经过改革开放几十年的实践发展，中国经济的市场化程度已经较高而且利益主体多元化，此时要更加注重宏观调控的方式和手段。健全并完善宏观调控体系，对经济运行的调节和管理要通过有效运用经济、法律手段，以及在必要之时恰当运用行政手段加以配合，从而形成综合调控的合力作用，提升宏观调控的具体效果。其中，在一些主要是由市场起支配地位的经济领域，宏观调控应主要以利率、税率、价格等经济手段；法律手段主要是规范、约束、制裁违法违规的经济行为；而运用行政手段的目的则是纠正和引导由不合理的行政干预所引发的突出问题。

此外，要加快政府职能的转变，"经济体制改革的核心问题是处理好政府和市场的关系，必须更加尊重市场规律，更好发挥政府作用"[②]。要减少并杜绝政府对微观经济活动的直接干预和不当干预，使其对经济的管理主要放在以恰当的方式方法为市场的发展营造良好的法治环境、市场环境和社会环境，从而使市场更好地发挥其调节作用。

三　社会主义市场经济的四重超越

传统的马克思主义政治经济学和西方经济学，尽管根本立场对立、具体立论各异，但是这两种理论都否认社会主义与市场经济的结合，坚

---

① 《十七大以来重要文献选编》上，中央文献出版社，2009，第17页。
② 《十八大以来重要文献选编》上，中央文献出版社，2014，第16页。

持两者互不相容的观点。而中国特色社会主义市场经济，在理论上"既超越了西方主流经济学的理论框架，也超越了传统社会主义的有关解释"①，还超越了市场社会主义理论的相关规定。此外，东欧经济学的相关理论对于 20 世纪 80 年代之初的中国经济体制改革，发挥过重要的参考价值和影响。但中国并未局限于东欧经济学的理论框架，而是转向了建立社会主义市场经济体制的目标模式，对苏东国家社会主义市场改革理论和实践形成巨大超越。中国特色社会主义市场经济既摒弃了"计划崇拜"又否定了"市场万能"，既强调要发挥市场在资源配置中的作用，又重视政府对经济的宏观调控，因此显示出了巨大的理论优势和制度潜能。

（一）对马克思主义政治经济学传统阐释的超越

由于对马克思、恩格斯关于未来社会经济体制的设想存在片面化、绝对化的解读，现实的社会主义国家将其直接照搬到经济建设中来，并主要表现为以"计划经济"为主要特征的制度安排。这种受"计划崇拜"支配的思想意识严重制约了社会主义的发展。根据对马克思主义政治经济学的一般性阐释，社会主义与市场经济难以相容。尽管随着理论和实践的发展，这种传统理解已经基本上失去了话语主导地位。但反对社会主义与市场经济结合的声音依旧存在②。中国特色社会主义市场经济理论突破了传统的社会主义观，明确将社会主义与市场经济结合起来，超越了对马克思主义政治经济学的传统阐释，并逐渐摆脱了计划经济的束缚。

邓小平在总结国内外建设社会主义的经验与教训的基础之上，率先提出把社会主义与市场经济结合起来的创新性构思，一举打破来自传统社会主义理论和西方经济学的思想枷锁。中国特色社会主义市场经济理论的形成过程，也是对市场作用认识不断深化的一个过程。正是由于充

---

①　孙来斌：《中国制度生长的基本逻辑》，《中国特色社会主义研究》2016 年第 4 期。

②　关于这种观点在第三章中已经给予了充分阐述，在此不再赘述。

分认识到市场所具有的经济效率，中国才开启了在社会主义制度基础上发展市场经济的历史进程，作出了将社会主义与市场经济有机结合的开创性探索。新中国在成立后确立的计划经济体制，起初尚能发挥一定的作用，但随着经济结构的多样化，它日益难以适应生产力的发展需要。正如有学者提出："集中计划所造成的异乎寻常的低效率，早已使人们——且不管意识形态上的分歧——清楚地认识到市场的重要。如果说资本家必须消灭，市场却必须保留。这就是说，我们仍然需要一种确定成本与价格的机制，以维持生产率和一般地应付那些市场系统所能解决的问题。"①

社会主义市场经济是一种公平与效率相统一的新体制，它所追求的是保障社会平等、公正等价值目标。市场经济讲求经济效率，而社会主义谋求社会公正，社会主义市场经济就将公平和效率有机结合在一起。社会主义制度为实现社会公平提供了有力的政治制度保障。但由于在传统社会主义观念的支配下，中国在新中国成立之后的一段时期却将社会公平误以为是平均主义，未能正确地认识和处理社会公平问题。结果却导致社会活力的严重衰退和经济效率的普遍低下，自然也并无社会公平而言。实践证明，要实现社会主义的公平公正的价值目标，就必须要提升生产力水平、提高经济效率，从根本上为实现社会公正提供坚实的经济基础。"社会主义要消灭贫穷。贫穷不是社会主义，更不是共产主义。"② 为此，就必须要充分利用市场这一实现资源配置最有效的机制。

社会主义市场经济是市场经济体制与社会主义基本制度的结合，既利用市场机制克服了计划经济的系列弊端以提高资源配置的有效性，又坚持社会主义的改革方向以抑制市场经济的诸多缺陷，从而充分体现出了社会主义制度和市场经济体制的双重优势。社会主义市场经济强调了市场的显著优点。一方面，充分肯定了市场经济在资源配置方面的效率优势，确立了社会主义市场经济体制的改革目标。另一方面，社会主义

---

① 〔美〕乔·萨托利：《民主新论》，冯克利等译，东方出版社，1993，第418页。
② 《邓小平文选》第3卷，人民出版社，1993，第63~64页。

经济的理论探索和实践创新也在不断发展和演进，对市场经济的理论认识越来越深刻、成熟，市场在经济中的地位和作用也不断增强。社会主义与市场经济结合的"关节点"，就是在公有制基础上所建立的"微观经济基础"。中国特色社会主义市场经济将国有企业作为两者的"结合点"，即把国有企业改革成为独立的生产者和经营者，并积极探索公有制的多种实现形式。

（二）对西方经济学理论的超越

不可否认，西方经济学历经数百年的发展已经形成一套理论丰富、流派多样的理论体系。西方经济学的理论体系中，蕴含着社会化大生产和市场经济的一般规律，体现了现代经济学的一般分析方法，为中国发展市场经济提供了宝贵的借鉴意义。但与此同时，中国特色社会主义市场经济理论在多个方面实现了对西方经济学理论体系的超越。社会主义市场经济理论，把市场经济体制与社会主义基本制度相结合，超越了新古典经济学和凯恩斯主义的理论框架和价值规定。

其一，坚持把市场经济体制与社会主义基本制度结合，超越了西方经济学宣扬的"市场万能论"。

理论和实践充分证明，市场经济的确在配置资源的有效性方面存在明显优势。因为市场通过价格信号能比较灵敏地反映各种资源的相对稀缺程度，但必须在市场具有竞争性的条件下才能实现。根据西方主流经济学——新古典经济学的观点，资本主义市场经济制度是所有制度中最好的一种。尽管资本主义经济制度也存在缺陷，资本主义经济的发展具有不平稳性、不稳定性，并导致经济周期性危机。但新古典经济学解决周期危机的方案就是让资本主义"这个机器自行运作，然后它就能并将会自我纠正，……这个自我纠正的机制就是私人的竞争性市场"①。因此，新古典经济学反对任何来自除市场以外的外部干预，认为市场的自

---

① 〔美〕理查德·沃尔夫、斯蒂芬·雷斯尼克：《相互竞争的经济理论——新古典主义、凯恩斯主义和马克思主义》，孙来斌等译，社会科学文献出版社，2015，第3页。

行运作就可以实现最好的自我管理，而旨在管理经济的政府干预却会损害市场的自我纠正作用，政府的角色就是充当"守夜人"。

但是市场并不像西方主流经济学所宣扬的能够"搞定一切"，它同时也存在外部性、滞后性、盲目性等问题。美国学者保罗·萨缪尔森就警示道："我们一定不要过分迷恋于市场机制的美妙——以为它本身完美无缺。"① 资本主义在全球化的浪潮中将市场竞争推广至世界各国，于是市场经济所引起的经济差距过大、经济发展失衡、环境污染严重等问题也越来越普遍。因此，"对超越资本主义的社会主义的思想、理论和实践的可能性再次受到了世界性的关注"②。

社会主义就是要克服资本主义市场经济所带来的种种弊端，超越形式上的平等而实现实质上的平等。以生产资料公有制为基础的社会主义国家，绝对不能允许差距程度过大，但如果对收入差距的过度限制，则又可能会减损市场经济的激励作用。因此，社会主义市场经济允许存在一定程度的差距，以便于市场发挥其激励作用。中国特色社会主义市场经济理论，明确认识到"市场万能"与"计划崇拜"一样，也是存在极大问题的。因此，社会主义市场经济理论强调，要发展市场经济、发挥市场调节作用，但同时也强调要加强完善国家的宏观调控体系、强调政府的作用，以避免市场经济的消极作用所导致的经济震荡、生产过剩危机对生产的破坏。

其二，坚持社会主义基本经济制度，超越了西方经济理论坚持的私有产权理论。

从意识形态来看，西方经济学的目的是极力论证资本主义制度的合理性和永恒性。无论是新古典主义还是凯恩斯主义，本质上都是资本主义自由市场制度的拥护者和维护者。西方经济学体现的是资产阶级的意识形态，都是从资产阶级的利益出发为资本主义市场经济"摇喊助威"。资本主义社会以土地和主要生产资料的私有财产权为基础，把劳动力商

---

① 〔美〕保罗·萨缪尔森等：《经济学》上，高鸿业等译，中国发展出版社，1992，第78页。
② 〔日〕伊藤诚：《幻想破灭的资本主义》，孙仲涛等译，社会科学文献出版社，2008，第44页。

品化并将劳动者的剩余劳动作为剩余价值源泉。西方经济学维护生产资料私有制，强调私有财产神圣不可侵犯。

西方经济学为论证生产资料私有制的高效性，以及资本主义制度的合理性，建构了系统完整的私有产权理论。根据亚当·斯密"看不见的手"解释，"一个在所有事物上都拥有私有产权、市场、自由行的、自利的买者和卖者的经济，将会实现财富的最大化"①。根据新古典经济理论的阐释，资本主义社会依赖于两个关键制度，即私有产权和完全竞争的市场体系，正是通过这两个核心制度，资本主义社会为人们提供了能够实现最大生产和消费潜能的最优机会。然而，私人产权制度会导致公民财富和权力的不平等分配，私有制和社会化大生产之间存在难以调和的矛盾，从而导致资本主义社会爆发不可避免的经济危机。

中国特色社会主义市场经济的根本立场是人民群众的利益。社会主义的基本经济制度是以生产资料公有制为主体，这是对生产资料私有制的否定和超越。社会主义区别于资本主义的根本标志就是对公有制的坚持。社会主义市场经济坚持以公有制为主体，把公有制经济和非公有制经济这两种性质各异的所有制结合起来，形成两种所有制统一并存、相互促进、共同发展的新格局。中国特色社会主义市场经济体制，允许多种经济成分并存的同时，始终高度重视、牢固坚持公有制主体地位。坚持以公有制为主体的基本经济制度，为实现公平和效率相统一的目标提供了保障。社会主义市场经济充分利用市场在资源配置方面的效率，在一定经济基础上实现了更大程度的"社会公正和平等"，使中国社会主义制度的优越性更加充分地体现出来。市场经济体制改革在坚持生产资料公有制为主的基础上，充分扩大了市场经济的激励机制和发展活力。因此在所有制结构方面，社会主义市场经济理论所坚持的所有制理论，超越了资本主义的私有制产权理论。

其三，坚持辩证地处理市场与政府关系，超越了西方经济理论在市

---

① 〔美〕理查德·沃尔夫、斯蒂芬·雷斯尼克：《相互竞争的经济理论——新古典主义、凯恩斯主义和马克思主义》，孙来斌等译，社会科学文献出版社，2015，第2页。

场与政府关系上此消彼长的二元对立思想。

无论依据新古典经济学的理论框架，还是根据凯恩斯主义理论的分析，市场机制都存在重大缺陷，即市场经济中存在不充分竞争、信息不对称、外部性，因此需要政府在微观领域干预经济来弥补市场失灵。但西方经济学从根本上仍把市场和政府的关系视作"此消彼长"的零和博弈关系，发挥政府作用的目的仅仅是维护自由竞争的市场经济。

在西方经济学中，为了缓解微观领域"市场失灵"所造成的系列问题，以及实现宏观领域总供给与总需求之间的平衡，国家往往会借助财政政策和货币政策来对经济实行宏观政策干预。新古典经济学等认为，由于市场机制无力解决市场垄断、信息不对称、外部性、公共产品、"搭便车"行为等问题，市场必然会在某些领域出现失灵，因此政府必须制定相应的政策予以弥补。而凯恩斯主义理论则认为，政府要通过财政政策、货币政策等影响经济活动以缓解经济周期带来的危机。但西方的"市场失灵"理论视政府与市场的关系是二元对立的。资本主义私有制条件下，企业的经营目的是实现利益的最大化，因此政府的干预被认为是限制和干涉。在西方经济学理论中，政府只是资本的工具，其有限功能仅为弥补市场失灵，进而维护自由竞争的市场经济体制，因此政府的作用范围和力量都是有限的。因此，西方经济学总体上是反对政府干预，宣扬自由竞争的市场经济。

在政府与市场的关系问题上，中国特色社会主义市场经济理论视两者的关系是互相增进、互惠共生的正和博弈关系。在社会主义市场经济条件下，政府与市场之间不是二元对立的关系。

其四，坚持走共同富裕道路，超越了西方经济理论导致的贫富两极分化的发展态势。

资本主义的分配方式主要是以按要素分配为主，这种分配方式的结果就是一方财富的积累而另一方贫穷的积累，从而不可避免地导致收入和财富差距的严重分化，以及社会矛盾冲突的加剧。市场经济条件下，由于机遇不平等容易导致不同产业、地区、企业、个人等之间出现收益和收入的差距。坚持优胜劣汰的市场机制和按生产要素分配的资本主义社会，既不可能把共同富裕作为其奋斗目标，也没有实现这一目标的动力和机制。

社会主义市场经济改革的出发点和落脚点，是为了最广大人民群众的根本利益，为了实现共同富裕。社会主义市场经济是在坚持社会主义基本制度前提下发展市场经济的一种新经济体制，因此它从根本上具有社会主义的基本特征。社会主义的本质就是最终实现共同富裕，这也是科学社会主义所致力于的奋斗目标。恩格斯曾明确指出：未来社会的生产资料社会占有，可以消除统治阶级的"穷奢极欲的挥霍而为全社会节省出大量的生产资料和产品。通过社会生产，不仅可能保证一切社会成员有富足的和一天比一天充裕的物质生活，而且还可能保证他们的体力和智力获得充分的自由的发展和运用"[①]。邓小平在坚持马克思主义基本观点的基础上，明确强调社会主义的最大优越性就是共同富裕，并将其作为改革必须要坚持的一项根本原则。共同富裕是社会主义市场经济所追求的最终目标，而社会主义市场经济则是实现共同富裕的必然要求。市场经济能有效促进生产力的发展，能为实现共同富裕的最终目标提供必要物质保障。

不可否认的是，市场经济与共同富裕之间也存在矛盾。市场竞争机制必然会导致优胜劣汰，从而引起一定程度的社会财富相对集中，以及贫富两极分化的结果。这显然与社会主义共同富裕的最终目标是背离的。但必须要明确的是，作为社会主义的一项根本原则，共同富裕不仅是最终的发展目标，而且体现为一个发展过程。社会主义市场经济的分配制度，充分调动了人民群众的生产积极性和创造性，而政府通过多种调控方式将收入差距缩小在一定范围之内，就确保了效率和公平的有机统一。社会主义市场经济是鼓励一部分人民和地区先富起来，然后通过先富带动后富，最终实现共同富裕。总之，社会主义市场经济坚持了"共同富

---

① 《马克思恩格斯选集》第 3 卷，人民出版社，1995，第 633 页。

裕”的基本原则，这正是它比资本主义市场经济的优越之处。

（三） 对市场社会主义理论的超越

作为批判资本主义、强调社会主义优于资本主义的一种社会主义理论，市场社会主义也极为重视市场机制的地位和作用，它否定了市场只能依附于资本主义的固有认知，并试图将社会主义与市场经济结合起来。随着思想的更迭、演进和发展，市场社会主义理论将批评的视线同时指向了资本主义的经济体制，和以苏联为代表的传统社会主义经济体制。这为中国的社会主义市场经济改革，提供了富有启迪的宝贵思想资源。但市场社会主义理论存在许多缺陷，在一些根本问题上与中国特色社会主义市场经济理论相距甚远。

首先，坚持公有制的主体地位，超越了市场社会主义对公有制的摇摆态度。尽管反对资本主义私人制，但市场社会主义理论却并未做到始终坚持公有制。这一理论把私有制视作社会不公的根源，强调要消灭大规模的私人所有制。但是，对公有制的态度，市场社会主义却没有始终坚持如初，经历了“从注重公有制到淡化乃至否定公有制的衰变过程”①。早期的“兰格模式”尚能坚持把公有制作为一项社会主义的基本原则。到英国工党提出的“联姻论”时，则对社会主义作出了新的阐释，将公有制仅仅作为实现社会主义的一种手段，其“市场主导”模式甚至直接抛弃了长期坚持的国有化观点。罗默也认为公有制并不体现社会主义的本质，甚至把公有制视为社会主义市场经济的“阿喀琉斯之踵”。

公有制是社会主义经济制度的基础，体现了社会主义的本质特征。中国特色社会主义市场经济坚持以公有制为主体，将其作为社会主义必须要坚持的根本原则之一。同时，社会主义市场经济也积极发展多种所有制经济。而公有制则是体现和实现社会公平的制度保障。

---

① 孙来斌：《“跨越论”与落后国家经济发展道路》，武汉大学出版社，2006，第207~208页。

其次，具有现实性，超越了市场社会主义理论的空想性。市场社会主义所坚持的"中性机制"，虽然将市场从资本主义中分离出来，但是却没有将其与其他性质的具体制度结合起来。这就决定了市场社会主义在理论上具有一定的空想性，在实践上则缺乏操作性。由于不再将公有制作为社会主义必须要坚持的基本原则，市场社会主义理论从西方产权理论的视角，提出了实现社会公正的设计方案。但是，这些方案往往是空想的、难以实现的。与之对比，社会主义市场经济理论将市场机制与基本制度结合起来，则具有科学性、可行性。马克思指出："一切生产阶段所共有的、被思维当做一般规定而确定下来的规定，是存在的，但是所谓一切生产的一般条件，不过是这些抽象要素，用这些要素不可能理解任何一个现实的历史的生产阶段。"[①] 因此市场机制并非能脱离特定经济关系和社会制度的规定性而只关涉资源配置的中性机制。中国共产党人认识到市场是可以被任何一种具体社会制度所采用的经济机制，而且它与不同社会制度相结合也会表现出不同的具体特点，因此，中国的市场经济是活生生的、具有实践品性的、体制化的社会主义市场经济形态。

（四）对苏东国家社会主义经济改革理论和实践的超越

作为第一个社会主义国家，苏联在社会主义建设时期逐渐确立了高度集中的指令性计划经济。这成了第二次世界大战之后建立的社会主义国家在发展本国经济时照搬的共同发展模式。高度集中的计划经济体制对于这些国家经济社会的恢复和发展，发挥过非常显著而积极的作用。但20世纪50年代以后，苏联和东欧一些国家先后意识到传统计划经济体制带来的种种弊病，已经难以适应当时社会发展的要求，因此必须要对传统经济体制加以改革。从南斯拉夫开始，广大社会主义国家开始根据本国发展的实际情况，试图探索新的发展之道。但是，这些国家改革

---

① 《马克思恩格斯文集》第8卷，人民出版社，2009，第12页。

的步伐没有根本上突破传统计划经济的发展框架，仅仅只是局限于如减少国家管控、增强企业活力等措施。这既是由于国内没有统一的指导思想以及缺乏改革的实际经验，也是因为有苏联的强制性干涉。因此，改革的步伐不大、成效有限。

通过对传统政治经济学理论以及社会主义建设实践的反思，部分社会主义国家开始探索经济市场化的改革道路。在此过程中，东欧经济学家提出了有别于苏联计划经济模式的社会主义经济模式。东欧经济学的理论核心围绕计划与市场的结合问题而展开，它以倡导社会主义经济改革为主线，侧重于研究经济运行的具体方式。其中包括波兰的弗·布鲁斯（Wtodzimier Brus）、捷克的奥塔·锡克（Ota Sik）以及匈牙利的亚诺什·科尔奈（Janos Kornai）等比较有代表性的理论家对此问题作出了理论上的独特贡献，他们同时也是当时各自国家改革的重要参与者或领导人。

布鲁斯对经济制度与经济运行模式进行了明确区分，指出决定社会基本性质的是经济制度而非经济运行模式。基于此，他认为，市场机制并非资本主义特有的经济运行方式，计划机制也不是社会主义特有的经济运行方式。在社会主义经济中，计划与市场、集中决策与分散决策的并存是可能且必要的。社会主义经济的运行体制应当以分权模式的原则为基础，把计划和市场结合起来，确定集中或分散决策的最优范围。布鲁斯把市场机制分为两种：一种是自由竞争的市场机制，另一种则是有调节的市场机制，后一种可以用作计划管理的工具。布鲁斯提倡一种"含有市场机制的计划经济模式"，就是在计划经济中引入有调节的市场机制。

但布鲁斯的分权模式理论并不认可社会主义经济的本质属性是商品经济，更多强调计划调节和宏观控制，"市场机制应当成为计划的工具"，因此市场调节受到诸多限制[①]。其改革理论尽管强调要扩大企业的自主权，却是在坚持中央计划的原则基础上，局限于计划经济体制的框

---

① 〔波〕弗·布鲁斯：《社会主义经济的运行问题》，周亮勋等译，中国社会科学出版社，1984，第150页。

架内。布鲁斯提出的市场机制的计划经济理论，并没有突破传统高度计划经济体制，只是通过引进市场机制来对旧体制加以修补，这也是它最大的局限性。20世纪60年代的匈牙利经济改革，直接受布鲁斯分权模式的指导，但最后结果以失败告终。

锡克认为社会主义经济的本质属性即商品生产，而社会主义商品生产的根源则在于人们的经济利益的矛盾与差异。他据此指出，社会主义经济需要市场机制，市场经济并不等同于资本主义和自发性，提出了计划与市场相结合的社会主义经济模式。但锡克也认识到了市场经济的局限性，它无法解决社会主义经济运行中的所有问题。锡克也主张要在计划经济体制内引入市场经济机制，实行分权体制并强调计划经济和市场调节相结合，提出要实行以市场机制为基础的宏观分配计划。从根本上，没有完全突破传统的计划经济体制模式，基本局限于"产品——商品"或"计划——市场"的固有框架。因此，遵循这些理论而进行的改革，只是在原有体制的基础上加以细微地修正，最终改革也没有坚持到底。

通过深入剖析短缺这一社会主义的常见现象，科尔奈揭示了传统社会主义经济体制的内在深刻矛盾和问题及其制度根源。因此就必须要进行经济体制改革，其目标之一即消除短缺。科尔奈从经济运行的角度，提出要割断企业和国家之间的垂直依赖关系。为此，要逐步减少指令性计划，把中央计划与市场力量结合起来。在科尔奈看来，社会主义国家应彻底改变传统的高度集中的计划经济管理体制，在更大程度上利用和扩大市场机制。因此，科尔奈提出了有宏观控制的市场协调体制，并将其作为社会主义经济体制改革的目标模式。尽管科尔奈已经触及了传统社会主义的核心问题，但其改革理论依然具有不彻底性。它并非建立在社会主义经济的本质属性是商品经济的理论基础之上，而且更多侧重于对传统体制的弊端进行描述性地阐述，而没有在计划体制与市场体制的本质区别上加以阐述。

总之，东欧经济学在质疑和反思苏联经济模式的基础上，提出了要把市场与计划结合在一起的构想，并否定了将经济制度与经济运行方式等同起来的传统观念。东欧经济学始于对传统社会主义经济体制，尤其是对组织形式、管理方式及运行方式的审视和剖析。因此，其改革的目标模式就是实现计划与市场的结合。这是该学派所作的最大理论贡献，也是其最显著的特点。东欧经济学普遍认同，必须要对传统所有制形式进行改革，允许个人私有制在一定阶段和范围存在。

东欧经济学的相关理论对于20世纪80年代之初的中国经济改革，发挥过重要的参考意义和影响。中国在20世纪七八十年代的改革之初，多次派代表团前往东欧国家，东欧部分经济学家也曾专门前来中国进行交流。可以说，中国在经济体制改革初期充分借鉴了东欧经济学的相关思想资源。但是东欧社会主义国家的经济体制改革最终未能达到预期的目标。中国经济改革也并未在此基础上继续下去，而是转向了建立社会主义市场经济体制的目标模式。

中国在1978年以后的经济改革与苏联以及东欧国家在1989年以后的经济转型，都是从计划经济体制转向市场经济体制，采取了在生产资料公有制基础上引入市场经济的调节机制。但却表现出很大的不同。在西方经济学理论的指挥下，苏东社会主义国家的经济制度的变革选择了激进式私有化改革道路，即国家经济体制实行全面的自由化、市场化和私有化。但在经济转型后的3~8年的时间中，经济出现了急剧的衰退。急剧转向自由主义市场经济对整个社会经济造成了巨大冲击，致使这些国家的经济在较长时期内都难以恢复正常的增长状态。但处在转折点的中国没有步东欧国家和苏联的后尘，而是在坚持社会主义制度的前提之下以"软着陆"的方式转向了市场，避免了其他急剧转向市场经济国家所遭受的社会损失。中国的渐进式经济制度改革不仅相对避免了负效应的冲击，而且还确保了经济的快速有序发展。

中国经济体制的变革，始于对传统社会主义计划经济体制的反思和审视，但并没有像苏东社会主义国家那样彻底否定和舍弃原有的经济体制，而是在此基础上作出渐进地探索、试错、创新、发展。中国的经济体制改革有着自身鲜明的制度特色：它实行的是以公有经济为主导的混合所有制改革，而没有实行全面私有化；不断引入市场机制，但政府调节和干预的程度也比较大。中国特色社会主义市场经济体制，把发展市场经济与坚持社会主义基本制度结合起来，从而使其不仅避免了苏东国家发生的转型衰退，并且实现了长达近 30 年之久的经济高增长。1978 年改革开放之初，中国的 GDP 总量仅为 1500 亿美元，占世界 GDP 的份额仅为 1.8%，排名第 10 位。而进入 21 世纪之后，中国的经济总量先后超过法国、英国、德国、日本，跃居世界第二大经济体的地位。2010 年中国的 GDP 总额达到 9.4 万亿美元，占世界 GDP 的比重上升至 9.4%，成为对世界具有重大影响的经济大国。走社会主义市场经济的改革道路，使中国先后抵御了亚洲金融危机、美国次贷危机、欧洲主权债务危机带来的冲击，实现了国家经济平稳迅速的增长，创造了世界经济史上无与伦比的发展奇迹。

中国特色社会主义市场经济体制，之所以比自由放任的市场经济体制更具优越性，最主要就在于它不仅以市场机制配置资源为基础，更多地发挥市场、价格、竞争作用。同时，政府对经济也发挥着宏观调控和战略指导作用。社会主义市场经济体制的优越性，在于既能发挥公有制的优越性以及市场机制高效率配置资源的优化性，又能克服各自的弊端。[①] 相较于西方发达国家和其他发展中国家而言，中国的经济发展有着更高的增长速度和更长的高增长周期，显示出了它的生命活力和独特优势。它所焕发的巨大制度潜能已被中国改革开放的成果所证实，尤其是在 2008 年爆发国际金融危机以后，当陷入危机之中的各国都在焦头烂额努力寻求解决之道时，中国的社会主义经济通过充分发挥市场和政府的双重调节作用向世界展示出了优势与活力。

---

① 颜鹏飞：《中国社会主义市场经济新形态的再认识》，《马克思主义研究》2003 年第 4 期。

第五章 社会主义与市场经济结合的
新时代

党的十九大报告提出："经过长期努力，中国特色社会主义进入了新时代，这是我国发展新的历史方位。"[①] 新时代是对中国发展趋势的一个战略性和全局性的阶段定位。社会主义市场经济的理论和实践发展也相应进入了新时代。中国特色社会主义市场经济的深入发展，不仅面临复杂的国内外经济发展形势，而且还需回应理论争论所关照的重大问题。为此，以习近平同志为核心的党中央强调要坚持社会主义市场经济的改革方向，在社会主义基本制度与市场经济的结合上，以及政府与市场的关系处理上，都要坚持"辩证法，两点论"。中国特色社会主义市场经济的发展，是巨大成就与重大难题并存。围绕社会主义与市场经济的结合所遭遇的理论和实践难题，至今尚未出现突破性的、共识性的科学解释和回答。为此，亟待对中国特色社会主义市场经济发展的实践经验进行分析总结，并形成具有高度现实解释力的经济理论体系，以推动中国特色社会主义政治经济学的发展。

一 新时代社会主义与市场经济结合的多重境遇

新时代条件下，就中国特色社会主义市场经济的深入发展而言，一方面要面对世界经济复苏乏力、贸易保护主义势头强劲的国际环境；另

---

① 习近平：《决胜全面建成小康社会 夺取新时代中国特色社会主义伟大胜利——在中国共产党第十九次全国代表大会上的报告》，人民出版社，2017，第10页。

一方面，中国经济的发展阶段已经由高速增长转向了高质量发展的阶段，必须要适应经济发展步入新常态所引发的社会经济领域的一系列深刻变化。与此同时，大数据技术也重燃经济思想史上关于"计划经济可行性"的争论。理论争论所关照的，正是在新时代社会主义与市场经济如何深入结合的重大问题。

(一) 国际环境：复苏乏力引发贸易保护主义的世界经济发展态势

肇始于 2008 年的全球金融危机，因其持续时间之久、冲击面之大、影响力之深，使持续陷入经济低迷的发达国家的复苏步履维艰。受金融危机的深层次影响，世界各国经济的复苏具有不稳定性和不确定性。在经济复苏艰难、需求不振、市场经济激烈的环境下，发达国家各种形式的贸易保护主义有所抬头。

国际金融危机对世界经济形成了深层次影响。一方面，金融危机对世界经济形成重创，并给主要发达经济体留下了后遗症，导致世界经济在此后的 10 年时间一致持续经济低迷状态。美国尽管势头较好，但发展还不稳定。日本和欧元区的经济复苏之路充满了不确定因素。另一方面，主要经济体的需求依然疲软，尽管相关国家纷纷出台一系列应对政策来缓解金融危机的严重后果，却没有从根本上扭转主要经济体需求疲软的局势。国际金融危机严重冲击了全球经济的发展，也深刻改变了全球的供给结构和需求结构。在此背景下，发达国家和发展中国家都不得不调整经济结构以适应全球经济发展态势，这必然会加剧各个国家之间对全球市场的激烈争夺。为了缓解金融危机给本国带来的矛盾和压力，主要经济体国家纷纷采取了一些贸易保护措施。贸易保护主义势力有所抬头，自然会对出口导向型国家的经济形成巨大冲击。因此，中国面临着竞争日趋激烈的外部发展环境。

尽管全球经济在历经漫长的复苏期之后，或将在 2018 年迎来"提速换挡"，但贸易保护主义的强劲势头仍然比较强劲。其中，最突出的当属全球最大经济体——美国，它先后采取的系列"本国优先"政策给以中国为代表的新兴经济体带来挑战。例如，从跨太平洋伙伴关系协定、巴黎气候协定等机制中"退出"，促成以美国为中心的 GPTPP（全面与进步跨太平洋伙伴关系协议）和 TTIP（跨大西洋贸易与投资伙伴协定），修改世界贸易组织的相关规则等。特朗普政府所推行的贸易保护主义措施，对全球贸易造成了空前的威胁。为了阻碍来自其他国家的进口，美国采取了多种方式来攻击中国以及其他贸易伙伴。此外，为了吸引全球资本回流以刺激美国经济发展，美国在 2017 年底通过了 30 年来最大规模的减税法案，而且美联储还启动了逐步收紧的货币政策。此次税改计划不仅对美国经济而且对很多其他国家都会造成冲击。美国的减税和加息无疑还会严重影响全球资本流动和产业分工，从而使世界经济关系更加复杂化、更具不明确性。

经济全球化日趋深入的同时，世界经济的平衡局面也被不断打破。当前，主要的发达经济体复苏迹象并不十分明朗，而以中国为代表的新兴经济体则相对保持较快的增长，成为世界经济增长的新动力。中国成为世界第二大经济体之后，以美国、日本等世界经济强国不愿中国经济的崛起挑战国际经济体系秩序，于是试图对中国经济的发展施加制约因素。而中国的国内政策和经济发展状况会受到异常关注，并因此被国际社会误解、误读。例如，经济发展的速度变化或被认为是"中国威胁论"或者"中国崩溃论"，与非洲等国家的密切合作被解读为新殖民主义等。发达经济体对中国频频发起的反倾销起诉，以及干涉中国企业的对外投资，不断提起的"中国威胁论"、唱衰中国论等言论，这些都对中国经济发展形成了掣肘作用。中国的经济发展，会遭遇很多其他国家未曾经历的难题。而且由于没有前车之鉴，这些问题也难以被预料到。当前由西方发达国家引导的贸易保护主义、反全球化浪潮，导致国际贸易投资环境更加严峻，从而对中国的经济增长产生了严重的负面掣肘效应。

（二）国内现状：高速增长转向高质量发展的国内经济发展态势

经济新常态是中国经济发展历程中一个具有里程碑意义的发展阶段，

这意味着改革开放之后历经持续三十余年的高速增长，中国的经济发展步入了一个新的阶段。更重要的是，中国经济增长的方式、结构、动力、等进入了一个调整转变期。党的十九大报告指出："我国经济已由高速增长阶段转向高质量发展阶段，正处在转变发展方式、优化经济结构、转换增长动力的攻关期。"[①]

1. 增速新常态：经济增长红利衰退，增长速度换挡

从 1978～2012 年，中国经济一直保持着 9.8% 的年均增速，创造了当代世界经济持续高速增长的历史新纪录。其中，人均 GDP 年均增长率达到 8% 以上，已经达到当代世界中等收入水平，人均 GDP 也创造了当代经济发展的新纪录。"我国无论是在经济数量水平上，还是在经济质态结构上，都已进入中等收入阶段和工业化后期加速完成阶段。"[②]2012～2014 年，经济增长速度则由原来的 9.8% 降速为 7%～8%。由此表明，中国经济增长的速度已经从高速回落至中高速。从经济增长速度而言，中国经济要从过去的 10% 左右的高速增长调速换挡为 7% 左右的中高速增长，这是中国经济新常态的最基本特征。

中国经济内在增长动力不足、速度下落的根本原因就在于，经济发展阶段的变化导致经济增长红利消失。所谓经济增长红利，就是能自发引起经济增长的内外部因素。根据传统经济理论的解释，推动经济增长的内部主导因素主要是人口劳动力、资本以及劳动生产率，而这三种主导因素又能衍生出引发经济增长的不同红利。有学者认为，中国经济之所以能持续高速增长的比较优势，在于人工成本低廉便宜、资源环境低偿耗费以及土地资源大量提供，但当前人工红利、资源红利和土地红利已接近拐点。[③] 这种红利衰退对经济形成的约束作用突出表现：支撑经

---

① 习近平：《决胜全面建成小康社会　夺取新时代中国特色社会主义伟大胜利——在中国共产党第十九次全国代表大会上的报告》，人民出版社，2017，第 30 页。
② 刘伟等：《经济增长与结构演进：中国新时期以来的经验》，中国人民大学出版社，2016，第 33 页。
③ 韩康：《经济新常态：新观察、新思考》，《国家行政学院学报》2015 年第 2 期。

济高速增长的比较优势难以为继，国民经济的生产总成本不断上升。

其一，劳动力成本不断提高，趋近刘易斯拐点①。中国经济过去的高速增长，很大程度上依赖于人口红利的驱动，它给中国经济带来大量的廉价劳动力。但是随着人口红利衰退，势必会严重影响经济的发展。

20世纪50年代至70年代末，中国人口出生率高、结构年轻，适合劳动密集型工业发展的青年劳动力供给相对过剩。再加上二元经济结构的存在，就使青年农村劳动力一直处于低工资的水平。低工资可以说是中国经济持续30多年超高速增长的一个最显著特点。但当前人口结构迎来拐点，劳动力人口的比例持续下降，而老龄人口比重则加速上升。1980年以来中国实行的计划生育政策，对人口结构也造成明显冲击，老龄化趋势会越来越严重，劳动力人口占比也会大幅下降，利于经济增长的人口红利也逐渐消失。剩余劳动力无限供应的情况已经发生了重大改变。伴随工资和社会保障水平的不断提升，以及二元经济下农村剩余劳动力转移过程的推进，劳动力总量的扩张速度逐渐放缓，劳动力成本的压力日趋加剧并逐渐提高、趋近均衡。

劳动人口的绝对数量减少，则必然会造成劳动力供给的短缺和劳动力工资的上涨。由此，支撑中国经济增长的劳动密集型出口加工业，就会因劳动力成本上升而失去国际竞争力的比较优势。出口低增长是导致中国经济从超高速增长转为中低速增长的重要原因之一。此外，国际经验表明人口拐点与房价拐点也是相近的②。尽管中国未来的城镇化进程能对房价形成短期支撑，但长远看来也难以持续维持。这无疑也会拖曳经济增长速度。但人口红利的衰退并不会立即引发经济的断崖式下行，

---

① 按照刘易斯及其追随者的定义，当劳动力无限供给的特征消失，即劳动力短缺、劳动者工资持续上涨时，就意味着刘易斯转折点的到来。根据蔡昉教授的分析，2004年就是刘易斯转折点的标志性时间点。（蔡昉：《避免"中等收入陷阱"——探寻中国未来的增长源泉》，社会科学文献出版社，2012，第65页）也有课题组分析，以农村剩余劳动力供给减少、工资上升为特征的"刘易斯转折点"在2008年前后出现。（刘世锦主编《在改革中形成增长新常态》，中信出版社，2014，第2页。）

② 根据国际经验：美国劳动力人口在2007年见顶，而房价在2006年开始转向；日本劳动力人口占比1992年见顶，而它的房地产泡沫则是在1990年开始破裂。

因为人口素质的提高对人口数量的下滑起着对冲作用，同时人口政策的调整也有助于延缓人口结构的老龄化趋势。

其二，环境资源价格上升。30 多年的经济高速增长阶段，高投入、高消耗、高污染的粗放型增长模式，使中国国内资源环境不堪重负，解决经济发展与环境保护之间的矛盾已经迫在眉睫。随着经济规模的继续扩大和能源资源消耗的增加，以及社会各界对生态环境的要求也越来越强烈，资源环境对经济发展的硬约束和刚性压力将逐步强化。

过去几十年，中国的价格体系中并不包括环境成本，也没有包括生态损失的成本。可以说，中国经济的持续高速增长是建立在对生态环境成本的透支基础上，这种发展方式使得资源环境的承载力达到顶峰。当前，环境污染和生态破坏已经超出了生态红线和环境有效负荷的底线，生态环境对经济增长形成了强制性约束。习近平指出中国经济在生态环境上欠了太多的账，如果当下不立即着手处理环保问题，未来的经济发展将会以更多、更大的代价为偿。而要先对此前所形成的生态环境负债进行偿还，就无疑会增加生态环境成本，经济增长的能力也必然会有所下降。

其三，自然资源的价格明显呈现出上升的趋势。经济规模的进一步扩大必然会造成巨大的资源需求量，但自然资源具有有限性和稀缺性的特点，这两者之间的矛盾势必会推动其价格上升，从而形成对整个国民经济总成本的推动力。中国本来就是一个自然资源不充足的国家，而且工业化前期进程还消耗了大量优质资源，造成了矿产资源、水资源、土地资源等日益减少甚至短缺。随着发展中国家经济的崛起和世界经济的复苏，资源价格在未来会不断上升，中国经济增长的资源成本也会持续提高。

总之，中国在市场化改革的进程中实现了从低收入向中等收入国家的转变，而经济发展更多是在政府主导的基础上，依托于一种追赶式的发展模式。在此模式下经过持续高速发展，土地、资源和环境已经是重荷难负，内外失衡、城乡不平衡、收入差距过大等问题积重难返。而且，人口红利、低劳动力成本的比较优势也迅速衰退。再加上国际金融危机的消极影响，也使高度依存于出口业的经济受到沉重打击。人口红利的衰退不仅提高了经济增长的人力成本，也降低了中国经济的国际竞争力；偿还因透支资源和生态环境所导致的欠账，也会增加经济发展的社会成本；而出口红利的衰退大大减弱了经济增长的外部动力，全要素生产率增长率的下降直接缩小了其内在动力。各种要素成本显著上升导致经济的核心竞争力下降，这意味着中国经济依靠低要素成本作为核心竞争力的时代已经终结。这些因素综合作用导致中国的经济增长进入新常态阶段。

2. 结构调整的新常态：从结构失衡到优化再平衡

中国经济的结构失衡表现在几个方面：从产业结构上看，以加工制造业为主的工业产能严重过剩，而服务业产能却存在不足；从需求结构上看，政府的 GDP 考核标准促使地方政府在招商引资上的"竞备赛"，结果造成投资、出口比重的过度增长，但消费比重却持续下落；从区域结构上看，东南经济发达地区是高速崛起，但中部和西部地区却是滞后不前。因此，加快推进经济结构战略性的调整，缓和结构失衡、优化经济结构，刻不容缓。

新常态下经济结构的主攻方向应是由中低端向中高端转化，其中在产业结构上则是从工业大国调整为服务业强国。中国经济在长达 30 多年高速增长的同时，却也造成了产能过剩、结构失衡、环境污染等严重问题。结构失衡表现为工业比重过大，投资率上升而消费率下降。经济增长过分依赖投资和出口，而消费需求特别是居民消费需求却严重不足。2010 年之后中国进入了工业化后期，此前依靠高投资、重化工业主导发展而产生的经济高速增长局面将难以为继。而主导产业转化势必会造成潜在经济增长率下降，经济增速也会出现回落。进入工业化后期之后，中国经济面临着包括技术创新和产业转型、资源环境约束、区域差距等诸多需要高度重视并积极解决的重大问题。

其一，产能过剩问题。产能过剩问题原本是市场经济条件下一个普遍性问题，而进入中高速增长的经济新常态以后，伴随增速下行的是产能过剩。其中包括投资增速回落引起的投资品部门产能过剩，工业和服务业的结构性失衡引起的产能过剩。由于各种因素交互叠加造成此次产能过剩问题更为严峻，有学者甚至认为产能过剩问题是新常态"所面临的一个最直接的潜在危机和挑战"①。一方面，受国际金融危机的影响，这次产能过剩的波及范围更广、程度更甚；另一方面，由于处于工业化后期，产能过剩再也无法通过内需的爆发式增长来消解。此外，产能过剩的原因在于粗放式的经济发展方式以及市场化改革的滞后。因此，化解产能过剩问题，不仅需要做好产业结构的优化升级、转变经济发展模式，而且也需要加快改革进程，尤其是深化体制改革。

其二，产业结构转型升级。产业结构转型升级的目的是实现产业结构的合理化与高级化。就中国的经济现状而言，主要是提升第三产业的比重以及技术密集型产业的比重，而降低第二产业以及劳动密集型和资金密集型产业的比重。长期以来，中国经济的增长很大程度上依靠出口和投资，这也使得工业占 GDP 的比重一直比较高。金融危机之后，工业占比是大幅下落而服务业比重则不断提升。2013 年服务业产值比例首次超出了工业产值比例，这既是中国实现产业结构升级转型政策的有效性体现，而且也是中国经济发展阶段变化的重要标志。中国正在由投资和出口主导型向消费主导型经济过渡，这无疑就要调整产业结构，推动服务业的加速发展。这不仅需要从"要素驱动型"转为"创新驱动型"战略，而且更加需要政府调整其推进产业转型升级的产业政策。

其三，收入分配差距过大。中国的基尼系数多年来一直高于国际 0.4 的警戒线。国家统计局的数据显示，2003～2012 年的全国居民基尼系数，始终徘徊在 0.47～0.49。尽管党的十八大以来中国城乡居民收入

---

① 　黄群慧：《"新常态"、工业化后期与工业增长新动力》，《中国工业经济》2014 年第 10 期。

差距有所缩小，收入分配差距扩大的势头有所抑制。但根据国家统计局2017年发布的统计报告，2016年全国居民人均可支配收入的基尼系数高达0.465，仍然高于国际警戒线的范围。中国居民收入差距过大的原因主要在于分配不公、腐败盛行、分配调节力度不足等。当前经济新常态下，经济增速放缓、经济结构调整，无疑会在一定程度上影响低收入群体的整体收入。收入分配差距过大不仅严重影响了全民共享改革成果，还使全面建成小康社会的发展战略受到掣肘。而且根据大量的文献研究结果，中等收入陷阱与收入分配差距有着紧密关联，中国当前就处在跨越中等收入陷阱的关键时期。因此，缩小收入分配差距意义重大。

3. 增长动力新常态：由要素驱动、投资驱动向创新驱动转化

同世界发达经济体相比，中国经济的高速增长主要依赖要素驱动、投资规模驱动，主要是劳动力、资本和资源这三大传统要素投入。然而当前这三大要素均面临诸多瓶颈约束，难以继续支撑经济的高速增长。这也导致中国经济的发展质量和效益不佳，尤其是科技创新对经济发展的贡献较低。

技术创新是提高生产率、推动经济增长的源泉。从技术创新的发展规律来看，新技术的研究、开发、应用依赖于知识的积累和前进，需要将知识付诸实践积累的扩散应用，需要人力资本和研究与开发投入的积累，而且还面临各种潜在的风险和失败。发达国家的技术创新表现出周期性波动，因而经济增长也同样呈现出波动增长的趋势，而不是持续的加速度增长。与之相对比，后发国家在工业化初期往往通过大规模引进新知识和新技术的植入式发展模式，从而在一个周期性阶段实现了经济的持续增长。

20世纪60年代的日本、70年代的"亚洲四小龙"，以及中国在改革开放后的几十年间，经济的高速发展总体上都得益于大规模的技术引进。引入式技术创新通过引入已经成熟的技术，不仅节省了研究和开发的成本，而且回避了新技术带来的市场不确定性，在短期内即可实现可复制

的高效生产能力，必然也会实现经济的高速增长。通过改革开放以来持续地引进、模仿和吸收国外先进的产业技术，中国与发达经济体之间的技术差距已经明显缩小。但是当国家的技术创新能力和创新水平越来越趋近于世界水平时，技术进步就越来越依赖自主创新和自主研发，此时就必须要实现技术的自主创新。但是这意味着需要投入最多、成本最高、风险最大、周期最长。

当前，全球正处在以制造业数字化、智能化为核心的产业变革时期，中国企业在研发方面的缺陷却日益暴露，创新能力不足、拥有自主知识产权的企业比重小、高度依赖低端加工组装，这些使中国企业难以适应竞争越来越激烈的市场环境。从而暴露了经济运行的列车尽管较快，但动力引擎落后的弊病。这就必须要换引擎、转动力。因此在当今世界正经历科技创新和产业革命的新浪潮中，中国经济要在增长速度"下台阶"的过程中实现增长质量"上台阶"，就必须要转换经济增长动力，实现创新驱动型的经济新常态。

（三）时代争论：大数据能否助推"计划经济"的可行性

在全球经济低迷、复苏乏力的发展状态下，以智能化和信息化为核心特征的第四次工业革命蓬勃兴起并愈演愈烈，指数级速度展开的新一轮工业革命彻底革新了整个生产和管理体系，为全球经济的发展孕育了新的动能。新一轮的科技和工业革命过程中，大数据无疑是最基础性的资源和社会生产的新要素。大数据时代，云计算所具有超强搜集和处理数据的能力是前所未有的，深刻变革了当前的生产模式和管理方式。作为战略资源的大数据，重燃关于"计划经济"可行性问题的理论争论。于是计划经济可行论再度被提起，也再次掀起理论界关于"计划经济"与"市场经济"的争论。

实质上，关于计划经济与市场经济的争论一直是经济史上争论不休的一个议题。计算机技术的发展程度也与这一争论紧密相关。早在20世纪30年代，米塞斯、哈耶克在与兰格等人的理论论争中，就以经济计算任务的复杂性等原因为由否认了计划的可行性①。40 年代时，兰格指出电子信息技术因在经济管理上的潜能而适用于计划，可以将其作为社会主义经济管理的核算工具②。到 70 年代，以信息革命为核心的技术革命逐渐显现，再次催生出经济计划的相关思潮。依据计算机技术的发展形势，英国学者斯蒂芬·博丁顿写了《计算机与社会主义》一书。他指出，尽管亚当·斯密强烈反对对经济施以计划，但"新电子信息技术使得两个世纪以前不可想象的一些程序控制成为现实"③。而且，市场经济的缺陷逐渐凸显，也要求对国民经济实行集中计划管理。作为集中协调和控制的有效工具，计算机有潜力成为国家计划的重要工具。由于计算机技术的发展，人们之间信息交流的数量、速度和质量达到了一个前所未有的程度，"技术方面的深远革新必然会起社会结构改革的助产士作用"④。简言之，计算机技术有助于社会主义目标的实现。

尽管借助大数据技术可以深入挖掘和分析各种数据，以便于更深入地了解人们的需求以及有助于完善决策。但是由于大数据所搜集到的仅是历史数据而非未来的数据，而且搜集的数据也在随时发生变化，依据数据做决策时需要将时间差、数据漏洞等考虑进去。因此大数据是无法代替决策的，还需要依赖逻辑知识和分析工具⑤。而且即便大数据技术提升了计划当局获取和处理信息的能力，但是却难以确保信息的真实性，也无助于做出最优权衡和最优计划。况且，"互联网的开放共享、扁平关联、协同互利精神并不支持新、老计划经济"⑥。因此，值得探讨的并

① 详见第三章第一节相关内容。

② Oscar Lange, The Computer and the Market, In C. H. Feinstein（eds.）, *Socialism, Capitalism and Economic Growth: Essays Presented to Maurice Dobb*,（Cambridge: Cambridge University Press, 1967）, pp. 158–161.

③ 〔英〕斯蒂芬·博丁顿：《计算机与社会主义》，杨孝敏等译，华夏出版社，1989，第 110 页。

④ 〔英〕斯蒂芬·博丁顿：《计算机与社会主义》，杨孝敏等译，华夏出版社，1989，第 123 页。

⑤ 刘瑞：《建立市场与计划结合更加完美的机制》，《中国经济报告》2017 年第 9 期。

⑥ 崔克亮、吴思：《突破计划和市场二元语境构筑互联网时代"协同经济学"理论基石——专访中国信息经济学会原理事长杨培芳》，《中国经济报告》2017 年第 10 期。

不是大数据是否有助于重建计划经济，而是它如何"改进和完善现有的市场经济"①。

　　但也有学者认为，"大数据将使计划作为配置资源的手段成为可能"。西方经济学家否认计划经济资源配置的有效性，因而对此强烈反对的主要原因在于，搜集和统计海量信息的不可行性以及计划缺失激励功能。大数据时代，云计算功能极大强化了数据分析的速度和广度，借助于丰富、全面的数据支撑可以实现提前编制的科学计划和分析预测，从而产生激励作用。大数据时代将会推动社会主义的发展②。也有学者提出，"大数据时代有望构建起一种计划主导型市场经济体制"，这种体制可以实现民主计划与集中计划之间的有机融合。由于大数据可以发现并利用默会知识、可能实现现时预测、能够满足多样又个性的供需，它使企业组织和商业模式发生巨变，也将会是重要的国家战略资源。这些特性使大数据技术的发展就能为实现计划主导型市场经济体制提供了技术支持，从而为计划主导型体制的建立提供了可能③。

　　大数据并不是新概念，但互联网技术的突破性进展改变了传统的沟通交流、商业交易模式，于是大数据也重新引起了极大关注。大数据技术可以在一定时间内搜集、管理巨量的数据集合，这些数据来源甚广、构成复杂、碎片化。传统的数据分析技术对此难以处理，因此产生了处理大数据的"新的技术"。大数据、云计算和物联网等技术的创新发展，为消费者相关数据的记录、存储、分析、管理提供了技术支持，为建立消费者需求的超级数据库提供了可能。而通过深度挖掘和分析这些与消费者相关的数据，就可以作为预测未来趋势发展以及提前做出决策的参考依据。

---

①　张旭昆：《大数据时代的计划乌托邦——兼与马云先生商榷》，《探索与争鸣》2017 年第 10 期。

②　秦宣：《大数据与社会主义》，《教学与研究》2016 年第 5 期。

③　王彬彬、李晓燕：《大数据、平台经济与市场竞争——构建信息时代计划主导型市场经济体制的初步探索》，《马克思主义研究》2017 年第 3 期。

二 习近平关于社会主义与市场经济结合的重要论述

面对严峻复杂的国内外经济形势，为了解决经济发展所面临的错综复杂的突出矛盾和挑战，习近平多次强调要坚持社会主义市场经济的改革方向。当前，经济领域中还存在许多制约科学发展的体制机制障碍，经济体制改革的目标任重道远，改革潜力需要进一步充分释放。因此，必须坚持深化经济体制改革，坚持发展和创新社会主义市场经济体制。习近平强调要在社会主义基本制度与市场经济的结合上，以及政府与市场的关系处理上坚持辩证法、两点论，为新时代条件下经济体制的深化改革指明了方向。

（一）"在社会主义基本制度与市场经济的结合上下功夫"

在社会主义市场经济的问题上，习近平提出在社会主义的经济制度与市场经济体制的结合上，要"坚持辩证法、两点论，继续在社会主义基本制度与市场经济的结合上下功夫，把两方面优势都发挥好"①。既要发挥市场经济的作用以增强经济发展活力，又必须要坚持和完善中国特色社会主义制度，充分发挥社会主义经济的制度优势。

1. 坚持共产党的领导和中国特色社会主义制度

在社会主义制度条件下发展市场经济，这是中国共产党作出的一项前无古人的伟大创举，也是对马克思主义政治经济学所作出的巨大理论创新。从党的十二大正式提出"正确贯彻计划经济为主、市场调节为辅的原则"②，到党的十九届四中全会把社会主义市场经济体制正式确立为社会主义基本经济制度。可以说，社会主义市场经济理论和实践的发展和创新，都是在中国共产党的统一领导和指挥之下才实现的。坚持中国

---

① 《习近平关于社会主义经济建设论述摘编》，中央文献出版社，2017，第64页。
② 《改革开放三十年重要文献选编》上，中央文献出版社，2008，第272页。

共产党的领导和中国特色社会主义制度，是中国发展市场经济的最大政治优势。习近平指出："坚持党的领导，发挥党总揽全局、协调各方的领导核心作用，是我国社会主义市场经济体制的一个重要特征。"① 发展社会主义市场经济需要发挥社会主义制度的突出优势，需要坚持党的坚强领导。这是确保社会主义市场经济沿着正确方向发展的根本保障。

中国特色社会主义市场经济，具有市场经济的一般规律，但更具有自身的特殊规律。社会主义市场经济体制充分体现了社会主义制度的内在要求和显著优势。习近平总书记强调："我们是在中国共产党领导和社会主义制度的大前提下发展市场经济，什么时候都不能忘了'社会主义'这个定语。"② 其中，"社会主义"这四个字具有"画龙点睛"的效果，它点明了市场经济的鲜明制度属性。发展市场经济并不必然意味着经济繁荣和社会发展。唯有坚持中国共产党的领导，坚持社会主义的根本方向，才能有效防范资本主义市场经济所暴露的诸多弊病，才能更好地驾驭市场经济以使其助力于实现国家富强和人民幸福的宏伟目标。当前，我国社会主义市场经济改革取得了历史性的成就，国家的经济实力和综合国力达到前所未有的高度，其根本原因就在于坚定不移地坚持中国共产党的领导和社会主义基本制度。同时，这也是推动社会主义市场经济体制发展、完善的根本力量所在。中国共产党始终坚持以人民为中心的立场，在经济发展进程中坚持社会主义的正确方向，坚持走共同富裕的道路。这是中国经济发展的独特政治优势，也是推动社会主义市场经济体制发展、完善的根木力量所在。因此我国的社会主义市场经济体制，必须要坚持发挥社会主义制度的优越性以及党和政府的积极作用。因此，必须要坚持公有制为主体、多种所有制经济共同发展，不断巩固和发挥公有制经济在我国经济中的主体地位和巨大作用。因此，必须要坚持和发展我们独特的政治优势，以政治优势引领和推动社会主义市场经济实现更好发展，坚定中国特色社会主义的道路自信、理论自信、制

---

① 《习近平谈治国理政》，外文出版社，2014，第118页。
② 《十八大以来重要文献选编》下，中央文献出版社，2018，第6页。

度自信和文化自信。因此必须要坚持辩证法、两点论,把社会主义基本制度的优越性与市场经济的长处优势都发挥好。

2. 坚持和完善社会主义基本经济制度

党的十九届四中全会的决定指出:"公有制为主体、多种所有制经济共同发展,按劳分配为主体、多种分配方式并存,社会主义市场经济体制等社会主义基本经济制度,既体现了社会主义制度优越性,又同我国社会主义初级阶段社会生产力发展水平相适应,是党和人民的伟大创造。"① 这是对社会主义基本经济制度的内涵作出的全新概括和理论创新,实现了从单一的所有制制度向三维的体系化制度的转变。

其一,坚持公有制为主体、多种所有制经济共同发展。所有制结构是基本经济制度的基础,这决定了中国特色社会主义经济的根本性质。坚持和完善我国的所有制经济制度,是巩固、发展中国特色社会主义制度的重要支柱。社会主义市场经济体制的确立和完善,中国的所有制结构不断调整、公有制和非公有制所占比重也在逐步变化。社会主义市场经济增强了公有制经济,特别是非公有制经济的活力和效率。"在这种情况下,如何更好体现和坚持公有制主体地位,进一步探索基本经济制度有效实现形式"②,成为社会主义市场经济发展有待解决的一个重大问题。习近平在十八届三中全会上重申:"必须毫不动摇巩固和发展公有制经济,坚持公有制主体地位,发挥国有经济主导作用,不断增强国有经济活力、控制力、影响力。"③

一是发展混合所有制经济。发展混合所有制经济 "是新形势下坚持公有制主体地位,增强国有经济活力、控制力、影响力的一个有效途径和必然选择"④。"混合所有制经济" 是多种所有制并存的经济,即不同

---

① 《中国共产党第十九届中央委员会第四次全体会议公报》,人民出版社,2019,第11页。
② 《习近平谈治国理政》,外文出版社,2014,第78页。
③ 《习近平谈治国理政》,外文出版社,2014,第78页。
④ 《习近平谈治国理政》,外文出版社,2014,第78页。

性质的所有制及其不同实现形式在同一社会经济体中，相互结合而形成的所有制。它"既是经济制度的实现形式，也构成了一定历史条件下社会经济制度的本质特征"①。因此，它既包括不同性质和不同形式的所有制，而且这些不同成分和形式还构成了统一的有机整体。国有资本、集体资本以及非公资本等混合而成的所有制经济，就是社会主义基本经济制度的一种重要实现形式。积极发展混合所有制经济，是在理论和实践上探索如何解决公有制与市场经济机制的结合这一历史难题。

党的十八届三中全会提出要积极发展混合所有制经济，就建立混合所有制企业的重要性、迫切性以及实施路径等问题，作出了系统的阐释。党的十九大重申了"发展混合所有制经济"的思想。作为基本经济制度和国有产权的一种重要实现形式，混合所有制经济的发展有利于国有资本功能的放大并实现其增值保值，也有利于提高国有经济的核心竞争力。发展混合所有制经济，无论是对国有资本还是其他所有制资本都有重要意义，因此要"允许更多国有经济和其他所有制经济发展成为混合所有制经济"②。作为社会主义初级阶段基本经济制度的一种重要实现形式，混合所有制经济也是使市场在资源配置中起决定性作用的关键要素。"随着以股份制为主要形式的混合所有制经济发展，从中会产生公有制的新的组织形式。"③ 混合所有制经济有助于厘清和协调政府与市场的关系问题，有助于推进社会主义市场经济体制的发展和完善。

二是推动国有资本做强做优做大。党的十八届三中全会就提出，要以管资本为主来完善国有资产的管理体制。2017 年的中央经济工作会议提出，要推动"国有资本"做强做优做大，为国有经济的现代化市场经济改革之路指引了新的发展方向，也是国资、国企改革的突破性进展。党的十九大报告中，再次强调"要完善各类国有资产管理体制，改革国

---

①　刘伟：《发展混合所有制经济是建设社会主义市场经济的根本性制度创新》，《经济理论与经济管理》2015 年第 1 期。

②　《十八大以来重要文献选编》上，中央文献出版社，2014，第 515 页。

③　常修泽：《社会主义市场经济体制的基础：混合所有制经济》，《光明日报》2014 年 7 月 2 日。

有资本授权经营体制，加快国有经济布局优化、结构调整、战略性重组，促进国有资产保值增值，推动国有资本做强做优做大，有效防止国有资产流失"①。产权是市场经济的基石，而企业只是产权组织形式的一种。因此，国有企业也只是国有资本产权的其中一种组织形式。通过参股、控股的形式与民间资本融合，国有资本就能存在于各种性质的企业。这种渗透式、开放式的发展模式，可以激活大量国有资本存量并提升国有资本的运行效率，从而有助于国有经济的做强做优做大。

三是加强国有企业的改革力度。国有企业是国民经济的重要支柱和中坚力量，不仅对国民经济的发展意义重大，而且对于共产党的执政以及国家政权也有基础性作用。国有企业是党和国家在经济工作中最信赖的依靠力量之一，在国家政权的经济基础中起着支柱作用，是壮大综合国力以及保障人民共同利益的重要力量。中国特色社会主义市场经济改革的其中一个难题，即实现社会主义与市场经济深入结合的难题，就是使国有企业成为真正的市场主体。作为最重要的市场主体，国企能否适应市场经济的发展要求，关系到社会主义市场经济体制改革顺利与否。

经过改革开放以来的探索，国有企业历经了从扩大自主权到股份制改造的发展道路，"总体上已经同市场经济相融合"。与此同时，"国有企业也积累了一些问题、存在一些弊端，需要进一步推进改革"②。这些问题包括但不止于：没有真正确立国有企业的市场主体地位，现代企业制度有待完善、健全，国有资本的运行效率有待提升，国有资产流失严重，等等。其中，最大的问题就是以改制的名义占有国有资产。习近平指出要加强国有企业改革的力度，吸取以往的经验教训，绝对不能借改革谋取暴利。中国国有企业制度的特色就在于企业治理的各个环节都融入了党的领导。针对国企中党的建设存在"弱化、淡化、虚化、边缘化"等严重问题，要不断加强和改善党对国企的领导。要理直气壮、坚定不移地把国企做强、做优、做大，增强国有企业的活力、提高其效率、

① 《习近平谈治国理政》第3卷，外文出版社，2020，第26页。
② 《习近平谈治国理政》，外文出版社，2014，第79页。

增强其核心竞争力，进而不断增强国有经济的活力、影响力、控制力以及抗御风险能力。

四是必须要坚持"两个毫不动摇"。坚持和完善社会主义基本经济制度，就必须要理解和坚持"两个毫不动摇"。为了鼓励、支持、引导非公有制经济的持续发展，激发其潜在的经济活力和创造力，党的十八届三中全会提出了多重改革措施。关于"两个毫不动摇"的重要意义和实现方式，习近平从三个方面对公有制经济和非公有制经济的关系作了探讨：一是功能定位，明确将两者视为社会主义市场经济的重要组成部分，以及中国经济社会发展的重要基础；二是产权保护，明确提出两者的财产权同样都是不可侵犯的；三是政策待遇，强调要坚持权利平等、机会平等、规则平等，实行统一的市场准入制度[①]。

其二，坚持按劳分配为主体、多种分配方式并存。按劳分配为主体，多种分配方式并存的分配制度，体现并反映了我国公有制经济为主体、多种所有制经济共同发展的生产资料所有制结构。这一分配方式不仅有利于促进我国公有制经济的发展，有助于保障生产者和劳动者的根本利益，从而实现共同富裕的根本目标。而且，也有利于促进多种所有制经济的共同发展，调动社会多方的积极性，增强整体经济发展活力。从党的十三大到党的十九大，我们党根据我国根本经济关系的现实要求和发展状况，对分配方式不断作出丰富和发展，不断赋予分配制度以新的内容。

党的十三大提出："在以按劳分配为主体的前提卜实行多种分配方式。"[②] 这既体现了社会主义公有制经济的客观要求，也体现了社会主义市场经济的发展要求。党的十四大提出："在分配制度上，以按劳分配为主体，其他分配方式为补充，兼顾效率与公平；""运用包括市场在内的各种调节手段，既鼓励先进，合理拉开收入差距，又防止两极分化，

①　《十八大以来重要文献选编》上，中央文献出版社，2014，第 500~502 页。
②　《改革开放三十年重要文献选编》上，人民出版社，2008，第 477 页。

逐步实现共同富裕。"① 党的十五大强调："坚持和完善按劳分配为主体的多种分配方式，允许一部分地区一部分人先富起来，带动和帮助后富，逐步走向共同富裕。"② 党的十六大明确："确立劳动、资本、技术和管理等生产要素按贡献参与分配的原则"③，"坚持效率优先、兼顾公平，既要提倡奉献精神，又要落实分配政策，既要反对平均主义，又要防止收入悬殊。初次分配注重效率，发挥市场的作用，鼓励一部分人通过诚实劳动、合法经营先富起来。再分配注重公平，加强政府对收入分配的调节职能，调节差距过大的收入。规范分配秩序，合理调节少数垄断性行业的过高收入，取缔非法收入。以共同富裕为目标，扩大中等收入者比重"④。党的十七大继续强调："要坚持和完善按劳分配为主体、多种分配方式并存的分配制度，健全劳动、资本、技术、管理等生产要素按贡献参与分配的制度，初次分配和再分配都要处理好效率和公平的关系，再分配更加注重公平。"⑤ 党的十八大首次明确提出："实现居民收入增长和经济发展同步、劳动报酬增长和劳动生产率提高同步，提高居民收入在国民收入分配中的比重，提高劳动报酬在初次分配中的比重。"⑥ 党的十九大提出："完善按要素分配的体制机制，促进收入分配更合理、更有序。鼓励勤劳守法致富，扩大中等收入群体，增加低收入者收入，调节过高收入，取缔非法收入。坚持在经济增长的同时实现居民收入同步增长、在劳动生产率提高的同时实现劳动报酬同步提高。拓宽居民劳动收入和财产性收入渠道。履行好政府再分配调节职能，加快推进基本公共服务均等化，缩小收入分配差距。"⑦

由此可见，经过改革开放以来的经济实践探索和理论创新发展，我

---

① 《改革开放三十年重要文献选编》上，人民出版社，2008，第660页。
② 《改革开放三十年重要文献选编》下，中央文献出版社，2008，第899页。
③ 《改革开放三十年重要文献选编》下，中央文献出版社，2008，第1254页。
④ 《改革开放三十年重要文献选编》下，中央文献出版社，2008，第1254页。
⑤ 《改革开放三十年重要文献选编》下，中央文献出版社，2008，第1732页。
⑥ 《十八大以来重要文献选编》上，中央文献出版社，2014，第28页。
⑦ 《习近平谈治国理政》第3卷，外文出版社，2020，第36~37页。

国社会主义分配制度日趋成熟。因此，党的十九届四中全会上把"坚持按劳分配为主体，多种分配方式并存"上升为我国基本经济制度。作为基本经济制度重要组成部分的分配制度，为我国经济发展始终沿着社会主义的根本方向、实现共同富裕的根本目标提供了有力的制度保障。

其三，坚持社会主义市场经济体制。首次把"社会主义市场经济体制"纳入社会主义基本经济制度，是对社会主义市场经济体制在中国制度体系中的重要地位和显著优势的充分肯定，也是马克思主义经济理论和中国特色社会主义政治经济学的又一次与时俱进和理论创新。社会主义市场经济体制在社会主义基本经济制度体系中的重要地位和显著优势，是由以下三个重要因素决定的：一是社会主义市场经济所体现的社会主义制度属性；二是社会主义市场经济体制所具有的优势和效能；三是社会主义市场经济体制改革所带来的重大影响。

一是社会主义市场经济所体现的社会主义制度属性。社会主义市场经济是在坚持社会主义基本制度前提之下发展市场经济，因此具有鲜明的制度属性。社会主义市场经济不仅仅是资源配置的一种有效方式，更是深刻体现了社会主义的制度属性，因此必然是社会主义的基本经济制度。我国在建立和完善社会主义市场经济体制的过程中，始终强调和坚持社会主义的基本制度，因此在所有制方面坚持公有制为主体、多种所有制共同发展，在分配制度方面坚持按劳分配为主体、多种分配方式并存，在资源配置方面强调把市场的优势和政府的作用相结合，探索出了具有中国特色的社会主义经济发展道路。

在具体的经济发展实践中，市场经济总是与具体的社会制度结合在一起，从而使市场经济具有了制度属性。不同国情和不同社会制度下，市场经济也具有多样的发展模式。邓小平曾强调："计划和市场都是方法嘛。只要对发展生产力有好处，就可以利用。它为社会主义服务，就是社会主义的；为资本主义服务，就是资本主义的。"[①] 这一重要论断为

---

① 《邓小平文选》第3卷，人民出版社，1993，第203页。

社会主义市场经济指明了发展方向。我国的社会主义市场经济体制具有基本经济制度的属性，规定着经济发展的根本方向。

社会主义市场经济体制充分体现了社会主义制度的内在要求和显著优势。在经济体制改革之初，邓小平曾指出，市场经济也可以与社会主义结合，尽管方法上与资本主义相似，"但是归根到底是社会主义的，是社会主义社会的"①。这是因为在发展市场经济时始终坚持了两条原则，"一条是公有制经济始终占主体地位，一条是发展经济要走共同富裕的道路，始终避免两极分化"②。江泽民也曾强调："我们搞的是社会主义市场经济，'社会主义'这几个字是不能没有的，这并非多余，并非画蛇添足，而恰恰相反，这是画龙点睛。所谓'点睛'，就是点明我们的市场经济的性质。"③ 习近平指出："我们是在中国共产党领导和社会主义制度的大前提下发展市场经济，什么时候都不能忘了'社会主义'这个定语。之所以说是社会主义市场经济，就是要坚持我们的制度优越性，有效防范资本主义市场经济的弊端。"④ 资本主义私有制条件下发展市场经济，与社会化大生产之间存在难以调和的根本矛盾，最终导致周期性经济危机的爆发。而社会主义市场经济把社会主义制度与市场经济相结合，能有效发挥战略性和灵活性的显著制度优势。因此必须要把社会主义基本制度的优越性与市场经济的长处优势都发挥好，必须要坚持和发展独特的政治优势，以此推动中国特色社会主义市场经济的发展和完善。

二是社会主义市场经济体制所具有的优势和效能。社会主义市场经济体制充分发挥了社会主义制度的显著优势，并且发挥了市场经济的有效特长，在我国社会经济发展的实践中彰显了巨大的制度优势和效能。社会主义与市场经济能否结合，这是一个在国际范围之内都尚存异议的

---

① 《邓小平文选》第 2 卷，人民出版社，1994，第 236 页。
② 《邓小平文选》第 3 卷，人民出版社，1993，第 149 页。
③ 《论社会主义市场经济》，中央文献出版社，2006，第 203 页。
④ 《习近平关于社会主义经济建设论述摘编》，中央文献出版社，2017，第 64 页。

世界性难题。无论是根据对马克思主义经典作家观点的传统解读，还是根据西方主流经济学家的一般理论，社会主义与市场经济难以结合。改革开放以来，中国共产党在深刻总结传统社会主义国家经济建设的经验教训基础之上，结合我国社会主义初级阶段的基本国情和发展阶段，创造性地提出利用和发展市场经济。在持续的理论和实践探索中，我们不断深化着对社会主义市场经济体制的认识，并最终将其作为我国的一项基本经济制度，标志着我国社会主义市场经济体制更加完善和成熟。

中国共产党人通过把马克思主义基本理论与中国实践相结合，冲破了传统经济学的理论束缚，成功实现了从计划经济体制到社会主义市场经济体制的高效转变，建立并逐步完善起来社会主义市场经济体制，适应了我国基本国情和时代进步要求，极大地解放和发展了社会生产力，推动了我国经济的持续快速发展，创造了世界经济发展的奇迹。党的十一届三中全会提出要重视价值规律的作用，党的十二大提出"计划经济为主、市场经济为辅"，党的十二届三中全会提出"有计划的商品经济"，党的十三大提出"国家调节市场，市场引导企业"的运行机制，党的十四大明确提出经济体制改革的目标是建立社会主义市场经济体制，党的十六届三中全会提出进一步完善社会主义市场经济体制。党的十八届三中全会提出使市场在资源配置中起决定性作用和更好发挥政府作用，标志着中国共产党对经济社会发展规律的认识达到了新的高度。党的十九大提出建立"市场机制有效、微观主体有活力、宏观调控有度"[①] 的新经济体制。党的十九届四中全会强调，坚持公有制为主体、多种所有制经济共同发展和按劳分配为主体、多种分配方式并存，把社会主义制度和市场经济有机结合起来，不断解放和发展社会生产力，是我国国家制度和国家治理体系的一个显著优势。对社会主义市场经济体制持续探索的历程，也是对我国经济发展规律的认识不断深化、实践不断深入的过程。

---

① 《习近平谈治国理政》第 3 卷，外文出版社，2020，第 241 页。

改革开放 40 多年的实践证明，社会主义市场经济体制把社会主义制度和市场经济有机结合起来，超越了传统计划经济模式和资本主义市场经济模式，具有巨大的生机活力和显著优势，使中华民族迎来了从站起来、富起来到强起来的伟大飞跃。社会主义市场经济体制能有效实现资源的合理配置，有利于解放和发展社会主义生产力，更好地满足广大人民群众的生活需要。同时，它还能够充分发挥社会主义制度集中力量办大事的突出优势，创造了举世瞩目的经济发展奇迹和社会治理奇迹，为世界经济的发展和人类文明进步贡献了中国智慧和中国方案。把社会主义市场经济体制纳入社会主义基本经济制度的范畴，有助于推动社会主义市场经济的发展和完善，推进经济体制改革向纵深发展，更进一步发挥社会主义市场经济的优势和效能，更大程度地解放和发展社会生产力。

此外，社会主义市场经济体制是实现我国所有制形式和分配形式的重大制度保障。我国社会主义市场经济体制下，所有制形式一定不是单一的，要以公有制为主体、多种所有制经济共同发展；所有制结构的多样化又决定了分配方式的多样化，即按劳分配为主体、多种分配方式并存。公有制经济和非公有制经济是我国经济社会发展的重要基础，也是社会主义市场经济的重要组成部分。按劳分配为主体、多种分配方式并存的收入分配制度，既坚持科学社会主义的基本原则，又适应了社会主义市场经济基本要求。社会主义市场经济体制是实现"两个毫不动摇"、实现社会主义分配方式的有效形式。社会主义市场经济增强了公有制经济，特别是非公有制经济的活力和效率。这已被我国社会经济发展的实践所证明了。"在这种情况下，如何更好体现和坚持公有制主体地位，进一步探索基本经济制度有效实现形式"①，成为社会主义市场经济发展有待解决的一个重大问题。习近平总书记多次强调："必须毫不动摇巩固和发展公有制经济，坚持公有制主体地位，发挥国有经济主导作用，不断增强国有经济活力、控制力、影响力。"② 这些问题的妥善解决，都

---

① 《习近平谈治国理政》，外文出版社，2014，第78页。
② 《习近平谈治国理政》，外文出版社，2014，第78页。

需要社会主义市场经济的持续发展和不断完善。因此，十九届四中全会把"社会主义市场经济体制"上升为基本经济制度，是理论和实践发展的必然结果。

三是社会主义市场经济体制改革所带来的重大影响。经济基础决定上层建筑。经济体制的重大改革，具有牵一发而动全身的重要影响和传导作用，对其他方面体制改革的进度和程度有着决定性的作用。正如习近平总书记所强调的："坚持社会主义市场经济改革方向，不仅是经济体制改革的基本遵循，也是全面深化改革的重要依托。使市场在资源配置中发挥决定性作用，主要涉及经济体制改革，但必然会影响到政治、文化、社会、生态文明和党的建设等各个领域。要使各方面体制改革朝着建立完善的社会主义市场经济体制这一方向协同推进，同时也使各方面自身相关环节更好适应社会主义市场经济发展提出的新要求。"① 经济体制改革是全面深化改革的重点，我国经济体制改革的目标就是建立社会主义市场经济体制。把社会主义市场经济体制纳入基本经济制度的范畴，就是高度重视经济体制改革的重要性，是对社会主义市场经济体制认识深化和理论创新。因此，要持续推动经济体制改革，不断发挥对其他领域改革的牵引和推动作用。

（二）"使市场在资源配置中起决定性作用和更好发挥政府作用"

政府与市场的关系问题是经济学中的永恒的焦点主题。"在市场经济国家，政府应该发挥怎样的经济职能？这是经济学最根本的问题。"② 政府应当如何发挥其作用才能实现最优干预的效果，这是一个理论难题。十八届三中全会对深入推进社会主义市场经济体制改革的任务作出了新的要求，对于政府和市场的关系问题作出了新的理论创新，习近平强调："坚持社会主义市场经济改革方向，核心问题是处理好政府和市场的关

---

① 《习近平谈治国理政》，外文出版社，2014，第95页。
② 〔美〕维托·坦茨：《政府与市场——变革中的政府职能》，王宇等译，商务印书馆，2014，第3页。

系，使市场在资源配置中起决定性作用和更好发挥政府作用。"① 这是对市场经济发展规律深刻认识和深度把握的结果，"标志着社会主义市场经济发展进入了一个新阶段"②。

1. 使市场在资源配置中起决定性作用

政府与市场的关系问题，是随着实践拓展和认识深化而不断被界定的重要问题。党的十四大确立了社会主义市场经济体制的改革目标，此后20多年对政府和市场关系的理论认识和科学定位，也一直随社会主义市场经济的实践拓展而不断深化。十八届三中全会对于两者的关系问题从理论上作出新的表述，即把市场在资源配置中的作用由"基础性"改为"决定性"。"进一步处理好政府和市场关系，实际上就是要处理好在资源配置中市场起决定性作用还是政府起决定性作用这个问题。"③ "决定性作用"是对市场作用的一种全新的、科学的定位，它与"基础性作用"之间存在前后衔接、继承发展的关系。

理论之所以更新是因为现实的主客观条件都已经成熟：从客观方面而言，中国已经初步建立起了社会主义市场经济体制，随着市场化改革的实践逐步推进，大幅提高了市场化的发展程度；从主观方面而言，党和政府对市场规律的理论认识不断深化，驾驭市场经济的能力也不断得到提高，建立并不断健全社会主义宏观调控体系。提出使市场在资源配置中起决定性作用也体现了问题导向的意识，当前中国特色社会主义市场经济体制还存在比较突出问题，主要表现为市场秩序失范、生产要素市场发展滞后、市场规则不统一、市场竞争不充分等，"这些问题不解决好，完善的社会主义市场经济体制是难以形成的"④。

之所以强调市场的"决定性作用"，是因为无论是经济学理论还是

---

① 《十八大以来重要文献选编》上，中央文献出版社，2014，第778页。
② 《习近平谈治国理政》，外文出版社，2014，第116页。
③ 《十八大以来重要文献选编》上，中央文献出版社，2014，第499页。
④ 《十八大以来重要文献选编》上，中央文献出版社，2014，第498页。

经济史实践都足以证实，市场是配置资源的一种最有效率的形式。社会主义市场经济的改革和完善必须要遵循市场经济的一般规律，即市场决定资源配置。因此明确市场在资源配置中的决定性作用，也就对政府与市场的关系问题作出了科学规定，从而有助于经济发展具体方式的转变，以及政府职能的转变，也有助于抑制消极腐败现象，最终实现社会主义市场经济体制的健全、完善。

2. 更好发挥政府作用

社会主义市场经济体制必须要体现制度优越性，必须要充分发挥政府的积极作用。"市场在资源配置中起决定性作用，并不是起全部作用。"① 市场与政府在市场经济中具有不同的作用和职能，因此社会主义市场经济的运行和发展，必然离不开政府作用的积极发挥。之所以高度强调转变政府职能的紧迫性，目的在于提高政府的效能，"以更好适应深化改革开放、加快转变经济发展方式、转变工作作风、维护社会和谐稳定的迫切要求"②。当前，政府的职能发挥存在一些有待转变的问题，如过度干预微观经济的运行、市场监管不当、公共服务比较薄弱等。这些问题的存在严重影响了政府与市场关系，不利于社会主义市场经济体制的健全、完善。

为此，习近平提出"要最大限度减少政府对微观事务的管理"③。但是也要防止矫枉过正，减少对微观经济的过度干预并不意味着政府把一切权力都下放，甚至在某些职能方面更要加强从而形成合力作用。更好地发挥政府的作用，是由于"科学的宏观调控，有效的政府治理，是发挥社会主义市场经济体制优势的内在要求"④。政府的职能包括管理职能和服务职能，两者均不能偏废。因此强调向"服务型"政府转变，也要

---

① 《习近平谈治国理政》，外文出版社，2014，第 77 页。
② 《习近平关于社会主义政治建设论述摘编》，中央文献出版社，2017，第 110 页。
③ 《习近平关于全面依法治国论述摘编》，中央文献出版社，2015，第 63 页。
④ 《习近平谈治国理政》，外文出版社，2014，第 77 页。

履行好管理职能，这也是政府职能的重要组成部分。对于应该要管的，政府不仅要管而且还要切实管好。

更好地发挥政府的作用关键在于界定政府作用的范围、转变政府职能。对此，习近平指出：转变政府职能的总方向"就是党的十八大确定的创造良好发展环境、提供优质公共服务、维护社会公平正义。"① 因此要据此科学界定政府的职能范围，防止政府履行职能的"越位、缺位"。深入解决政府干预过多、监管不当的问题，需要政府减少对资源的直接配置以及对微观经济活动的直接干预。同时尊重市场价值规律以实现效率，即"把市场机制能有效调节的经济活动交给市场"，"让市场在所有能够发挥作用的领域都充分发挥作用"② 。政府既不能罔顾市场经济的客观规律而出现乱作为的"越位"现象，也不能放任市场在资源配置中起全部的作用而出现政府不作为的"缺位"现象。

一方面，市场的发展需要政府为其创造市场环境和制度环境。市场经济的良好运行和发展需要建立统一开放、竞争有序的市场体系，需要公开透明的市场环境，还需要公平公正的市场规则和制度，这些条件的形成和完善都离不开政府的积极推进。另一方面，市场的失灵需要政府加以调节弥补。在提供公共物品、调节经济失衡、保护资源环境等方面，市场作用存在失灵问题，这就需要政府发挥作用以弥补市场的不足和缺陷。此外，政府还要对国有资产进行监督管理，以确保实现保值和增值，进而推进公有制与市场机制之间的有机结合。

总之，政府要弥补市场失灵、加强市场监管、维护市场秩序，为市场经济的发展提供优质的公共服务和公平竞争的环境，从而实现宏观经济的稳定和持续发展。因此，对属于市场和社会的权责要积极主动放足、放到位，对于政府自身的职责则要管好、管到位，要"从'越位点'退出，把'缺位点'补上"③ 。凡是属于市场起决定性作用的领域，政府要

① 《习近平关于社会主义政治建设论述摘编》，中央文献出版社，2017，第 110 页。
② 《习近平谈治国理政》，外文出版社，2014，第 117 页。
③ 《习近平关于全面深化改革论述摘编》，中央文献出版社，2014，第 55 页。

简政放权而不是过度干预；但在市场难以发挥作用或存在失灵的领域，政府必须要积极主动补位。要放开"看不见的手"和用好"看得见的手"。

此外，习近平强调在经济新常态下要加强和创新宏观调控，健全宏观调控体系，确保宏观政策的连续性、稳定性、有效性以促进经济的平稳发展。一方面，坚持稳中求进的工作总基调，既要防止经济运行出现大波动和系统性风险，又要在经济发展方式和驱动创新方面有所成效。另一方面，不断提高宏观经济政策的有效性，又要避免宏观调控过度干预经济运行，而是通过预调微调的方式快速应对经济变化和市场波动。党的十九大指出："创新和完善宏观调控，发挥国家发展规划的战略导向作用。"① 宏观调控首先要以遵循市场规律为前提，坚持"有度""有节"的原则，政府在宏观调控和优化资源配置时，应该更多运用价格、税收、利率等间接化、市场化、法治化的方式；其次要在重点领域积极作为，在经济新常态的新时代条件下，宏观调控要重点围绕防范化解重大风险、精准脱贫、污染防治这三大领域；再次要运用现代技术创新宏观调控的方式，大数据、云计算等现代信息技术的迅猛发展，为创新宏观调控提供了技术支持和保障。

3. 清除关于政府作用和市场作用的流行性误解

党的十八届三中全会首次确立市场在资源配置中的"决定性"作用，引发理论界就此问题的激烈讨论。当前一些流行的错误观点，总是试图将市场与政府的关系割裂、对立起来，或者指责政府对市场的干预，或者批评市场的弊端过甚。对此错误观点，必须要加以辩驳。

其一，关于政府作用的错误性认识。关于政府职能定位存在以下几种流行的错误观点，第一，政府是"守夜人"，因此市场经济应实行"大市场小政府"的模式，最小的政府就是最好的政府。这种观点认为

---

① 《习近平谈治国理政》第3卷，外文出版社，2020，第172~173页。

政府的职能只限于维护国防安全、竞争秩序等，除此之外管得越少越好。第二，政府是"裁判员"，政府存在的必要性和重要性，就在于制定竞争市场中的规则以及充当市场竞争的裁判员。除此之外，政府无须承担再多的职能，自由竞争的市场经济能够自动调节供求关系以实现有效的配置资源。第三，政府是"管理员"。这种观点认为由于市场经济存在波动、衰退的可能性，因此需要政府制定和实施政策，管理宏观经济并保持宏观经济的稳定发展。第四，政府是市场的"补救员"，即政府的作用主要是为了弥补市场失灵带来的种种弊端。

以上关于政府作用的流行性看法，错误地把政府与市场的关系对立起来，片面地把政府的职能缩小化，狭隘地沿用西方自由主义的教条理论。一方面，政府职能也在与时俱进，它随着市场经济的发展也在不断扩展。当市场越来越发达、复杂，它对政府职能的需求也会相应增加。现代社会除了竞争市场外，政府还在其他方面发挥重要作用。政府不只是市场经济中的裁判员，也是经济社会中至关重要的组织者和参与者，甚至起主导作用。对经济的宏观管理职能，是政府十分重要但非唯一的经济职能，它还包括对经济的监管、提供公共服务等方面职能。而且，社会主义国家的政府还具有一些特殊的经济职能。另一方面，由于各个国家的基本国情、基本制度、发展阶段等各不相同，因此不同国家的政府职能也存在较大差异。判断政府优劣的标准不在于其大小与否，而在于是否正确履行了其职能，是否代表大众的利益。政府职能的发挥必须在考虑特殊国情的前提之下，符合客观经济发展的规律，符合广大人民群众的根本利益。

其二，关于市场"决定性作用"的错误认识。关于市场"决定性"作用的认识，存在两种有待警示和防范的流行观点，第一，决定性是"唯一性"。这一观点把市场在资源配置中的作用无限扩大化、拔高化，甚至导致对市场"万能论"的鼓吹和推崇。第二，决定性有"普适性"。在西方经济理论看来，市场经济就是市场在其中起决定性作用的经济。一些人因此就认为，社会主义市场经济中的市场起决定性作用与资本主义市场经济中的并无区别，市场配置资源理论在中西之间是普遍适用的。

但是，市场决定论绝不等同于市场万能论，后者不仅从理论上是错误的，而且在实践上也是有害的。对市场的过分迷恋和崇尚，是古典经济学理论的精髓，但实际情况却并不如理论预设一样纯粹。根据古典经济学的理论，市场作用只有在完全竞争条件下才会得到完美发挥，而多重因素的限制使这种完全竞争是不可能实际存在的。实践中，西方国家"市场至上""市场万能"的主流论调在盛行之后，最终无力凭此维系资本主义经济的稳定发展，而是酿下了严重经济危机的苦果。而且，由于社会根本制度的区别，中国特色社会主义市场经济与资本主义市场经济也存在根本性不同。如何理解市场的决定性作用，必须要结合不同国家经济发展的总体进程以及社会发展的根本目标。因此，中国的市场经济理论不能忽略自身的差异和特色，而完全遵循西方经济学的相关观点。脱离具体的制度基础而抽象地认识"决定性"作用，是不可取的。总而言之，上述关于市场作用的认识，本质上是西方自由放任主义理论的思想陈腐。这些观点无限夸大市场的作用，也是对政府作用的一种变相否认。中国特色社会主义市场经济所确立的"市场决定作用论"，具有与其他市场决定论不同的特质。

4. 坚持"两点论"正确处理市场与政府的关系

习近平强调，处理市场作用和政府作用的关系"要讲辩证法、两点论"，同时用好政府这只"看得见的手"和市场这只"看不见的手"，"努力形成市场作用和政府作用有机统一、相互补充、相互协调、相互促进的格局"[①]。

其一，"要讲辩证法、两点论"。金融危机之后，国际社会的规则重构以及国家之间经济关系的重塑，需要各个国家的力量加以主导，由此政府在经济社会中的地位和作用也越发凸显。事实上，历史上几次大规

---

① 《习近平谈治国理政》，外文出版社，2014，第116页。

模经济危机之后，经济复苏和振兴的希望都会被寄托在政府的作用上。"社会制度的本质区别决定的政府性质和市场主体构成的差别，决定着不同社会中政府与市场二者的地位和关系的不同。"① 因此，对政府与市场关系的考量，不仅要从一般的经济学理论出发，而且要结合具体时代背景加以分析。

在中国特色社会主义市场经济体制中，市场主要是在微观经济领域起决定资源配置的作用，"在社会主义宏观经济领域，不能由市场决定资源配置，而主要依靠党的领导和政府的决策"②。社会主义市场经济中的企业要追求利润最大化，就要由市场来决定资源的配置。但是社会主义生产发展和资源配置的目的并非利润最大化，而是实现人的全面发展和社会的共同富裕，因此要坚持党的领导和政府的作用。使市场起决定性作用遵循了市场经济的一般规律，而更好地发挥政府的作用则是遵循了社会主义市场经济的特殊规律。

坚持社会主义市场经济的改革方向，一方面尊重市场规律并推进改革进程，让市场决定资源的配置就要大幅缩减政府直接配置资源的范围，发挥市场机制的作用以实现效益的最大化和效率的最优化；另一方面，改革要围绕更好发挥政府的作用以及提高其效率，政府要更好地发挥自身职责和作用，坚持有所为、有所不为，着力提高宏观调控、科学管理、公共服务的质量和水平。市场的"决定性作用"与更好发挥政府作用是统一的有机整体。"既要用市场调节的优良功能去抑制'国家调节失灵'，又要用国家调节的优良功能来纠正'市场调节失灵'，从而形成高功能市场与高功能政府、高效市场与高效政府的'双高'或'双强'格局。"③

其二，完善市场准入负面清单制度。市场准入管理制度集中体现了

---

① 胡钧：《正确认识政府作用和市场作用的关系》，《政治经济学评论》2014 年第 3 期。

② 卫兴华：《关于市场配置资源理论与实践值得反思的一些问题》，《经济纵横》2015 年第 1 期。

③ 程恩富：《习近平的十大经济战略思想》，《人民论坛》2013 年第 34 期。

政府与市场的关系。这一制度规定对于市场主体不能做的要明令禁止，而对于其做什么、怎么做则由市场主体自行判断。十八届三中全会明确提出："实行统一的市场准入制度，在制定负面清单基础上，各类市场主体可依法平等进入清单之外领域。"① 明确要求改革市场准入制度，实施市场准入负面清单制度。市场准入负面清单制度包括禁止准入类和限制准入类，适用于各类市场的投资经营行为及其他市场进入行为。禁止准入类规定行政机关不予审批、核准任何市场主体进入，限制准入类则由行政机关依法依规决定市场主体是否合规进入。各类市场主体皆可依法平等进入负面清单以外的行业、领域、业务等。

从"只能做什么"的"正面清单"到"不能做什么"的"负面清单"，体现了政府管理思维和管理方式的重大转变。负面清单原本是国际上针对外商投资准入的一种管理模式，将其引入国内的经济治理有利于推进社会主义市场经济的完善。首先，市场准入负面清单制度有助于发挥市场在资源配置中的决定性作用。这一制度打破了各种不合理的限制形式和隐形壁垒，激发了市场主体尤其是非公有制经济主体的发展活力，扩大了市场发挥决定性作用的空间，为市场在资源配置中的决定性作用提供了更大的发挥空间和良好的制度环境。其次，这一制度也有利于更好地发挥政府的作用。市场准入负面清单制度有利于明确政府发挥其作用的职权边界，从而缩小了政府的审批范围并减少了政府的自由裁量权，相应地也就缩小了政府进行寻租的空间。这不仅能够提高政府管理经济的效率，而且还有助于推进政府监管的制度化和规范化进程。

三　开拓社会主义市场经济理论的新境界

中国特色社会主义市场经济在历经几十年的实践之后，既获得了巨大成就，也面临着重大难题，尤其是这些重大难题难以从传统的社会主

---

① 《十八大以来重要文献选编》上，中央文献出版社，2014，第517页。

义经济理论，以及西方经济学理论中获得解释或寻到解决之策。无论是国际范围内还是国内理论界，对中国特色社会主义市场经济都存在一些争论和异议。习近平指出："问题是创新的起点，也是创新的动力源。只有聆听时代的声音，回应时代的呼唤，认真研究解决重大而紧迫的问题，才能真正把握住历史脉络、找到发展规律，推动理论创新。"① 为此，必须从中国的国情和社会主义市场经济的实践出发，对其中蕴含的经验加以提炼总结，并在此基础上构建具有中国特色的原创性学术体系和话语体系，不断开拓社会主义市场经济理论的新境界。

（一）回应国外关于中国特色社会主义市场经济的争议

中国通过引入市场机制，试图既坚持公有制又克服计划经济的弊端，在此过程中形成了社会主义市场经济体制。这一体制既使中国经济获得持续性的快速增长，也伴随着悬殊的差距和重重的难题。中国经济独特的实践发展模式，以及社会主义市场经济中并存的巨大成就与众多问题，引发了国际学者关于中国经济的争论。其中，存在两种比较具有代表性的观点。

其一，中国经济增长的根源在于自由市场，中国特色社会主义市场经济的前景就是资本主义。

受新古典主义思想影响的西方经济学家，将"自由主义"奉为普世制度模式，并以此衡量中国经济取得的成就以及存在的差异、不平等和尖锐的社会矛盾。中国经济的快速增长是由于具备自由市场的特征，以及政府对经济的干预较少。一旦国家放松对经济的控制，中国就会不可避免地走向经济私有化。因此，继续推行市场化改革将使中国走向市场资本主义，并逐渐走向资本主义市场经济。

自由主义者认为，中国经济增长面临严重障碍，如存在的分配不公、环境污染、贪污腐败等现象。而阻碍中国经济持续增长的，是低效的国

---

① 习近平：《在哲学社会科学工作座谈会上的讲话》，人民出版社，2016，第14页。

有企业、政府对经济监管以及大量的公共投资。因此，解决方案就是完全的私有化和自由化。中国经济的进一步增长，唯有依赖更高程度的私有化和更加自由的市场①。

多数美国左翼学者认为，社会主义应该更多与计划经济而不是市场相联系，中国的市场经济实质上就是资本主义。其中，一种观点认为市场的逻辑与国家的力量是相互冲突、难以并存的，当市场发展愈发成熟，国家计划愈发难以执行，因此中国的市场经济是向资本主义的过渡。另一种观点认为，中国的市场经济处于资本主义原始积累阶段或国家资本主义阶段，已属于资本主义的一种形态。

而其他美国右派的资产阶级学者也认为，中国发展的市场经济就是资本主义。"资本主义中国不是威胁，共产党统治的资本主义的中国才是威胁。"② 特殊的市场经济制度与其政治体制之间存在差距，将导致中国社会和政治的崩溃。

其二，中国经济发展有其独特之处，有必要研究中国发展市场经济的实践并据此构建全新的理论体系。

首先，没有遵循自由主义的秘方。根据西方经济学的理论范式，经济改革是否成功，取决于生产资料私有制、灵活的价格机制、最少的政府干预、开放的国际贸易等。但市场体系的实际运作与经济学理论之间的巨大差异。包括中国在内的亚洲"新兴工业化国家"，其经济发展并不符合自由市场的条件规定。"一个成熟的市场体系的形成并不是经济加速增长、结构改变和技术进步的必要前提。"③ 因此，尽管存在产权不健全、经济法律缺失、贸易壁垒森严、商业腐败严重等问题，中国的半市场体系依然维持了经济的快速发展。如果中国的主导思想变成了新自

---

① Nicholas R. Lardy, "Markets Over Mao: The Rise of Private Business in China", *choice* (*chicago*, Ⅰ11.) *Volume* 52, *Issue* 06. 2015.

② 卫华：《美国左右翼学者对中国社会主义市场经济的看法》，《国外理论动态》2001 年第 9 期。

③ 〔美〕托马斯·罗斯基：《中国及其经济改革的理念》，宫武译，《国外理论动态》2013 年第 6 期。

由主义，它就会走向资本主义而无法实现社会主义、共产主义。新自由主义宣扬的快速私有化和自由化反而会加剧不平等的程度，而适当的政府监管则有助于改善经济状况。新自由主义思想的本质是要中国"放弃社会主义，实行资本主义"。如果政策受到自由主义等思想的影响，中国就会偏离经济增长、生产力发展和社会主义、共产主义的目标。"如果全方位采取新自由主义的政策，中国的崛起将会变成衰落。"这无论是对中国还是世界而言都将是巨大的损失①。

其次，政府发挥着强大力量。中国的经济改革将市场与计划、私有制与公有制结合起来，从而使经济得到持续的快速增长，这就证明了市场与计划相结合的优势②。与其他社会主义国家的转轨进程对比，中国的改革或者"转轨"之所以取得成功就在于强有力的中央政府。因此，地方在中央的支持和鼓励下可以因地制宜做出制度创新，而强大的中央政府可以对各地改革进行必要的监督和及时的干预，避免了改革中的许多失败和风险③。尽管改革开放给中国的规则体系带来了变化，但政府的主导能力却没有改变，这是中国政治制度的核心优势。政府在中国的经济社会发展中占据极端重要地位④。历史发展证明，中国经济可持续增长的最根本原因在于共产党对政治体制的掌控⑤。

最后，有待于研究中国经济并形成新的理论体系。中国选择社会主义市场经济道路不是基于现成的经济理论框架，如马列主义、新古典经济学、凯恩斯主义。中国经济学创造性地发展了马克思主义，是"以新

---

① 〔美〕大卫·科茨：《马克思主义政治经济学与中国的持续崛起》，黄斐译，《国外社会科学》2016 年第 5 期。

② 〔美〕大卫·科茨：《马克思主义政治经济学与中国的持续崛起》，黄斐译，《国外社会科学》2016 年第 5 期。

③ Barry Naughton, "Singularity and Replicability in China's Developmental Experience", *China Analysis*, January, (2009). 转引自于国辉：《海外学界论中国改革开放前后两个历史时期的关系——兼对错误观点的辩驳》，《国外理论动态》2017 年第 12 期。

④ 〔美〕乔尔·S. 米格代尔：《强社会与弱国家——第三世界的国家社会关系及国家能力》，张长东译，江苏人民出版社，2009，第 287 页。

⑤ 〔法〕米歇尔·阿格利埃塔、郭白：《从帝国历史到资本主义的独特发展》，赵超译，《国外理论动态》2014 年第 12 期。

的、史无前例但'毫无争议'的事实为依据作出独立结论",并取得了社会主义经济理论的突破①。由于历史、国情以及发展目标不同,中国根本无法简单移植别国有效的经济制度,而是要根据国情作出适应性的修改。中国的市场经济面临其他国家未曾历经的问题,因此只能发展具有中国特色的市场经济。市场经济存在许多不同形式,对中国而言,"它选择何种市场经济将决定它会建立何种社会"。因此,建立一个与中国特有国情与发展目标相一致的市场经济,就需要一种不同于别国的新经济模式②。

中国经济的飞速增长与西方经济学理论之间存在"严重冲突",因此深入研究中国经济对于发展经济学、转型经济学的理论发展而言,意义格外重要。中国改革成功的基础,是以"市场配置"逐步代替"国家计划"。市场和计划在中国共存,但并不完全融洽。尽管中国看起来是受严格监管的市场经济国家,但产权不明确、交易成本较高、私有制所占份额有限。这些显著特点都不符合传统经济学的理论预设,因此有必要构建一套全新的理论体系来取代传统的经济学理论,"而关于中国经济的研究将会为这些新理论做出重要贡献",有助于"提出关于经济体系的结构和演变的新见解"③。

大体而言,以上关于中国发展市场经济的两种观点,一种否认中国特色社会主义市场经济的合理性,仍然把社会主义与市场经济视为非此即彼的对立关系,将中国发展市场经济的最终前途等同于资本主义道路;另一种则是认识到了中国特色社会主义市场经济的独特性,并试图根据中国的具体实践发展新的理论。其中,前一种认识实质上仍然是传统观念的继续,即否认社会主义与市场经济的结合。无论是自由主义者认为

---

① 〔俄〕Э.П.皮沃瓦洛娃:《中国的趋同性混合经济体制是对社会主义的重大发展》,李铁军译,《国外理论动态》2012年第7期。

② 〔美〕约瑟夫·E.斯蒂格利茨:《中国新发展模式的核心》,包金平译,《国外理论动态》2013年第1期。

③ 〔美〕托马斯·罗斯基:《中国及其经济改革的理念》,宫武译,《国外理论动态》2013年第6期。

中国经济发展就必须实行全面的私有化、市场化，还是左翼学者认为中国发展市场经济已经是走向了资本主义，依旧是把市场经济等同于资本主义、社会主义等同于计划经济，并未跳出传统经济学的分析框架。而后一种认识尽管认为中国经济发展是独特的，并主张要发展不同于传统经济学理论的新理论。但是，关于中国经济发展具体独特之处的认识，则侧重于强调政府、中国共产党的作用，并未完全认可中国市场经济应有的地位，而更多是质疑发展市场经济所带来的种种问题。

对此，根据中国特色社会主义市场经济的理论体系和实践发展，我们有必要做出一些回应。国际理论者关于中国特色社会主义市场经济的一些质疑，甚至否定，有些是由于缺乏对相关理论的深入理解而人云亦云，有些则是由于自身利益的牵连或是意识形态的束缚而别有用心。这些误解和异议不仅会影响国际社会对社会主义市场经济理论的认同，而且也会阻碍在此问题上开展更深层次的国际对话。因此，必须要澄清国际关于中国特色社会主义市场经济的误解，破除针对中国社会主义市场经济的诘难。

（二）反驳国内针对社会主义市场经济的责难

尽管社会主义市场经济体制已历经数十年的实践检验，但是关于社会主义与市场经济能否结合的问题，仍然存在巨大分歧。无论是根据对传统社会主义理论的阐释，还是从西方经济学观点出发，最终的结论就是社会主义与市场经济的结合是不可行的。因此当中国走向社会主义市场经济道路之后，学界围绕两者结合的重要问题经历了不同观点的对峙。改革开放以来，围绕社会主义与市场经济的争论一直持续存在，不过在各个发展阶段是以不同的问题反映出来。尽管社会主义市场经济的改革成效如此巨大，但也产生了许多新的严重问题并且难以在短期内得到根本解决。鉴于这种形势，学术界又再次泛起关于社会主义市场经济的议论。当前，对于社会主义市场经济的认识，国内大致存在两种相互责难的对立观点。

其一，市场经济的改革不彻底，公有制为主体地位的改革不符合市场经济的发展逻辑和现实要求，市场经济要以全面私有化为目标。

　　尽管中国特色社会主义市场经济成绩斐然，但依旧存在诸多亟待全面深化改革加以解决的矛盾和问题。于是，国内流行一种颇具影响度和迷惑性的新自由主义经济学观点，即社会主义市场经济中存在的矛盾和问题主要是因为市场化改革不彻底。因此，自然会推导出"必须全面推进私有化、自由化、市场化"的逻辑判断。这意味着，为了适应市场经济要求，中国发展市场经济必须实行全面的市场化和私有化。

　　这种深受新自由主义经济学影响的观点就认为，市场经济的基础只能是私有制，公有制无法适应市场经济的要求。市场经济只能建立在私有产权基础之上，是因为这种产权制度下的企业产权明晰，个人所有者能够自主经营、自负盈亏并尽可能实现高效经营。私有产权主体追求自身利益的最大化，市场机制能实现资源配置效率的最优化和利益的最大化。最终结论就是，市场配置资源只有建立在私有产权制度基础上，才能实现效率最优化。

　　而且，由于市场化改革的实践更多是强调发展非公经济，私有化的范围和程度也越来越大、越来越高。因而理论界对于私有化的呼声也越来越高，而要求发展公有制经济、强调公有制主体地位的声音却微乎其微。关于社会主义市场经济的研究存在一种倾向，市场经济讲得多而社会主义讲得少甚至不讲，试图把市场经济与社会主义分离开来。

　　其二，市场经济与社会主义是相悖的，中国存在的诸多问题都是由于市场化改革所造成的，市场经济的发展会葬送社会主义的前途。

　　针对中国市场经济改革过程中出现的贪污腐败、贫富差距、社会不公等一系列问题，国内的新左派认为这些矛盾、困境表明中国的市场化改革带来的是"资本主义的复辟"。新左派中部分人士对中国的市场化改革极为不满，认为在此进程中的中国已经"资本主义化"，中国民众也变成了"被资本家奴役的奴隶"[①]。在新左派看来，中国经济存在过度

---

① 萧功秦：《警惕新左派的极左化危险》，《人民论坛》2016 年第 3 期。

市场化的危险，资本活动的广泛渗透动摇了社会主义的公有制经济地位。此外，市场经济也是造成社会问题丛生的根本原因，市场和资本导致严重社会问题的滋生和泛滥。因此，新左派深刻批判了资本主义全球化以及新自由主义，要求坚持社会主义公有制经济的主体地位。他们认为私有制必然会导致贫富分化的社会不公，批评了社会不公、贫富悬殊、贪腐现象等社会弊病，强调要发展公有经济、实现共同富裕、维护社会平等。其结论是中国经济俨然已经变成了资本主义市场经济，中国不再是社会主义的性质，而是进入了"资本主义社会"①。因此药方是要对市场和资本加以严格限制，有甚者"以总结存在的社会问题为名全盘否定改革开放"，即否定市场经济的改革方向②。

实质上，无论是新自由主义对市场经济的过分倚重，还是新左派对市场经济的过度贬损，它们关于社会主义市场经济的观点却是殊途同归。两者是从不同角度极力证明，社会主义与市场经济根本无法兼容，本质上仍然是对两者结合的否定和怀疑。对此，必须要从理论上进行深刻地反驳和回应。

一方面，中国发展市场经济进程中出现的一些问题并不是由于市场化改革不彻底带来的，而是市场经济的固有弊病，诸如产能过剩、贫富差距、环境污染等。对此，新自由主义开出的药方，即彻底的市场化，不仅不会真正解决问题，甚至会使其进一步恶化。大卫·科兹就明确表示，中国完全采取新自由主义的后果就是阻止中国的崛起并使其衰落，新自由主义政策只会使中国遭遇的各种经济和社会问题变得更加糟糕③。在经济史上，国家干预主义和经济自由主义随着社会经济结构的演变此消彼长、不断嬗变，无论哪一种经济理论都不可能永恒地、绝对地占据核心地位，因此也不能教条主义地盲目崇信某一思潮。

---

① 《2015 中外十大思潮调查评选 NO.5 新左派》，《人民论坛》2016 年第 3 期。
② 顾肃：《当代社会思潮中的激进与保守、左与右之争》，《浙江学刊》2013 年第 1 期。
③ 〔美〕大卫·科兹、孟捷：《大卫·科兹和孟捷对话：新自由主义与中国》，《政治经济学评论》2016 年第 6 期。

另一方面，尽管新左派对揭露新自由主义的本质以及市场社会主义的弊端有积极的警示意义，但是它对市场的过度批判，进而否认社会主义与市场经济结合的可能性，也存在"走封闭僵化的老路"的错误倾向。新左派认为社会主义只能实行计划经济，发展市场经济只会葬送社会主义的未来。这种认为社会主义就是对市场经济的排斥和否认的观点，已经被中国改革开放前的经济建设历史证明是错误的。中国的发展必须要建立在发展市场经济的基础之上。

（三）创新社会主义市场经济理论体系

改革开放以来，中国之所以能够取得世所瞩目的辉煌成就，关键就在于建立了中国特色社会主义市场经济体制，形成了独具一格的经济发展之道。中国经济发展没有遵循西方经济学理论的陈腐教条，也没有固守经典社会主义理论的传统观念，而是立足于中国的实际，以渐进式改革的方式逐步建立和完善社会主义市场经济体制，创造出了经济史上前所未有的发展奇迹。

中国的经济发展道路是在实践中逐步探索出来的，无论是传统的社会主义经济理论还是西方经济学理论对此均无法给出完整的解答，这一现实问题呼唤经济理论的创新。换言之，需要既契合"中国经验"又富有"中国智慧"的"中国话语"，对中国经济飞速崛起的"奇迹"做出合理的解释。要讲好社会主义市场经济这个"中国故事"，就必须要创建并丰富其独特的话语体系，构建具有中国特色、中国风格、中国气派的"中国话语"。因此，如何总结中国经济实践创造中蕴含的宝贵经验并将之理论化，形成、概括、构建既具有中国特色又具有理论解释力的概念、范畴和理论体系，是创新社会主义市场经济理论体系和话语体系的难题和关键。习近平指出："这是一个需要理论而且一定能够产生理论的时代，这是一个需要思想而且一定能够产生思想的时代。"[①] 对于中

---

① 习近平：《在哲学社会科学工作座谈会上的讲话》，人民出版社，2016，第 8 页。

国的经济学而言，则意味着构建中国特色政治经济学以加强对中国特色社会主义市场经济实践的解释力。习近平强调要立足中国的国情和发展实践，揭示经济发展实践的新特点和新规律，"提炼和总结我国经济发展实践的规律性成果，把实践经验上升为系统化的经济学说，不断开拓当代中国马克思主义政治经济学新境界"①。

改革开放40余年的伟大经济实践，相应地也催生了一系列体现国情并具有中国特色的经济学理论。但显而易见，中国经济学的理论成果滞后于鲜活的经济发展实践，经济学界存在盲目"迷信"和过度"崇拜"西方经济理论的研究倾向，尤其是一些学者以西方经济学的教条来裁剪中国的社会现实。这不仅无益于中国特色经济理论的创新发展，更难以从理论上对中国经济实践中的"疑难杂症"解惑答疑。由于中国经济的特殊性，现有的西方经济学理论不仅难以对中国的经济问题给出令人满意的解释，而且在分析中国特色社会主义市场经济问题上存在根本缺陷。中国经济在实践上的探索和进步远远超出了经济理论的发展和创新，因此理论的研究创新明显难以满足经济实践和时代发展的特殊要求。中国的经济发展"潜藏着当代主流经济学没有完全涵盖的经济逻辑"②，因此中国特色社会主义市场经济理论的发展，必须要增强对中国经济特有难题的现实性解释。如何阐明中国经济发展进程中出现的众多独特现象和问题，有赖于在深入研究中国经济实践的基础上进行理论创新。中国经济发展中那些难以被现有理论解释清楚的现象，赋予了中国经济学理论创新的时代契机。

因此，中国经济学理论发展的当务之急就是立足于国情与当代实践，对中国特色社会主义市场经济的实践经验进行理论提炼和总结，将其中的经验升华为理论，构建具有中国特色又富有中国智慧的原创性学术体系和话语体系。新的理论是在传统话语体系的基础上创立的，同时要有别于西方市场经济的话语方式。它既要注重继承性、开放性和创新性的

---

① 《习近平关于社会主义经济建设论述摘编》，中央文献出版社，2017，第327~328页。
② 蔡昉、林毅夫、周文：《中国经济学如何走向世界》，《光明日报》2016年3月2日。

统一，又必须是科学性、民族性与时代性的统一。这要求理论研究者从中国特色社会主义市场经济发展的实践土壤中挖掘理论资源、总结经验教训、提炼思想观点，从而形成关于中国特色社会主义市场经济的创新性话语体系。社会主义市场经济既体现了现代市场经济一般规律，也具有社会主义条件下经济发展的特殊性规律。为了更好地总结、概括中国社会主义经济的理论体系，增强中国特色社会主义政治经济学对社会主义市场经济的解释力和话语权，就要以马克思主义政治经济学的立场、观点和方法，不断分析和解决中国社会主义市场经济运行过程中涌现的实际问题。要以马克思主义的根本方法为指导，并根据中国特色社会主义的实践经验进行理论体系的创新，以全新的、科学的理论合理解释经济中的现有问题，从而实现理论与现实的统一。同时，还要注重中国特色社会主义市场经济"话语"与世界市场经济理论"话语"之间的互动与交流，从而增进彼此的理解和认同。

作为当代中国最具原创性和时代性的理论成果，中国特色社会主义市场经济理论富有鲜明的中国智慧和实践特色。它是中国特色社会主义政治经济学最重要的理论成果，也是世界经济学说史上的重大理论创新。中国发展市场经济的理论和实践，实现了社会主义与市场经济的结合，丰富了中国特色社会主义政治经济学的内涵，发展了马克思主义和科学社会主义的理论。中国特色社会主义市场经济理论的创新发展，不仅有利于打破学界奉西方经济学理论为"圭臬"的现状，有利于推动中国经济学理论的整体进步。而且，科学的经济理论也能够增强对中国经济实践独特发展的解释力，进而引领社会主义市场经济的可持续发展。

在国际范围内，中国特色的发展之道也能为世界性问题的解决提供丰富的参考体系。正如习近平所指出的："把中国实践总结好，就有更强能力为解决世界性问题提供思路和办法。"① 对中国特色社会主义市场

---

① 《习近平谈治国理政》第2卷，外文出版社，2017，第340页。

经济的经验教训进行分析、总结，具有重要的全球性意义，这不仅能够为探讨关于社会主义与市场经济相结合的经济理论提供丰富视角，从而"引发经济学内部的一场深刻的反省与革新"①；而且也能为其他发展中国家或者经济转型国家提供具有借鉴意义的行动框架和制度安排，为人类探索更好的社会经济制度提供具有参考性价值的中国方案。

---

① 王曙光：《中国经济体制变迁的历史脉络与内在逻辑》，《长白学刊》2017 年第 2 期。

结　语

　　社会主义与市场经济的结合问题，一直受到诸多质疑和否定。追溯社会主义与市场经济结合的历史，发现两者从理论以及实践上的结合都是可行的。但可行并不代表完美，这也是社会主义与市场经济结合的反对者一直坚持的反驳理由。两者的结合必然会产生一定的问题。这有市场经济自身弊端所带来的，有社会主义改革的滞后性所导致的，也有两者结合的不适所引起的。

　　一方面，社会主义与市场经济并非天然一体，而是具有一定的互斥性。由于市场经济本质上是私人占有，因此社会主义就必然意味着对市场经济的超越，必然要对其进行一定的限制和调节。另一方面，实践已经证实：无论是社会主义与计划经济的结合还是资本主义与市场经济的结合，都不是尽善尽美的。其中，社会主义与计划经济的结合效果，已经由苏东社会主义国家和中国改革开放前的历史实践给出了答案；而资本主义与市场经济的结合，尽管曾经推动了生产力的飞跃发展，但数次世界性经济危机的爆发及其后遗症，也足以证明这一模式的严重缺陷。因此，如何处理好关涉其中的几对基本关系，事关社会主义与市场经济结合的具体效果和深入程度。

　　其一，创新传统经济理论与尊重客观社会实践的关系。

　　中国特色社会主义市场经济既无法以传统社会主义理论作为解释根据，也不能把西方主流经济学作为理论根基。那么何为社会主义市场经济的理论依据？其中的核心问题，就是要处理好传统经济理论与社会主义市场经济实践之间的关系。社会主义与市场经济的结合，无疑是与传统经济理论之间存在矛盾。这就必须坚持实践第一的原则。实践的发展充分证明，社会主义与市场经济的结合是可行的，因此要对现有的理论加以创新、发展，而不是固守理论、削足适履。

必须要明了的是，马克思、恩格斯之所以否认市场经济而重视"计划"在未来社会中的作用，是由于认识到了自由放任市场所带来的恶果。列宁晚年重新认识到社会主义必须要重视商品、货币、市场等因素，其实就是社会主义与市场经济的结合问题。他意识到完全搬用马克思、恩格斯的思想观点，难以处理好社会主义经济建设实践中的关系问题。因此从苏联社会主义的具体建设实践和实际发展需要出发，对马克思、恩格斯关于未来社会的理论预设进行了发展和创新。但斯大林却未能将这种精神继续下去，确立高度集中的计划经济体制再次将市场经济从社会主义制度中剥离出去，甚至对苏联整个历史发展走向造成不可预估的不良影响。

新中国成立之初，中国也曾效仿苏联的经济体制，把社会主义与市场经济视作对立的不相容关系。在经济建设的实践中，中国的经济发展没有囿于传统社会主义经济理论的束缚，也没有抄搬西方经济学理论的教条。在立足国情和时代特点的基础上，探索出了独具中国特色的社会主义市场经济体制之路。

社会主义与市场经济的结合问题，是一个理论难题，也是一个实践难题。一方面，不能完全受困于任何传统经济理论的枷锁之中，而是要在实践基础上对理论作出发展、创新和完善；另一方面，总结实践中的经验上升为科学的理论体系，进一步指引社会主义市场经济的发展方向。要在中国特色社会主义市场经济发展的实践基础上，将本土化的经济发展实践经验加以理论总结和创新，创新和发展经典经济学理论，构建和提升中国经济学理论的话语权和影响力。

其二，坚持公有制经济与发展市场经济之间的关系。

市场经济作为一种经济运行机制，必定要与具体的生产资料所有制相联系。而不同的所有制则区分了不同性质的社会基本经济制度。但基本制度和运行机制都具有质的规定性及其具体实现形式，因此两者实质上是在坚持质的规定性，而改变各自具体实现形式的基础上进行结合。社会主义市场经济是社会主义的基本制度与市场经济运行机制之间的有机结合。但实现社会主义制度与市场经济的真正结合，就必须要探索出能够适应社会主义制度安排的市场经济实现形式，即市场经济的具体实现形式必须要适应社会主义制度的特点和要求。

当前的关键问题，是探索公有制与市场经济结合的合理、有效方式，这也是实现两者结合的重大难题。实现公有制与市场经济结合的关键问题在于，公有制企业能适应市场机制的运行要求。但公有制与其实现形式存在区别。所有制属于制度属性的范畴，它的呈现方式是通过具体的载体，即所有制实现形式。而所有制实现形式是具体的、多样的。公有制与市场经济的结合实际上是通过公有制实现形式这一中介实现的。

通过公有制实现形式的改变，公有制与市场经济的结合就找到了有效的连接点。1997年党的十五大提出了"公有制实现形式"这一概念，实现了所有制经济理论的重大突破。国有企业的混合所有制改革，就是公有制实现形式之一。改革开放以来，国有企业的改革经历了从放权让利、经营权与所有权分离阶段到建立现代企业制度三个阶段。在市场化改革的驱动下，国有企业不断调整与市场经济的结合方式，进而实现公有制与市场经济之间的有机结合。通过对国有企业的管理体制、企业制度和经营模式进行市场化改革，国有企业已经适应市场经济的要求。为了更好实现公有制与市场经济的结合，国有经济的管理体制、企业制度和经营方式都有待进一步深化改革、健全完善。

市场经济的改革目标，使其具有了现实性和合法性，赋予了市场经济强势的话语权。市场的边界确定是可以试错、调整的，但是所有制结构的调整却是不可逆转的。因此社会主义市场经济的进一步深化改革，必须要有底线思维，即坚持公有制的主体地位。

其三，发挥政府作用与发挥市场作用之间的关系。

西方主流经济学把政府和市场的关系视作此消彼长、相互取代的，尤其新自由主义更是推崇市场的作用而抑制国家干预。但实际上在西方各国，国家和政府普遍加强了对市场经济的干预和调节力度，自由放任的市场经济已经在实践中不复存在。不受政府干预的市场和不受市场影响的政府，根本是不可能存在的。正如斯蒂格利茨所言："不要把'市场'与'政府'对峙起来，而应该是在二者之间保持恰到好处的平衡。"① 中国市场经济的实践也证明了，市场与政府之间的关系是共存共生、互为补充的。

正确处理好政府与市场的关系，关键就在于明确界定和清晰划分两者的范围及其边界。作为调节经济的两种手段，市场和政府的作用在不同的领域和范围，各具优点和不足。如果政府在行使职能过程中越位、错位和缺位，就会扭曲微观市场机制以及导致公共服务的滞后和短缺。但如果市场经济的发展完全不受限制，任其自由运行，也会导致经济活动难以自控并酿成恶果。应由市场来决定微观领域的资源配置，而政府则在宏观领域行使其职能。

市场机制的作用在微观领域最有效。因此使市场在资源配置中起决定作用，有利于提高资源的使用效率，从而提高整个社会的资源配置效益。从理论上讲，市场是配置资源的最佳方式，但是公共物品、自然垄断、外部效应、信息不对称等问题的存在，现实中的市场根本无法实现理论上的最优效果。市场存在缺陷和不足，市场调节具有短期性、片面性、滞后性以及不确定性，甚至市场调节在有些领域是失灵和无效的。为了弥补市场的失灵以提高资源的配置效率，政府需要发挥其职能。而且，市场经济的目的是追求效率，市场竞争的原则是优胜劣汰，因此自发的市场经济必定天然地会导致贫富差距不断拉大、社会两极分化愈演愈烈，从而会背离共同富裕的目标。因此社会主义本质目标的实现，需要政府的主导作用，坚持公有制的主体地位和共同富裕的目标，防止落入两极分化的窠臼。

---

① 〔美〕斯蒂格利茨：《社会主义向何处去：经济体制转型的理论与证据》，周立群等译，吉林人民出版社，2010，第300页。

政府干预经济的必要性就在于存在市场失灵。但政府的干预同样可能存在失灵的情况，这包括行政效率低、财政赤字、官僚主义、权力腐化、机构扩张等，从而导致资源配置难以实现最佳效果。因此，必须要同时发挥好政府与市场的作用，使两者相互促进、相得益彰。

总的来说，社会主义与市场经济能否结合的问题，已经被中国改革开放以后的经济发展实践所证实。社会主义市场经济理论的创建和实践的创新，是中国经济学对马克思主义政治经济学和科学社会主义的独创性贡献。随着两者结合程度的深入发展，如何实现社会主义与市场经济的"强强"结合，成了亟待深入探讨的问题。也就是说，如何既能充分地发挥市场经济的优势，又能更好地彰显社会主义制度的优越性。这既需要从理论上不断突破、发展，更需要在实践中继续探索、创新。

参考文献

1. 《马克思恩格斯全集》第 44 卷，人民出版社，2001。

2. 《马克思恩格斯全集》第 45~46 卷，人民出版社，2003。

3. 《马克思恩格斯选集》第 1~4 卷，人民出版社，2012。

4. 《马克思恩格斯文集》第 1~10 卷，人民出版社，2009。

5. 《列宁选集》第 1~4 卷，人民出版社，2012。

6. 《列宁专题文集》第 1~5 卷，人民出版社，2009。

7. 《斯大林文集》，人民出版社，1985。

8. 《斯大林选集》上、下，人民出版社，1979。

9. 〔苏〕斯大林：《苏联社会主义经济问题》，人民出版社，1971。

10. 《毛泽东选集》第 1~4 卷，人民出版社，1991。

11. 《邓小平文选》第 1~2 卷，人民出版社，1994。

12. 《邓小平文选》第 3 卷，人民出版社，1993。

13. 《邓小平文集》上、中、下，人民出版社，2014。

14. 《江泽民文选》第 1~3 卷，人民出版社，2006。

15. 江泽民：《论社会主义市场经济》，中央文献出版社，2006。

16. 《胡锦涛文选》第 1~3 卷，人民出版社，2016。

17. 中共中央文献研究室：《习近平关于实现中华民族伟大复兴的中国梦论述摘编》，中央文献出版社，2013。

18. 《习近平谈治国理政》第 1 卷，外文出版社，2018。

19. 《习近平谈治国理政》第 2 卷，外文出版社，2017。

20. 《习近平谈治国理政》第 3 卷，外文出版社，2020。

21.《习近平关于全面深化改革论述摘编》，中央文献出版社，2014。

22.《习近平总书记系列重要讲话读本》，学习出版社、人民出版社，2016。

23.《习近平关于社会主义经济建设论述摘编》，中央文献出版社，2017。

24.《十一届三中全会以来重要文献选读》上、下，人民出版社，1987。

25.《十二大以来重要文献选编》上、中、下，人民出版社，1886、1986、1988。

26.《十三大以来重要文献选编》上、中、下，人民出版社，1991、1991、1993。

27.《十四大以来重要文献选编》上、中、下，人民出版社，1996、1997、1999。

28.《十五大以来重要文献选编》上、中、下，人民出版社，2000、2001、2003。

29.《十六大以来重要文献选编》上、中、下，人民出版社，2005、2006、2008。

30.《十七大以来重要文献选编》上、中、下，中央文献出版社，2009、2011、2013。

31.《十八大以来重要文献选编》上、中、下，中央文献出版社，2014、2016、2018。

32.《十九大以来重要文献选编》上，中央文献出版社，2019。

33. 庄福龄主编《马克思主义史》第1~4卷，人民出版社，1995、1996。

34. 吴易风、顾海良等：《马克思主义经济理论的形成与发展》，中国人民大学出版社，1998。

35. 吴易风等主编《马克思主义经济学与西方经济学比较研究》，中国人民大学出版社，2009。

36. 吴易风等：《市场经济和政府干预》，中国人民大学出版社，2015。

37. 顾海良主编《百年论争——20 世纪西方学者马克思经济学研究述要》，经济科学出版社，2015。

38. 顾海良、张雷声：《20 世纪国外马克思主义经济思想史》，经济科学出版社，2006。

39. 顾海良等主编《新编经济思想史：十月革命以来国外马克思主义经济学的发展》第 8 卷，经济科学出版社，2016。

40. 顾海良、张雷声：《从马克思到社会主义市场经济》，北京出版社，2001。

41. 顾海良：《马克思经济思想的当代视界》，经济科学出版社，2005。

42. 顾海良主编《斯大林社会主义思想研究》，中国人民大学出版社，2008。

43. 颜鹏飞：《马克思主义经济学史》，武汉大学出版社，1995。

44. 颜鹏飞主编《中国社会主义市场经济理论溯源》，湖北人民出版社，2001。

45. 颜鹏飞等主编《马克思主义经济学中国化研究》，中国社会科学出版社，2015。

46. 孙来斌：《马克思的"跨越论"与落后国家经济发展道路（修订版）》，社会科学文献出版社，2021。

47. 孙来斌、刘军主编《20 世纪马克思主义发展史》第 2 卷，中国人民大学出版社，2019。

48. 孙来斌：《中国制度守正创新之道》，吉林人民出版社，2020。

49. 中共中央党校：《社会主义思想史》，中共中央党校出版社，1988。

50. 张大军：《转轨中的政治经济学社会主义由计划经济向市场经济的过渡》，中共中央党校出版社，1995。

51. 李会滨：《社会主义：20 世纪的回顾与前瞻》，华中师范大学出版社，1999。

52. 马健行主编《20 世纪社会主义经济思想史》，中共中央党校出版社，2003。

53. 尹汉宁主编《社会主义历程与中国道路》，中国和平出版社，2013。

54. 王东：《系统改革论——列宁遗嘱，苏联模式，中国道路》，吉林人民出版社，2014。

55. 逢锦聚、何自力：《走向社会主义市场经济》，江苏人民出版社，2015。

56. 刘伟：《经济增长与结构演进：中国新时期以来的经验》，中国人民大学出版社，2016。

57. 周新城：《当代中国马克思主义政治经济学的若干理论问题》，社会科学文献出版社，2016。

58. 张宇：《社会主义与市场经济的联姻》，经济科学出版社，1996。

59. 李义平：《经济学百年：从社会主义市场经济出发的选择和评介》，中国人民大学出版社，2014。

60. 鲁品越：《社会主义对资本主义力量：驾驭与导控》，重庆出版社，2008。

61. 俞可平主编《全球化时代的"社会主义"》，中央编译出版社，1998。

62. 俞良早：《经典作家东方落后国家社会发展的重要著作和基本理论》，人民出版社，2015。

63. 向祖文：《苏联经济思想史从列宁到戈尔巴乔夫》，社会科学文献出版社，2013。

64. 余文烈、姜辉：《市场社会主义：历史、理论与模式》，经济日报出版社，2008。

65. 段忠桥：《当代国外社会思潮》，中国人民大学出版社，2001。

66. 吕薇洲：《市场社会主义论》，河南人民出版社，2002。

67. 景维民等：《经济转型的理论假说与验证——市场社会主义的传承与超越》，经济科学出版社，2011。

68. 权衡：《经济新常态 转型发展的大逻辑》，上海人民出版社，2017。

69. 袁恩桢：《江泽民社会主义市场经济思想研究》，上海交通大学出版社，2011。

70. 王冰、屈炳祥：《马克思商品经济理论与中国市场经济建设》，经济科学出版社，2006。

71. 张传平：《市场逻辑与社会主义》，人民出版社，2002。

72. 于潜等：《东欧经济理论——东欧著名经济学家经济改革思想介评》，中国经济出版社，1989。

73. 朱炳元等：《中国特色社会主义经济理论热点问题研究》，中央编译出版社，2008。

74. 刘凤义等：《中国特色社会主义政治经济学中政府和市场共生性关系研究》，经济科学出版社，2020。

75. 申恩威、杨振：《社会主义市场经济条件下市场和政府关系研究》，人民日报出版社，2016。

76. 〔奥〕米塞斯：《经济学的认识论问题》，梁小民译，经济科学出版社，2001。

77. 〔奥〕冯·哈耶克：《个人主义与经济秩序》，贾湛等译，北京经济学院出版社，1989。

78. 〔波〕奥斯卡·兰格：《社会主义经济理论》，王宏昌译，中国社会科学出版社，1981。

79. 〔英〕斯蒂芬·博丁顿：《计算机与社会主义》，杨孝敏等译，华夏出版社，1989。

80. 〔英〕索尔·埃斯特林、尤安·勒·格兰德编《市场社会主义》，邓正来等译，经济日报出版社，1993。

81. 〔波〕弗·布鲁斯：《社会主义经济的运行问题》，周亮勋等译，中国社会科学出版社，1984。

82. 〔捷〕奥塔·锡克：《社会主义的计划和市场》，王锡君等译，中国社会科学出版社，1982。

83. 〔英〕亚历克·诺夫：《可行的社会主义经济》，唐雪葆等译，中国社会科学出版社，1988。

84. 〔匈〕雅诺什·科尔奈：《社会主义体制——共产主义的政治经济学》，张安译，中央编译出版社，2007。

85. 〔美〕伯特尔·奥尔曼编《市场社会主义——社会主义者之间的争论》，段忠桥译，新华出版社，2000。

86. 〔美〕戴维·施韦卡特：《反对资本主义》，李智等译，中国人民大学出版社，2013。

87. 〔美〕约翰·罗默：《社会主义的未来》，余文烈等译，重庆出版社，1997。

88. 〔波〕W. 布鲁斯、K. 拉斯基：《从马克思到市场：社会主义对经济体制的求索》，银温泉译，格致出版社，2010。

89. 〔日〕伊藤诚：《市场经济与社会主义》，尚晶晶等译，中共中央党校出版社，1996。

90. 〔日〕伊藤诚：《幻想破灭的资本主义》，孙仲涛等译，社会科学文献出版社，2008。

91. 〔美〕约瑟夫·E. 斯蒂格利茨：《社会主义向何处去：经济体制转型的理论与证据》，周立群等译，吉林人民出版社，2011。

92. 〔美〕理查德·沃尔夫、斯蒂芬·雷斯尼克：《相互竞争的经济理论：新古典主义、凯恩斯主义和马克思主义》，孙来斌等译，社会科学文献出版社，2015。

93. 吴易风：《从社会主义商品生产到社会主义市场经济的理论发展轨迹》，《当代中国史研究》2005 年第 5 期。

94. 吴易风：《社会主义市场经济重大理论与实践问题》，《学术研究》2017 年第 4 期。

95. 顾海良：《新时代中国特色社会主义政治经济学发展研究》，《求索》2017 年第 12 期。

96. 顾海良：《中国特色社会主义政治经济学发展的新境界》，《新视野》2017 年第 2 期。

97. 顾海良：《治国理政与中国特色"系统化的经济学说"——基于中国特色社会主义政治经济学主线、主题、主导的探索》，《中国高校社会科学》2017 年第 1 期。

98. 顾海良：《中国特色社会主义经济学的新篇章——习近平系列重要讲话中阐发的经济思想》，《毛泽东邓小平理论研究》2014 年第 4 期。

99. 颜鹏飞：《马克思关于政治经济学体系构建方法再研究——兼论中国特色社会主义政治经济学体系逻辑起点》，《福建师范大学学报》（哲学社会科学版）2017 年第 2 期。

100. 颜鹏飞：《中国社会主义市场经济新形态的再认识》，《马克思主义研究》2003 年第 4 期。

101. 颜鹏飞、曾红艳：《关于国家干预主义与经济自由主义两大思潮的再研究——兼论从"社会主义市场经济"到"社会主义调节经济"》，《经济学家》2015 年第 1 期。

102. 石云霞：《进一步深化对经济全球化规律性的认识——马克思恩格斯关于经济全球化的思想》，《思想理论教育导刊》2017 年第 5 期。

103. 石云霞：《马克思、恩格斯的科学社会主义思想及其当代价值》，《思想理论教育导刊》2014 年第 5 期。

104. 孙来斌：《马克思世界市场思想概述》，《当代世界与社会主义》2006 年第 4 期。

105. 孙来斌：《中国制度生长的基本逻辑》，《中国特色社会主义研究》2016 年第 4 期。

106. 刘国光：《关于中国社会主义政治经济学的若干问题》，《政治经济学评论》2010 年第 4 期。

107. 张卓元：《确立建立社会主义市场经济体制改革目标的重大实践和理论意义》，《新视野》2012 年第 4 期。

108. 卫兴华、闫盼：《论宏观资源配置与微观资源配置的不同性质——兼论市场"决定性作用"的含义和范围》，《政治经济学评论》2014 年第 5 期。

109. 卫兴华：《关于市场配置资源理论与实践值得反思的一些问题》，《经济纵横》2015 年第 1 期。

110. 周新城：《关于社会主义市场经济的几个理论问题——在市场经济问题上马克思主义与新自由主义的原则分歧》，《当代经济研究》2016 年第 7 期。

111. 周新城：《关于社会主义市场经济的几个理论问题》，《政治经济学评论》2016 年第 7 期。

112. 马理文：《市场经济与社会主义的结合——马克思主义百年回眸之三（上）》，《马克思主义研究》2001 年第 5 期。

113. 马理文：《市场经济与社会主义的结合——马克思主义百年回眸之三（下）》，《马克思主义研究》2001 年第 6 期。

114. 刘伟：《发展混合所有制经济是建设社会主义市场经济的根本性制度创新》，《经济理论与经济管理》2015 年第 1 期。

115. 张宇：《社会主义制度下的市场经济——关于中国特色社会主义政治经济学的若干问题（下）》，《经济导刊》2016 年第 7 期。

116. 张宇：《论公有制与市场经济的有机结合》，《经济研究》2016 年第 6 期。

117. 张宇：《正确认识国有经济在社会主义市场经济中的地位和作用——兼评否定国有经济主导作用的若干片面认识》，《毛泽东邓小平理论研究》2010 年第 1 期。

118. 张宇：《在实践中不断深化对社会主义市场经济的认识》，《经济导刊》2016 年第 12 期。

119. 程恩富：《经济思想发展史上的当代中国社会主义市场经济理论》，《学术研究》2017 年第 2 期。

120. 程恩富：《用什么经济理论驾驭社会主义市场经济——与吴敬琏、王东京教授商榷》，《学习与探索》2005 年第 4 期。

121. 胡钧：《社会主义市场经济的理论根据是马克思主义政治经济学还是西方经济学？》，《高校理论战线》2004 年第 8 期。

122. 胡均：《正确认识政府作用和市场作用的关系》，《政治经济学评论》2014 年第 3 期。

123. 白永秀、吴丰华：《新中国 60 年社会主义市场经济理论发展阶段研究》，《当代经济研究》2009 年第 12 期。

124. 李建平：《试析社会主义市场经济条件下更好发挥政府作用的理论依据》，《东南学术》2015 年第 3 期。

125. 顾钰民：《社会主义同市场经济结合的观念与制度创新》，《马克思主义研究》2008 年第 4 期。

126. 权衡：《社会主义市场经济必须继续回答并解决好十个问题》，《上海财经大学学报》2014 年第 4 期。

127. 马拥军：《如何认识中国市场经济的"社会主义"性质？》，《江苏行政学院学报》2016 年第 2 期。

128. 冷溶：《科学发展观与社会主义市场经济》，《求是》2006 年第 14 期。

129. 王立胜：《中国特色社会主义政治经济学的历史逻辑》，《政治经济学评论》2016 年第 7 期。

130. 袁恩桢：《社会主义公有制与市场经济关系的艰难探索——中国经济发展 60 年的一条主线》，《毛泽东邓小平理论研究》2009 年第 5 期。

131. 袁恩桢：《政府与市场的"双强模式"是社会主义市场经济的重要特点》，《毛泽东邓小平理论研究》2013 年第 8 期。

132. 谢地：《马克思语境下的市场经济与市场经济的中国特色》，《马克思主义研究》2013 年第 12 期。

133. 张光明：《马克思的社会主义与发展市场经济问题》，《中国特色社会主义研究》2007 年第 2 期。

134. 时家贤：《马克思恩格斯的市场经济理论与社会主义市场经济》，《当代世界与社会主义》2014 年第 6 期。

135. 方兴起：《市场经济：新视角下的重新认识———一种马克思主义经济学的解析》，《马克思主义研究》2008 年第 9 期。

136. 刘昀献：《马克思恩格斯的未来社会构想与现实社会主义》，《河南大学学报》（社会科学版）2003 年第 4 期。

137. 毛传清：《论中国社会主义市场经济发展的六个阶段》，《当代中国史研究》2004 年第 5 期。

138. 陈炎兵：《论社会主义市场经济体制形成和发展的四个阶段》，《党的文献》2009 年第 1 期。

139. 朱佳木：《毛泽东对计划经济的探索及其对社会主义市场经济的意义》，《中共党史研究》2007 年第 2 期。

140. 许有伦：《社会主义市场经济的基本特征———与许小年教授商榷》，《马克思主义研究》2011 年第 11 期。

141. 黄桂田：《正确处理政府与市场的关系，建立有中国特色社会主义市场经济体系》，《政治经济学评论》2018 年第 9 期。

142. 刘伟：《坚持社会主义市场经济的改革方向———中国特色社会主义经济转轨的体制目标》，《中国高校社会科学》2019 年第 2 期。

143. 顾海良：《社会主义市场经济体制是如何上升为基本制度的？》，《红旗文稿》2020 年第 2 期。

144. 刘凤义：《论社会主义市场经济中政府和市场的关系》，《马克思主义研究》2020 年第 2 期。

145. 杨承训：《论社会主义市场经济的内生机理———以历史唯物主义为分析视角》，《马克思主义研究》2020 年第 5 期。

146. 顾钰民：《习近平对社会主义市场经济的理论贡献》，《思想理论教育导刊》2020 年第 5 期。

147. 沈路涛：《社会主义市场经济体制纳入基本经济制度的深刻意蕴》，《中共党史研究》2020 年第 3 期。

148. 逄锦聚、荆克迪：《加快完善更高水平的社会主义市场经济体制》，《政治经济学评论》2020 年第 5 期。

149. 余金成：《社会主义市场经济是社会主义基本经济制度中"普照的光"》，《社会主义研究》2021 年第 2 期。

150. 杨英杰：《建立和完善社会主义市场经济体制是中国共产党对马克思主义的重大原创性贡献》，《科学社会主义》2021 年第 2 期。

151. 〔美〕约翰·E. 罗默：《社会主义》，虢海琪译，《国外理论动态》2008 年第 4 期。

152. 曹天禄、夏建义：《国外理论动态》2005 年第 8 期。

153. 〔法〕拉斯洛·阿尔沃、安德拉什·施勒特：《长征：中国经济转型的经验》，和军、陈路译，《国外理论动态》2013 年第 10 期。

154. 〔美〕约瑟夫·E. 斯蒂格利茨：《中国新发展模式的核心》，包金平译，《国外理论动态》2013 年第 1 期。

155. 〔美〕托马斯·罗斯基：《中国及其经济改革的理念》，宫武译，《国外理论动态》2013 年第 6 期。

156. 〔法〕塞巴斯蒂安·查尔斯、伊利斯·卡洛尼：《中国的社会主义转型与增长体制》，张永红译，《国外理论动态》2013 年第 2 期。

157. 〔俄〕Э. П. 皮沃瓦洛娃：《中国的趋同性混合经济体制是对社会主义的重大发展》，李铁军译，《国外理论动态》2012 年第 7 期。

158. 〔法〕托尼·安德烈阿尼：《中国融入世界市场是否意味着"中国模式"的必然终结?》，赵越译，《国外理论动态》2008 年第 5 期。

159. 〔美〕大卫·科茨：《马克思主义政治经济学与中国的持续崛起》，黄斐译，《国外社会科学》2016 年第 5 期。

160. John Gooding, *Socialismin Russia: Lenin and his Legacy, 1890–1991*, New York: Palgrave, 2002.

161. Teodor Shanin (ed.), *Late Marx and the Russian Road*, New York: Monthly Review Press, 1983.

162. David Miller, *Market, State and Community: Theoretical Foundations of Market Socialism*, New York: Oxford University Press, 1989.

163. Stanley Moore, *Marx versus Market*, Pennsylvania: The Pennsylvania State University Press, 1993.

164. Wlodzimierz Brus, Kazimierz Laski, *From Marx to the Market: Socialism in Search of an Economic System*, New York: Oxford University Press, 1991.

165. James A. Yuncker, *Market Socialism Revised and Modernized: the Case for Pragmatic Market Socialism*, New York: Praeger Publishers, 1992.

166. Janos Kornai, *The Socialist System: The Political Economy of Communism*, New York: Oxford University Press, 1992.

167. Robin Archer, *Economic Democracy: The Politics of Feasible Socialism*, New York: Oxford University Press, 1998.

168. David Schweikart, James Lawler, Hillel Ticktin, Bertell Ollman, *Market Socialism: The Debate among Socialists*, New York: Routledge, 1998.

169. Pranab K. Bardhan, John E. Roemer, *Market Socialism: The Current Debate*, New York: Oxford University Press, 1993.

170. John E. Roemer, *A Future for Socialism*, Mass. : Harvard University Press, 1994.

171. Dean LeBaron, *Mao, Marx & the Market: Capitalist Adventures in*

Russia and China, New York: John Wiley & Sons, inc., 2002.

172. Ha-Joon Chang, Robert Rowthorn (eds), *The Role of the State in Economic Change*, New York: Oxford University Press, 1995.

173. Robert Pollin (ed.), *Captalism*, *Socialism*, *and Radical Political Econmy*, Northampton: Edward Elgar Publishing, Inc., 2000.

174. Mises, Ludwing von, *Nation*, *State*, *and Economy*: *Contributions to the Politics and History of Our Time*, New York: New York University Press, 1983.

175. James A. Yunker, *On the political Economy of Market Socialism*, Burlington: Ashgate Publishing Ltd., 2001.

176. David Miller, Our Unfinished Debate *about Market Socialism*, Politic, Philosophy & Economics, Volume 13, Issue I. 2014.

177. David Mclellan, *Marxism After Marx* (*Fourth Edition*), New York: Palgrave Macmillan, 2007.

后　记

　　本书是在我的博士学位论文《社会主义与市场经济结合史研究》的基础上修改而成的。

　　博士论文从选题到出版的整个过程，都凝聚着导师孙来斌教授的心血和期望。2015年在我博士入学之后，孙老师并未立即指定博士论文选题方向，而是先叮嘱并督促认真研读马克思主义的经典原著，并持续关注学术界最新理论研究动态，建议我在个人学术兴趣和学科前沿问题之间寻找研究着力点。我在硕士学习期间，对苏联的社会主义发展史比较感兴趣，但只是阅读了部分相关书籍，并未作深入的理论研究。因此，我在博士阶段继续关注这个方向，并把研究视角逐渐聚焦到列宁领导的新经济政策这一重要问题上来。经过一段时间的学习和研究，我认为新经济政策的实践所引发的关于市场与社会主义关系的理论难题，或许值得继续深入探究。之后，在向导师汇报学习情况的过程中，孙老师提出可以围绕社会主义与市场经济的关系问题展开研究，并指导我在后续研究中不断拓宽理论视野、深化研究内容。在此基础上，我选择了"社会主义与市场经济结合史"作为博士学位论文的选题。

　　在我博士求学期间，孙老师在学术上进行了诸多的指导和鞭策，在生活中也给予了颇多的关心和帮助。在我毕业工作之后，老师的鼓励和关怀，有增无减。为人、为学、为事，导师言传身教，令我万分感动，对我影响颇深。这些都是令我受益终生的宝贵财富。

　　学位论文的完成得益于本博士点顾海良教授、左亚文教授、杨军教授的耐心指导。在预答辩阶段，颜鹏飞教授对论文提出了中肯的修改意见。在正式答辩过程中，论文得到了徐洋编审、杨鲜兰教授的肯定和点拨。在出版过程中，还得到了顾海良教授和苑秀丽研究员的宝贵读稿意见。这些珍贵建议为我指明了今后研究的前进方向，在此向各位专家表示崇高的敬意和诚挚的感谢。

特别感谢我的硕士生导师石云霞老先生。不管是求学期间，还是工作以后，我常常在遇到困惑或者挫折之际，去石老师那里求答案和心安。对于先生的厚爱和教诲，学生铭记于心，终生难忘。

本书的出版得到了中国地质大学（武汉）马克思主义学院的大力支持，得到了社会科学文献出版社政法传媒分社总编辑曹义恒和责任编辑吕霞云的诸多帮助。在此表示最衷心的感谢。

此外，在写作过程中还得到了诸多同门和同学的帮助和鼓励，更得到了家人和爱人的无私付出和全力支持。在此一并表示感谢。

由于课题研究的复杂以及自身学识有限，本书对社会主义与市场经济结合史的研究难免会存在纰漏和不足，敬请各位专家、学者批评指正。

王晓南

2021 年 12 月

图书在版编目（CIP）数据

社会主义与市场经济结合史研究／王晓南著． -- 北
京：社会科学文献出版社，2021.12
ISBN 978-7-5201-9355-9

Ⅰ.①社…　Ⅱ.①王…　Ⅲ.①中国经济-社会主义市
场经济-研究　Ⅳ.①F123.9

中国版本图书馆 CIP 数据核字（2021）第 268761 号

社会主义与市场经济结合史研究

著　　　者／王晓南

出　版　人／王利民
组稿编辑／曹义恒
责任编辑／吕霞云
责任印制／王京美

出　　　版／社会科学文献出版社·政法传媒分社（010）59367156
　　　　　　　地址：北京市北三环中路甲 29 号院华龙大厦　邮编：100029
　　　　　　　网址：www.ssap.com.cn
发　　　行／市场营销中心（010）59367081　59367083
印　　　装／三河市尚艺印装有限公司

规　　　格／开　本：787mm×1092mm　1/16
　　　　　　　印　张：17.25　字　数：247 千字
版　　　次／2021 年 12 月第 1 版　2021 年 12 月第 1 次印刷
书　　　号／ISBN 978-7-5201-9355-9
定　　　价／98.00 元